二宮厚美
ninomiya atsumi

社会サービスの経済学

教育・ケア・医療のエッセンシャルワーク

新日本出版社

社会サービスの経済学――教育・ケア・医療のエッセンシャルワーク　＊　目次

第3章　精神代謝労働としての社会サービス労働の専門性

はじめに――現代のエッセンシャルワークとブルシットジョブ

コロナ禍で浮上したエッセンシャルワーク

二〇一九年に始まり、翌二〇年初頭に日本にも入り込んだ新型コロナウィルス（COVID‐19）の感染は、その初期段階から世界各地で「エッセンシャルワークの再評価」を呼び起こした。私が当初、エッセンシャルワークという聞き慣れない言葉に接したのは、二〇二〇年の初夏、日本でコロナ感染の第一波がピークにさしかかった頃のことである。やがて、このエッセンシャルワークの言葉は、コロナ・パンデミックの深刻化とともに、その年の流行語大賞候補に選ばれ、「時の言葉」として脚光を浴びるに至った。

エッセンシャルワークとは、エッセンシャル（essential）の字義（必要不可欠）どおりに翻訳すると

「必要労働」をさす。その意味内容を考慮した訳語としては、「社会的必要労働」をあてるのが適切だろう。コロナ・パンデミックや自然災害、不意の大事故等において緊急に必要となる救急・救命、医療・看護・保健、飲食物の調達・配布、衛生管理、急患・被災・被害者への救援等の仕事がエッセンシャルワークの代表的事例である。言いかえると、平常時には格別に目立った労働とまでは言えないにしても、ウィルス感染症のパンデミック、大地震、津波、台風・ハリケーン等の非常事態やパニック期には、緊急に必要性が高まり、急膨張する需要に対して供給が追いつかず、その需給ギャップが多数の人命を脅かすにいたるほどの重要な労働・職務――これが全世界のパンデミックで浮上したエッセンシャルワークである。

ここでは、その具体的イメージを喚起するために、コロナ禍の日本で話題になったエッセンシャルワークの例を三領域にわけて示しておこう（図表1）。三領域とは、①医療器具・薬品・食料等の物質的生産労働（物質代謝領域）、②医療・看護・保健・ケア等の部門のサービス労働（精神代謝領域）、③水道・電気・公衆衛生等の社会基盤・インフラである（物質代謝・精神代謝概念の意味は後述）。アメリカの労働組合系シンクタンク、経済政策研究所（ＥＰＩ）のまとめによると、コロナ禍で問題になったエッセンシャルワークは一二業種、その職務に従事する労働者はおよそ五五〇〇万人だったという。[(1)]それらの業種は、食料・農業、緊急サービス、公共交通・保管・配達業務、工業・商業・居住設備やサービス業、医療業務、自治体・コミュニティサービス、エネルギー等の部門であるが、図表1は、だいたいのところ、こうした一二職種と重なると考えてよい。

図表1　エッセンシャルワークの諸分野

労働分野	性格	諸事例
物質代謝 （生産的労働）	人間と自然の物質代謝を担う労働	衣食住関係生産 医療・保健機器 交通・輸送・流通
精神代謝 （サービス労働）	人間が人間に働きかけ、生存・発達を担う労働	医療・看護・保健 福祉・介護・ケア 保育・教育・文化
社会基盤 （インフラ労働）	物質代謝・精神代謝を支える社会的基盤	上下水道 救急・救命・救助 消防・警察

ただ、かかるエッセンシャルワーク自体は、すなわち医療・看護・保健、飲食物の調達・配布、公共交通、コミュニティサービスなどの労働・職務それ自体は、パンデミック以前から人々の日常生活を担う重要な仕事として認められ、社会的にも位置づけられてきたいわばノーマルな仕事に属する。つまり、特にコロナ禍において新しく生まれた職務・職種というわけではなく、ことあらためて社会的必要労働（エッセンシャルワーク）の名で特別視されなければならない労働というわけではなかった。医療・看護・保健・ケア等があらためてエッセンシャルワークとして注目され、脚光を浴び、その再評価に共感・同調し、世論の大勢がこれまでにない社会的関心を振り向けるようになったのには、それなりの理由があった。

最大の理由は、先にも述べたように、コロナ・パンデミック時のエッセンシャルワークの欠如・不足、需給ミスマッチ、遅れや断絶などが、多数の人々の生死に直結する切迫性をもっていたことである。だが、事態の逼迫《ひっぱく》性、切迫性だけではない。ここでその大きな理由の一つとして注目したいのは、エッセンシャルワークのいわば対極に位置する「ブルシットジョブ（クソどうでもいい仕事）」が、コロナ禍とまさに同時期に人々の関心を集めていたことである。[2] ブルシットジョブとは、エッセンシャルワークの反対側にある「ウラ仕事」、つまり必要もなければ、役にも立たない、無用・無益・無駄な仕事、さらに不要どころか有害かつ脱法でさえある仕事をさす。コロナ禍で浮上した具体例をあげておくと、たとえば統一協会の霊感商法、「（大阪）維新政治」が誘致に血道をあげるカジノ（博打《ばくち》・賭博）、ウクライナ侵略のためのプーチンの傭兵《ようへい》、ウォール街の金融・証券投機、ＳＤＧｓウォッシュ、後を絶たない贈収賄等である（ＳＤＧｓウォッシュ〔ウォッシングとも言う〕とは、国連提唱の持続可能な開発目標〔ＳＤＧｓ〕に対する見せかけだけ、上辺だけの、実態を伴わない取り組みのことをさす）。

　カルト集団の霊感商法や「維新政治」のカジノ誘致が、コロナ禍で問題になったブルシットジョブの典型例にあたることは、いちいち説明をつけ加える必要もないだろう。また、傭兵・私兵による戦争ビジネス、貧困ビジネス、不動産投機、ネット上のフェイク・ヘイト報道、マルチ商法、なりすまし詐欺（オレオレ詐欺）なども、隠然・公然のブルシットジョブであることもあらためて指摘するまでもない。ここで、こうしたブルシットジョブをエッセンシャルワークに対置する形でとりあげる理由は、エッセンシャルワークに対する社会的処遇が不当なまでに劣悪でありながら、他方で、何の役にも立たない有害無益のブルシットジョブに対する世間の評判や報酬は、それほど悪くないからである。市場的評価からみると、両者は反比例的であるとさえ言ってよい。

特に、私がここで注目したいのは、大阪における「維新政治」の台頭と、コロナ禍における医療・保健崩壊という問題である。これは、一方での「ブルシット政治」の台頭と、他方でのエッセンシャルワークの冷遇・崩壊という対照、一種の社会的悲劇を物語る。「大阪維新」は、過去の「橋下ワンマン政治」以来、公的病院統廃合、保健・公衆衛生行政の圧縮等、全国に先駆けてエッセンシャルワークのリストラ策を進め、コロナ禍において全国ワーストの医療・保健崩壊を招いた（たとえば、二〇二二年第六波では、コロナ感染による死者数全国ワーストの記録を残すなかで、保健師・看護師等のエッセンシャルワーカー多数が過労死予備軍の激務に追われた）。その過程で、「維新政治」はブルシットジョブの典型と言うべきカジノ誘致に血道をあげ、典型的な「ブルシット政治」を進めた（大阪府民の立場から手厳しく言えば、「大阪維新」は文字通り「ブルシット政党」と呼ぶにふさわしい）。ところがである。「維新勢力」は在阪メディア（特にTV局）をさんざん利用した「コロナ対策やってる感」第一の「維新政治」、つまり見せかけだけ、上辺だけの「コロナ対策ウォッシュ」政治で、世間を欺き、人心を惑わし、人気を集めて二〇二一～二二年の衆院・参院選では「一人勝ち」の戦果をものにした(3)。

エッセンシャルワークに対する社会的再評価の気運が高まっている最中に、実際にはエッセンシャルワークのバッシング――この場合のバッシングとは保健所だけではなく、教育・福祉・公務労働者および公務労組等に対する「大阪維新」の締めつけ、痛めつけを意味する――に走り、あまつさえパンデミック対策の偽装すなわち「コロナ対策ウォッシュ」を弄《ろう》した「維新政治」になぜ人気が集まるのか。長らく大阪に住む筆者にとって、この「現代日本の七不思議」の一つとも言うべき「非常識事態」の解明は避けて通ることのできない課題であるが、ここでは先を急ぐことにしよう。さしあたり、次にみておかなければならないことは、ブルシットジョブとは対極的な位置にあるエッセンシャルワークとは何かを定めておくことである。

1　ブルシットジョブの対極にあるエッセンシャルワーク

デヴィッド・グレーバー『ブルシット・ジョブ』の翻訳・紹介者の酒井隆史氏は、グレーバーによりつつ、ブルシットジョブを「被雇用者本人でさえ、その存在を正当化しがたいほど、完璧に無意味で、不必要で、有害でさえある有償の雇用の形態である」と説明している[(4)]。この簡潔で明瞭な定義自体には、これ以上余分な説明を加える必要はないだろうが、若干の補足をしておくと、この定義は、およそ二五〇人におよぶ体験談、証言をベースにして導き出されたものである。したがって、酒井氏や原著者グレーバーによるこの定義は、実際にブルシットジョブに就いて働いた人々の主観、見方を強く反映したものである。そのうえに注意しなければならないことは、ここで「無意味、不必要、かつ有害でさえあるジョブ」とされたものは、さまざまなジョブ（職務・職種）を一定の基準にもとづいて分類・抽出したものではなく、「有償の雇用形態」から選択されたもの、つまりそのジョブに雇われた人々の主観・体験から導き出されたものだということである。

いまブルシットジョブとして位置づけられた雇用形態のイメージをつかみとるために、その具体的事例を示しておくと、五つのタイプがあげられている。

①取り巻き（フランキー）――腰巾着、太鼓持《たいこも》ち（幇間《ほうかん》）、おべっか使い等。②脅かし屋（goons）――ならず者、ごろつき、ロビイスト、企業弁護士、広報専門家等。③尻ぬぐい（duct tapers）――上司や組織の不始末や欠陥の後始末仕事、現場で設計ミスを補修する仕事等。④書類穴埋め人（box ticket）――文書・書類のチェック欄に☑を入れる仕事、官僚的手続き、お役所仕事等。⑤タスクマスター――不要な上司、管理職等。

一読すればわかるように、ここであげられたブルシットジョブの具体的諸事例は、必ずしも、コロナ禍で浮上した先述のエッセンシャルワークの対極に位置づけられるジョブ（職務）とは言いがたい。もちろん、橋下徹氏のような「昔はサラ金の顧問弁護士、今はＴＶのタレント弁護士」として、日本政治の右傾化の広報役、幇間、露払い役を果たすような人物のジョブは、まさしく上記のブルシットジョブの事例にピッタリ合致するから、その論旨に意味がないというわけではない。それに、グレーバー自身がブルシットジョブを論じた趣旨は、「他者や社会への貢献度が高ければ高いほど報酬が低く、逆に貢献度が低ければ低いほど報酬が高くなる」という「逆説」を問題視する点にあったというから、上に例示されたブルシットジョブはコロナ禍でのエッセンシャルワークとは対照的な仕事として位置づけられうるのである。

酒井氏の解説によると、社会的貢献度が高い割には、いかにも処遇・報酬面では劣悪な水準におかれた看護・保健・ケア等のエッンシャルワークとは、ブルシットジョブというよりは、むしろ「シットジョブ」（さしずめ、クソ仕事）と呼ばれていると言う。(5) たとえば、日本で言う「３Ｋ労働」はこのシットジョブのタイプにあたり、建設・土木・ゴミ処理・警察官・看護師・介護士等の仕事がそれに該当する。仕事の質や性格に対する社会的評価（社会的価値）は高いが、その割には市場的評価は低水準におかれている職務、つまり市場価値の格付けはいかにも低い仕事、これがシットジョブである。だとすれば、コロナ禍で浮上したエッセンシャルワークはこのシットジョブにあたり、その対極に位置づけられるのがブルシットジョブだということになる。ブルシットジョブとシットジョブとは、日本人の語感からすれば、似たようなものだが、米語のスラングとしてはまるで違ったものをさすという点に注意しておかなければならない。

本書の一つの重要なネライは、あらためて指摘しておくと、社会サービスを中心にして、労働・職務に対する社会的評価と市場的評価の乖離《かいり》・ギャップを是正する点にある。これには二正面作戦が必要である。まず、保育・教育・介護・看護・保健等のエッセンシャルワークの不当に低い市場的評価をあらため、その正確な社会的評価にもとづいて社会サービス労働者の賃金・処遇・労働条件等を改善すること、これが第一である。第二はその裏返し、すなわち、社会的評価の視点でみると無用・無益・不要であり、有害でさえあるブルシットジョブが、逆に市場的評価では不当なまでに高く評価され、厚遇されている現実、つまりブルシットジョブに対する社会的評価と市場的評価の乖離・ギャップを一掃することである。まとめて言えば、エッセンシャルワークとブルシットジョブを貫く正反対の「社会的評価と市場的評価の乖離」を解消すること――これが本書の一つの重要な理論的課題である。この点を確認しておいて、次にエッセンシャルワークの方に話を戻し、エッセンシャルワークとは、社会科学的視点に立って、どのように把握、評価されるのか、という点に目を向けておくことにする。

2 価値視点と使用価値視点との二視点からみた社会的必要労働

社会科学（マルクス経済学）では、『資本論』の指摘にしたがって、必要労働（時間）概念を二つの意味で用いてきた。一つは、「商品の生産に社会的に必要な労働（時間）」という意味、いま一つは「独特な商品である労働力の生産に必要な労働（時間）」という意味の二つである。前者は、商品価値＝交換価値を形成するために必要とされる社会的労働（時間）のことをさしており、ここでは、「価値視点からみた社会的必要労働」と名づけておこう。後者は独特な商品としての労働力を再生産するのに必要な社会的労働（時間）のことだから、ここでは「労働力再生産的視点からみた社会的必要労働」と名づけておく。ただ、『資本論』にそった「必要労働」は英語で言うと necessary labour（ドイッ語では notwendig Arbeit）のことであり、エッセンシャルワーク（必要労働、essential work）とは、さしあたり異なる範疇である。いま問題なのは、『資本論』のこの必要労働概念と現代のエッセンシャルワークとはいかなる関係にあるか、ということである。

まず注意しなければならないことは、「価値視点からみた社会的必要労働」は、その裏側に「使用価値視点からみた社会的必要労働」をいわばベッタリと貼り付けた概念だということである。というのは、すべての商品は価値と使用価値の「二重の価値」を有し、それら二面の価値から構成されているからである。商品は、人間の生活にとって何らかの有用性、役だち、用益をもっているから市場で売買される、ということは子どもでも知っていることである。社会的な有用性があるからこそ、商品は価値を有する。したがって、いささか回りくどい言い方になるが、「使用価値視点からみて社会的有用性をもった商品の生産に必要な労働」のことを「使用価値視点からみた社会的必要労働」と名づけることは、理論的にみても不当なこととは言えないだろう。

そうすると、『資本論』が指摘した先述の「商品の生産に社会的に必要な労働」は、商品価値の二重性に依拠して、①「価値視点からみた社会的必要労働」と、②「使用価値視点からみた社会的必要労働」との二つから構成される、とみなすことができる。いまここで、「価値視点」と「使用価値視点」の二重性にこだわったのは、この二重視点が、本書の後の議論（特に第四章）に大きく関係する論点となるからである。

その論点の一つは、価値および使用価値視点からみた社会的必要労働とは、物質的生産労働に関係するだけではなく、サービス労働にも関係する労働概念だということである。本書で主にとりあげる教育・ケア・医療労働等は現代の典型的なサービス労働であるが、これらのジョブは食料その他の生活用品を生産する物質的生産労働とならんで、価値・使用価値両視点（上記①②視点）からみた社会的必要労働の範疇に属する。その意味では、コロナ禍で浮上したエッセンシャルワークは『資本論』の言う「商品の生産に社会的に必要な労働［notwendig Arbeit、necessary labour］」にまさしく合致する。にもかかわらず、従来の経済学上のたとえば「サービス労働論争」においては、サービス労働は必ずしも「商品の生産に社会的に必要な労働」とはみなされなかった。したがって「価値生産的労働」とはみなされなかったのである。

　第二に、『資本論』の「商品の生産に社会的に必要な労働」というのは、「生産的労働とは何か」をめぐる経済学史上の「生産的労働論争」に深くかかわる論点である。この長きにわたる、複雑で厄介《やっかい》な論争については後章（第四章）で検討するとして、いまは最小限必要な要点のみを記しておくと、生産的労働の概念は、大づかみに言って、①本源的規定（使用価値視点）、②歴史的規定（価値・剰余価値視点）の二面から把握されてきた。この①②の視点は、上でみた①「価値視点からみた社会的必要労働」と、②「使用価値視点からみた社会的必要労働」の規定と、まったく同一だとは言えないが（剰余価値視点の有無において両者は異なる）、重なりあう面がある。すなわち、一方での「社会的必要労働」の規定と、他方の「生産的労働」の規定は、ともに価値・使用価値の両視点を駆使して論じ、把握されなければならない、という点では共通しているのである。

だが、率直に言って、これまでの論争史にあっては、一方での「社会的必要労働論」でも、他方の「生産的労働論」においても、『資本論』の「価値・使用価値」両視点がフルに生かされてきたとは言えない（と私には思われる）。「価値視点」と「使用価値視点」の二重の視点の区別と統一とは、ある意味では、単純明快なことであり、マルクス経済学では初歩的・基本的なテーゼであって、いまさらここでもちだすのは不要と言っても過言ではない。とは言え、逆に言うと、初歩的・基本的な論点とは、エレメンタル（基本）であるがゆえに、それだけ重要な意味をもつということでもある。にもかかわらず、これまでの議論・論争史にあっては、この両価値視点が充全に生かされてきたとは言いがたい（だからこそ、前ページにも触れたように、サービス労働は非価値生産的な労働、つまり「不生産的労働」として扱う「通説」が支配的だったのである）。

そこで、いささか回り道をすることになるが、『資本論』に言う「商品の生産に社会的に必要な労働」とは何か、いったい商品生産＝市場社会を貫く「価値法則」とは何を意味するのか、という基本問題にしばらく立ち入っておくことにしたい。

3　子どもでもわかる「価値法則の世界」

まず、マルクス自身による「価値法則」に関する説明、まさしく天才的説明と言うべき、簡潔だが含蓄に富む説明をあげておこう。これは、友人ルートヴィヒ・クーゲルマン宛の手紙（一八六八年七月一一日）の一節、「どの国民も、もし一年間はおろか数週間でも労働をやめれば、死んでしまうであろう、ということは子どもでもわかることです」に始まる一文の続きである。少々長くなるが、重要な指摘なので、必要な箇所を全文引用しておく。

「また、いろいろな欲望量に対応する諸生産物の量が社会的総労働のいろいろな量的に規定された量を必要とするということも、やはり子どもでもわかることです。このような、一定の割合での社会的労働の分割の必要は、けっして社会的生産の特定の形態によって廃棄されうるものではなくて、ただその現象様式を変えうるだけだ、ということは自明です。自然法則はけっして廃棄されうるものではありません。歴史的に違ういろいろな状態のもとで変化しうるものは、ただ、かの諸法則が貫かれる形態だけです。そして、社会的労働の連関が個人的労働生産物の私的交換として実現される社会状態のもとでこのような一定の割合での労働の分割が実現される形態、これがまさにこ

れらの生産物の交換価値なのです」(6)（傍点マルクス）

この文章を先に「天才的説明」と形容したのは、『資本論』の中でも難解中の難解とされる第一篇商品論の「価値法則」の核心的内容を、これだけ簡潔に、しかもわかりやすく説明した例はほかにない、と思われるからである。マルクスは、この指摘のすぐ後で、「科学とは、まさに、どのようにして価値法則が貫かれるか、を説明することなのです」と書いている。つまり、上で引用した文章は「価値法則」のエッセンスを述べているわけである。

念のため、ここで説明された価値法則の核心的内容を五点に区切ってフォローしておくと、①いかなる社会であろうと、社会成員の種々の欲求を充足するための生産物が必要である、②また、それらの生産物の種々の量に対応する社会的総労働の配分が必要である、③この社会的総労働を特定の諸労働に一定の割合で配分する必要性は一つの自然法則であって、なくすことのできないものである、④ただし、この自然法則が貫徹される形態、すなわち社会的総労働を比例的に配分する際の形態は歴史的状態によって変化する、⑤この社会的総労働の配分にあらわれる「社会的労働の連関」が、個人的労働生産物の私的交換としてあらわれる社会状態において、すなわち、私的所有と社会的分業のもとで個々の生産物が私的に交換される社会において、種々の労働への比例的配分が貫徹される形態が当該社会の生産物の交換価値（＝価値）なのである——これが価値法則の「天才的説明」の内容である。

この価値法則に照らして、二重の価値視点からみた社会的必要労働を捉え直してみると、まず「使用価値視点からみた社会的必要労働」とは、マルクスの説明では「社会成員の種々の欲求」を質的に充足する労働、言いかえれば社会的に役立ち、有用性をもった社会的労働のことをさし、いかなる社会であろうとも必要であるような社会的労働をさす。ここで重要な点は、この社会的労働には、後にみる物資的生産労働もサービス労働も含まれるということである。

一例を生まれたばかりの赤ちゃんの生命の再生産にそくして説明すると、赤児にはさしあたり「母乳の生産」と「授乳の世話」の二つが必要不可欠である（それ以前に遡って言えば、「母親による出産」と「産婆による助産」が必要である）。マルクスは、こうした物質的生産労働（母乳またはその代替物としてのミルクの生産労働）とサービス労働（助産・授乳ケア）といった社会的有用性を有する諸労働に対して、社会的総労働の一定割合を配分しなければならない、ということは子どもでも知っていること、すなわちいかなる社会であろうと貫徹する自然法則である、と述べたわけである（にもかかわらず従来の経済学では、この「助産・授乳」という人間に固有なケア労働の意義をしばしば見落としてきた!!）。

これに対して「価値視点からみた社会的必要労働」とは、社会的労働の連関（社会的諸欲求に対応した総労働の配分）が労働生産物の私的交換を通じてあらわれるときの労働形態をさす。いまここで注意しておかなければならないことは二点ある。

一つは、「価値視点からみた社会的必要労働」とは、「社会的労働の連関」にかかわる労働の規定性であって（言いかえれば純然たる「私的な営み」ではない）、かつ、たとえ「使用価値視点からみた社会的必要労働」であったとしても、その成果＝生産物の必要性が「私的交換」を通して社会的に承認・確証されなければならない労働のことをさす、ということである。具体的事例をひいて説明すると、家族内の手料理や「夜なべをして母さんがセーターを編む労働」、あるいはまた、本箱を作製する日曜大工労働や裏庭の菜園労働などは、市場において私的交換に委ねられる社会的労働にはあたらないから、「価値視点からみた社会的必要労働」ではないのである。つまり、「おふくろの味」の手料理などの「家事労働」は「価値視点からみた社会的必要労働」ではなく、そのために有償ではなく、無償労働扱いになるのである（家事労働論については、第四章で立ち返る）。

いま一つは、「使用価値視点からみた社会的必要労働」が有用性を基準にした質的な労働規定なのに対して、この「価値視点からみた社会的必要労働」は、社会的労働の配分割合に関係する量的な規定になるということである。両者の差違は、ズバリ言って、質的規定と量的規定の違いにあると言ってよい。だから、たとえばミルクやパンのような飲食物を例にして言えば、同じ使用価値をもった食料生産労働であったとしても、それらの生産に必要とされる労働量の多寡《たか》によって、価値としては量的に高く評価されたり、低く評価されたりする違いがでてくるのである。しかも、ミルクにせよパンにせよ、生産力水準の変化によって、それらの生産に必要とされる社会的労働量は絶えず変化するために、すでに過去に投下された労働量がどうであろうと、その商品価値はその「社会的必要労働量」の変動に規定されて変わることになる。種々のエッセンシャルワークが「使用価値視点からみた社会的必要労働」であるにもかかわらず、その市場的評価（賃金・処遇）に量的な違いが生まれるのは、

「価値視点からみた社会的必要労働」が主として量的規定によるものであることによる。

4　エッセンシャルワークに対する社会的評価と市場的評価の乖離

「社会的必要労働」を以上のように価値・使用価値の二重視点でみた場合、まず使用価値視点から導き出される「社会的必要労働」とは、「いついかなる社会であろうと、その成員の種々の欲求・ニーズの充足のために一定の割合で社会的に配分されるべき必要不可欠な労働」ということになるだろう。このような、社会的総労働を一定の割合で特定の労働に配分する課題は、先にマルクスが「なくすことは決してできない自然法則」と呼んだものである。エッセンシャルワークに対する社会的評価とは、この「使用価値視点からみた社会的必要労働」の規定から導き出された評価だったのである。言いかえれば、医療・看護・ケア等のエッセンシャルワークは、「いかなる社会であろうと、その成員の欲求・ニーズの充足のために一定の割合で配分されるべき必要不可欠な労働」であったからこそ、コロナ禍の緊急・逼迫時において、やおら社会的必要労働（essential work）の意義をもって脚光をあびることになったわけである。

だが、エッセンシャルワークに対する実際の市場的評価のほうは、その社会的評価とは大きく乖離し、低い処遇におかれたものであった。と言っても、エッセンシャルワークそれ自体は、社会内の種々の欲望量に応じて一定の割合で配分する必要がある社会的総労働の重要分肢である以上、絶対的意味では、価値視点からみても必要な労働、価値形成＝生産的労働である。だから、コロナ禍で注目された保健・看護・介護労働等のエッセンシャルワークは立派な価値をもった有償労働であった（これとは対照的に、自宅療養を強いられた陽性患者に対する家族内ケアは「社会的労働」にはあたらないために、無償労働扱いとなった）。コロナ禍においてエッセンシャルワークが有償労働であったのは、それが「使用価値視点からみた社会的必要労働」であることはもちろん、「社会的労働の連関が個人的労働生産物の私的交換としてあらわれる社会」、すなわち価値法則が貫徹する市場社会においても「社会的必要労働」と認められていたからにほかならない。したがって問題なのは、「市場的評価」が存在しなかったことではなく、「市場的評価」があまりに低すぎる点にあったわけである。ではなぜ、エッセンシャルワークに対する「高い社会的評価」と「低い市場的評価」のあいだの不釣り合い、乖離・ギャップが生じたのか。

いま注目すべきことは、一方での「社会的評価」と他方の「市場的評価」とでは、評価基準に違いがあるということである。前者は「質的評価」、後者は「量的評価」にかかわることであり、厳密に言えば、両者は同列・同等に扱うことのできないカテゴリーである。この違いをわきまえて言うと、エッセンシャルワークに対する「高い社会的評価」と「低い市場的評価」の乖離・ギャップというのは、エッセンシャルワークが、その仕事の質・内容面からみれば同等の社会的評価にある他の労働と比べてみて、不釣り合いなまでに低い市場的評価におかれていること、この乖離・ギャップを意味するものにほかならない。

実は、この「社会的評価」と「市場的評価」の違いは、賃金・労働論の分野では、「同一労働同一賃金」と「同一価値労働同一賃金」の差異として議論されてきたことである。「同一労働同一賃金」とは、同一の労働（この場合の「労働＝職務」とは英語のjobを意味する）に対しては、その労働に従事する人が誰であろうと、同一の賃金が支払われなければならないという考え方をさす。たとえば、例としてダンプカーの運転労働（職務＝job）をとりあげてみると、その仕事をフルタイマーがやろうとパートタイマーがやろうと、あるいは老若男女の誰がやろうが、同じ賃金を支払わなければならない、というのが「同一労働同一賃金原則」の意味である。この原則は、ダンプカー運転業務に対する職務給（pay for job）の場合にあてはまることであり、その仕事の就業者に支払われる属人給である場合には、必ずしも適用されない。というのは、職務給が「職務に支払われる給与」であるのに対して、属人給とは「人に対する給与」であって、同じ職務に従事する場合でも、人によって支払われる賃金に違いが生まれるからである。

これに対して、ダンプカーの運転労働と病院の看護労働という異質な労働を比較して、仮に同程度の価値を有すると評価される場合には、同一の賃金が支払われるべきである、というのが「同一価値労働同一賃金」の考え方である。したがって、この考え方は「同一労働」ではなく、「異質労働」のあいだに適用される賃金ガイドラインをさす。ダンプの運転業務と医療での看護業務とでは、だれがみても職務（job）の質に違いがある、にもかかわらずその価値に対する社会的評価が同程度であると評価される場合には、同等の賃金が支払われるべきだ――「同一価値労働同一賃金」とはこの異質な労働に対する社会的評価に基づく賃金原則を意味しているのである[7]。

以上を要約すると、「同一労働同一賃金」とは「同質の労働（職務）」相互の間に適用されるべき賃金原則をさし、「同一価値労働同一賃金」とは「異質な労働」相互の間に適用されるべき原則をさす。日本において、前者の「同一労働同一賃金」の比較的わかりやすい例は、公立学校教師、公立保育園保育士、介護保険適用介護職員、公的病院看護師にみることができる（ただし、日本の場合には、欧米の職務給とは異なり、賃金が先述の「属人給」の形態をとるために、正規・非正規、フルタイム・パートタイム間などで賃金格差が生まれる）。後者の「同一価値労働同一賃金」の考え方は、ＥＵでは先進例をみることができるものの、現代日本では、雇用主側の「職能評価」「職務評価・査定」「成果・業績評価」等のバイアスがかかるために、ほとんど実例をみることができないと言ってよい。やや一般化して言えば、日本の賃金は「属人給」が支配的なために、「同一労働同一賃金」及び「同一価値労働同一賃金」のいずれの原則にも、いまだほど遠い現実にあると言わなければならない。エッセンシャルワークに対するあまりに低い市場的評価は、一方での異質労働間に対する公平な社会的評価の遅れ、他方での不釣り合いなまでに低い市場的評価の残存、これら両方のバイアスによっているということである〈補注〉。

〈補注〉　男女の性別差について、通常、①セックス（生物的属性差）、②ジェンダー（歴史的社会的差違）、③セクシュアリティ（性的志向性差、LGBT問題）の三つの差異があるとされているが、雇用・賃金格差等を考えるときには、日本の場合には、属人給（属人的差別処遇）があるという点に注意しなければならない。属人給は①と②の性差の両方にまたがる性格をもつ賃金形態である。誤解が生じないように、ここで一言指摘しておくと、筆者は「属人給」一般に否定的な立場をとるものではない。というのは、生活給としての賃金は、なんらかの形で属人的性格をもたざるを得ないからである。ただし、間接賃金（社会保障給付）が生計費の大部分を担うようになれば、直接賃金の生活給的要素は縮小し、それだけその属人的要因も少なくなると考えられる。

ただし、コロナ禍で浮上したエッセンシャルワークの重要性に対する政策的再評価は、急務の課題である。エッセンシャルワークに対する賃金・処遇改善、看護・介護・保健等のスタッフ不足の解決、人材確保・拡充といった喫緊の課題は社会的評価、市場的評価の両面から検討しなければならない[8]。特に問われるのは、社会的評価の視点にたって市場的評価を是正することである。そのためには、市場世界に対する社会的・意識的規制が求められる。社会的規制で問われるのは、コミュニケーション的理性の発揮であるが、この点の検討は本論でおこなうとして、この「はじめに」で最後にみておかなければならないことは、『資本論』における「必要労働」概念のうち、検討を保留してきた「労働力再生産的視点からみた社会的必要労働」の方である。

問題は、「独特な商品である労働力の生産に必要な労働」という意味での「必要労働」とエッセンシャルワークとがどういう関係にあるか、ということである。

5　労働力再生産視点からみたエッセンシャルワーク

すでに紹介してきたように、『資本論』の「必要労働」概念には、①「商品の生産に社会的に必要な労働」と、②「独特な商品である労働力の生産に必要な労働」との二つの意味があり、それぞれ文脈において使い分けられていた。これまでに検討してきたことは、現代のエッセンシャルワークには、価値・使用価値の両視点からみて、①の「商品の生産に社会的に必要な労働」の性格が含まれている、ということであった。経済学上の「生産的労働論争」のテーマにそくして言いかえると、エッセンシャルワークはまぎれもなく生産的労働である――これがここでの結論的要旨である。これに対比して、冒頭で触れたブルシットジョブは不生産的ないし非生産的労働にほかならず、文字通り「クソどうでもいい仕事」、否、それどころか有害でさえある「クソ仕事」であると位置づけられる。

そのうえで、いま目を向けなければならないのは、②の「労働力の再生産視点からみた必要労働」とエッセンシャルワークとの関連である。ここでまず注意すべき点は、「労働力の再生産に必要な労働」は、二つに分かれるということである。二つとは、①社会的労働と、②私的労働との二つである。

このうち、①の社会的労働とは、すでにみた「商品の生産に必要な社会的労働」のこと、つまり価値・使用価値の視点からみた社会的必要労働のことである。「労働力の再生産に必要な労働」とは、労働力という特殊な商品（労働力商品）の再生産に必要な労働を意味し、したがって労働者が生存・生活していく上で必要とする各種商品に含まれる社会的必要労働にほかならないから、エッセンシャルワークはまさしく、この要件を充たす必要労働（necessary labour）に該当する。いささか抽象的で、まわりくどい言い方をしたが、ここで述べていることは、①労働者は自らの労働力の再生産には諸生活手段の消費が必要である、②必要生活手段＝消費手段は商品として市場から購入・取得しなければならない、③これら生活＝消費手段の購入・消費には一定の賃金が必要であり、その賃金が労働力商品の価値＝価格を構成する、④エッセンシャルワークの市場価値はこうした労働力の再生産に必要な労働、したがってその価額として賃金一般に反映されなければならない、ということである。一言で言えば、エッセンシャルワークは労働力の再生産に必要な社会的労働の重要分肢にあたるということである。

ただし、ここで注意しなければならないことが一点ある。それは、現代のエッセンシャルワークのかなりの部分、特に保育・教育・福祉・介護・医療・保健等の社会サービス労働の大半は、社会保障制度を中心に何らかの公的な社会制度に組み込まれた労働であり、飲食業等の市場労働にはあたらないということである。したがって、エッセンシャルワークの市場価値が労働者一般の賃金に反映されなければならないとしても、労働者は各自の「直接賃金」からそれらの料金・代金を支払い、社会サービスを利用するというわけではない。労働者・国民の大半は、社会保障等の公的社会制度を通してエッセンシャルワークの大部分（社会サービス）を利用するのであって、社会サービス労働者の側は、私企業の賃金とは異なり、その賃金・報酬を税・社会保障制度を通じて受け取るのである。社会保険等の制度を媒介にして社会サービスに充当される費用のことを、通常、「間接賃金」と呼ぶ。労働者に対して企業等から直接に支払われる賃金を「直接賃金」と呼ぶのに対比して、社会保障制度等を通じて支払われる労働力価値＝賃金部分を「間接賃金」と呼ぶわけである。

　したがって、エッセンシャルワークが「労働力の再生産視点からみた社会必要労働」にあたるとしても、その社会的評価および市場的評価は、間接賃金の形態に反映すること、つまり間接賃金の高低を左右する労働運動、社会運動の水準によって規定されることに注意しておかなければならない（この論点は、第五章で検討する）。エッセンシャルワークの賃金・処遇の改善は、間接賃金を引き上げる労働・国民運動の力によって左右されるのである[9]。

　残る問題は、「労働力の再生産に必要な労働」のうち、私的労働の方をどのように捉えるかである。ここで「労働力の再生産に必要な社会的労働」とは区別された「労働力の再生産に必要な私的労働」とは、端的に言えば「家事労働」のことである。俗に言う「家事労働」は「私事」に属することである。たとえば、息子が父親の肩を揉む「労働」は、整体師のマッサージ労働とは違って、家族内の単なる私事にすぎない。あるいは、妻が夫に（夫が妻に）コーヒーを淹《い》れたとしても、それは喫茶店のサービス労働とは違い、単なる私事にすぎない。家族が野外でキャンプを張り、海辺で釣りを楽しんだりしても、そうした営みが仮に労働力の再生産に寄与し、有用であるにしても、それは労働とはみなされず、一種の私的な遊びごと、娯楽にすぎないのである。したがって、こうした「家事労働」は、先述の「クーゲルマン宛の手紙」でマルクスが述べた「社会的労働の連関」を構成するものではなく、「労働力の再生産に必要な社会的労働」とはみなされず、単なる私事となる。もはや言うまでもないことであろうが、エッセンシャルワークは、このような私事に属する仕事ではなく、その反対の社会的に有用かつ必要な労働である。

だが、視点をかえて、家族を一つの共同体とみなし、さらにその共同体関係を血縁・地縁の共同社会に膨らませて考えてみるとすれば、様相は一変する。家族を一つの共同体とみなす場合には、家事労働は家族という共同体内の労働となる。家族を超える、たとえば村落共同体を想定した場合には、共同体内の四季の祭り、催合《もやい》、頼母子講《たのもしこう》、茶会、盆踊り、田植え、道普請、潮干狩り、虫送り、神事、歌舞伎等の一切合切が共同体内労働を構成するものとみなされる。現代の「私事」や「遊び」とは違った扱いになるわけである。このことは、現在では私事にあたる家族内の料理や手芸、趣味、娯楽、慰安等の諸活動が、市場社会（ゲゼルシャフト）とは異なる共同社会（ゲマインシャフト）では違った社会性をもってあらわれるということを意味している。社会的労働と私的労働との区別は、いわば絶対的な区別ではなく、歴史的・社会的な相対的な区別なのである。

そこで、本書では、人間の活動・労働のこの歴史的・社会的な区別がどのようにして生まれたのかという点に遡り、いわばエッセンシャルワークのルーツを探るという問題意識をもちながら、現代の社会サービスの意義を考えていくことにしたいと思う。

〈注〉

(1) 酒井隆史『ブルシット・ジョブの謎──クソどうでもいい仕事はなぜ増えるか』講談社現代新書、二〇二一年、一九〇～一九一ページ。

(2) 上記酒井隆史氏は、「コロナ下では、利益にならない医療資源を削減し、経済を優先する政策も一部に見られた。だが、私たちはこの社会を本当に維持している労働とは何かを知ることができた」とし、さらに「市場価値を中心にした活動の影響が、不可逆な所にまで来たことに多くの人が気づき始めた、ということだろう」と述べている（「日本経済新聞」二〇二一年一月二五日）。

(3) 大阪維新の元祖・橋下主義の正体は、二宮厚美『橋下主義解体新書』高文研、二〇一三年、また「コロナ対策ウォッシュ政治」による二一年衆院選での躍進の背景は、二宮厚美「野党共闘優位のなかの岸田ビジョンの正体」『前衛』二〇二二年二月号参照。

(4) 酒井、前掲書、二〇ページ。なお、デヴィッド・グレーバー、酒井隆史・芳賀達彦・森田和樹訳『ブルシット・ジョブ──クソどうでもいい仕事の理論』（岩波書店、二〇二〇年）の原著は二〇一八年刊である。

(5) 酒井、前掲書によれば、bullshit とは二〇世紀はじめに、bull から作られた米のスラングで、でたらめな、ばかばかしい、たわごと、といった意味もある。ただし、この場合の bull は雄牛のことをさすのではなく、フランス語の詐欺、欺瞞を意味する bole からきているらしい。

(6) マルクス「クーゲルマンへの手紙」(一八六八年七月一一日付)、不破哲三編集『マルクス、エンゲルス書簡選集・中巻』古典選書、新日本出版社、二〇一二年、五二～五三ページ(ただし、訳文の一部は中内通明訳、国民文庫版による)。

(7) 同一価値労働同一賃金については、森ます美『日本の性差別賃金——同一価値労働同一賃金原則の可能性』有斐閣、二〇〇五年を参照。

(8) 内閣官房によれば、二〇二〇年当時の月収は保育士で三〇・三万円、介護職員で二九・三万円と全職種平均月収三五・二万円に比較して五～六万円低い水準におかれていた(「日本経済新聞」二〇二一年一二月一五日)。コロナ禍のなかで、場当たり的ではあったが、岸田文雄内閣が保育・介護職の三%の賃上げ(月収約九〇〇〇円)に乗り出したのは、こうしたあまりに低いエッセンシャルワーカーの処遇を多少とも改善する必要性が高まっていたためである。

(9) この社会サービス労働の保障にかかわる論点は、本書第五章であらためて検討するが、社会保障給付を間接賃金として位置づけ、労働運動と社会保障の接点を明確にしてきたのは、フランスの労働運動・政治である。日本の場合には、従来、労働組合の賃金闘争と国民運動としての社会保障運動とが強く結びつけられてきたとは言いがたく、反省を要すると思われる。フランスの間接賃金論については、新日本出版社編『統一戦線と政府綱領——フランス共社共同政府綱領文献集』新日本出版社、一九七四年、金田重喜編訳『フランス経済と共同政府綱領』大月書店、一九七四年を参照。

第1章　現代版ニューディール構想に対応する三大労働部門

はじめに――コロナ禍で可視化した三つのニューディール

一つの時代の終わりの始まりには、一般に、ニューディール政治が求められる。ニューディールとは、そもそもの意味は、ポーカー等のトランプ遊びで一ゲームを終え、その続きを再開するときにおこなうカードのまき直し（New Deal）をさした言葉であり、大恐慌時の一九三〇年代アメリカにおいて、大統領に就任したルーズヴェルトが「新規まき直しの政治」に着手したとき（一九三三年）に使った用語である。F・D・ルーズヴェルトは、経済に対する政治の積極的介入（公共投資）を通じて不況対策に乗り出すほか、労働組合の団結権・団交権の承認、農産物価格の安定化、史上初めての社会保障法の制定など、後にケインズ主義的福祉国家と呼ばれるようになる政策の原型をうちだした。

ちなみに、戦後日本の憲法体制下の良質な法制度、たとえば労働法制、財閥解体、農地改革、保健・福祉制度、教育法制等は、このニューディールの担い手たち（ニューディーラー）の手によるところが大きい。ニューディール改革は、これまでのアメリカ史上、最初にして最後の、かつ最良の社会民主主義的政策であったと評価されているが、そのニューディーラーたちが戦後日本に乗り込んで民主主義的改革の骨格を築いたのである。袖井林二郎《そでいりんじろう》『マッカーサーの二千日』は、「船一杯のニュー・ディーラー」[1]たちがＧＨＱを通じて日本に運びこまれた、と書いている。

さて、このような一九三〇年代アメリカのニューディールの特徴に照らして、コロナ禍で浮上したニューディール構想を取り出すとすれば、それは三つに分かれる。①グリーン・ニューディール、②エッセンシャルワーク・ニューディール、③デジタル・ニューディール、この三つのニューディールである。これらのニューディール構想がコロナ・パンデミックと密接な関係をもって打ち出されたのは、コロナ禍そのものが、三点の課題を人類につきつけたためである。[2]

コロナ・パンデミックのなかでまず最初に起こったのは、グリーン・ニューディールの提唱であった。これは、新型コロナのパンデミックが人間の健康・生命を脅かす感染症として全世界を席巻《せっけん》したこと、言いかえると、人間と自然の物質代謝に異常を呼び起こし、生態系の撹乱に匹敵する危機を地球的規模において進行させるものだったことに起因する。コロナ禍以前におけるこの種の最大の危機・異常事態は、地球温暖化の危機としてあらわれていた。気候温暖化防止には、さしあたり温暖化ガスの削減、脱炭素化のための「グリーン革命」が必要である――これが前史となって、コロナ対策および脱コロナ化に向かう動きとしてグリーン・ニューディールが提唱されたのである。

たとえば、わが国でも著名なマルクス主義者Ｄ・ハーヴェイは、「新型コロナウイルスとは、規制なき暴力的な新自由主義的略奪搾取様式（extractivism）の手で四〇年にわたり徹底的に虐待されてきた自然からの復讐だと結論づけられるであろう」と指摘した。資本蓄積や営利主義の直接的・間接的帰結として起こる伝染病・公害・土地疲弊・乱開発・濫掘《らんくつ》災害等を「自然の復讐・反逆」と把握する見方は、マルクス・エンゲルス以来のものである。かかるマルクス主義的視点に立って、ハーヴェイは地球的規模のコロナ・パンデミックを温暖化危機に並べて、人間・自然間の物質代謝循環の撹乱・異常と捉えたのである。[3] グリーン・ニューディールとは、直接的には、この物質代謝過程を正常化するための温暖化ガス削減を中心にした制御（コントロール）策をさすが、気候温暖化、オゾン層破壊、生態系の危機、大規模災害の多発等にみられる地球環境危機に対して、地球的規模において自然環境保全をはかろうとするホリスティックな運動・政策のことであり、人間の生命と健康を持続させる生態系の回復に向けたコロナ対策にも適用可能な思想を表現していた。[4]

コロナ禍による人間・自然間の物質代謝循環の撹乱・異常は、同時に、医療・教育・保育・介護・福祉・文化・交通等のコミュニケーションを媒介にする労働の大切さや意義、重要性、不可欠性を思い知らせることになった。その比較的早い時期の一例を英国在住のブレイディみかこ氏のリポートで確かめておくと、彼女は二〇二〇年六月時点で、「コロナ禍で明らかになったのは、ケア階級の人々がいなければ地域社会は回らないということだった」と書いている（「朝日新聞」二〇二〇年六月一一日「欧州季評」記事）。ここで「ケア階級」というのは医療、教育、介護、保育など、直接的に「他者をケアする」仕事をする人々、すなわち本書「はじめに」でみたエッセンシャルワークの主要な担い手をさすが、彼女は「ケア階級の人々はロックダウン中、『キー・ワーカー』と呼ばれ、英雄視された」と紹介している。世界全体に視野を広げて言うと、コロナ・パンデミックのなかで、この「キー・ワーカー」という呼び名は、「エッセンシャル・ワーカー」に変わり、いわば「エッセンシャルワーク・ニューディール」とでも呼ぶべき運動に高まったと言ってよい。

上で第二の動きとしてあげたエッセンシャルワーク・ニューディールとは、コロナ禍においてにわかに注目されるようになったこのエッセンシャルな労働を、市場の評価に委ねるのではなく、改めて社会的に評価し、その充実をはかろうとする運動・政策のことである。コロナ禍でも特にエッセンシャルワーク（社会的必需労働）として脚光を浴びたのは、医療・看護・保健・介護・福祉・保育労働などの上記「ケア階級」であった。現代日本のこれらの「ケア階級＝労働」は、いま仮に医師を除くとしても、大半において、「3K」と呼ばれるほどの過酷な労働条件下にありながら、賃金・処遇水準は劣悪であり、雇用も安定していない。これを改善しようというのが、さしあたりエッセンシャルワーク・ニューディールの意味である。この点については、すでに「はじめに」で触れたとおりである。

第三のデジタル・ニューディールとは、政府の「骨太方針二〇二〇」においてあらわれた言葉である。このデジタル化推進策を当時の菅義偉《すがよしひで》政権は意気込んで、ポストコロナ時代の「一〇年かかる変革を一気に進める」課題と位置づけた。財界筋はデジタル・ニューディールを「Society5.0」とか、デジタル・トランスフォーメーション（DX）、あるいは第四次産業革命と呼んで推進してきたが、近時のキーワードとしては、DXの一言で表現される場合が多い。このデジタル・ニューディール＝DX戦略は、社会のあらゆる部面においてデジタル技術を活用し、旧来の技術・労働・生活・システム全般を見直し、ICT（Infomation & Communication Technology、情報通信技術）革命にふさわしい仕組みに転換しようとする政策・運動を意味する。日本では、菅政権の末期二〇二一年九月に、DX推進の司令塔としてデジタル庁が発足したが、これが第三のニューディールの具体的な動きを表現していると言ってよい。

パンデミック期にあらわれたこの潮流は、コロナ禍を奇貨、絶好のチャンスとして一〇年がかりのDXを一気呵成《かせい》に進めようというのだから、一種の「惨事便乗型資本主義」(Disaster Capitalism)を意味する。実際、菅首相のアドバイザーとして活躍した竹中平蔵氏は、当時、これをショック・セラピーの一種として推奨した。ショック・セラピーとは、ナオミ・クラインが『ショック・ドクトリン』(幾島幸子・村上由見子訳、岩波書店、二〇一一年)において告発した手法、すなわち、戦争やテロや暴風雨、大災害、パンデミックといった大惨事(Disaster)をショック療法の好機として「惨事便乗型資本主義=新自由主義」の導入・徹底をはかれとした戦略をさす。竹中氏は、この火事場泥棒的な惨事便乗型新自由主義ラディカル派にふさわしく、コロナ禍を奇貨として、たとえばオンライン診療、教育のデジタル化、マイナンバー取得の義務化等のデジタル化を一気に進めろ、と提唱したのである。(5)

以上の、コロナ・パンデミック下で可視化した三つのニューディールは、労働過程の視点からみると、①人間と自然の物質代謝過程にかかわる物質的生産労働、②人間による人間に対する「対人サービス労働」、③情報のデジタル化を起点にした情報関連労働、これら三つの労働部門・領域にかかわる構想である。本書の主テーマは、このうち、②の対人サービス労働を分析することにおかれているが、ここではまず、これら三つの労働部門・領域がどのような関係にあるか、といういわば「総論」に目を向けておくことにしよう。これによって社会サービス労働の位置づけや意味が捉えられるはずである。

1　道具と言語を媒介にした人類史における二大労働

グリーン・ニューディールとは、一般的には、グリーン（緑）に象徴される自然環境の回復、現代では特に気候温暖化防止を目ざすニューディールを意味するものであるが、地球的規模での生態系の回復という意味では、前述のとおり、人間・自然の物質代謝循環の正常化を課題にしたコロナ対策と深く重なる。

それと同時に、コロナ・パンデミックは人間・自然間の物質代謝循環のみならず、人間と人間のいわば精神代謝関係にも危機を呼び起こし、人間を相手にした社会サービス労働に依拠して「コロナに打ち勝つ」課題の意義を高めた。ここで精神代謝関係とは、さしあたり、物質代謝が人間の自然に対する働きかけを意味するのに対比して、人間が人間に働きかけて精神的・人格的関係を取り結ぶ関係のことをさす。[6]端折って言えば「物質代謝」とは「人と自然の関係」、「精神代謝」とは「人と人との関係」をあらわす概念である。

物質代謝労働の典型は食料生産・調理、大工仕事、衣服製造等であるが、人が人に働きかける精神代謝労働の代表は、保育・教育、福祉・介護、医療・保健労働等である（ただし、後に再述するように、医療労働は患者という人格を相手にした労働の側面と、人間的自然〈人体諸器官〉のボディ＝物質を対象にした労働の側面という二重の性格をもっており、厳密には物質＝精神代謝労働として分類される）。物質代謝労働の目的が「物質的富の生産」であるのに対して、この精神代謝労働の課題は、「人間の生命の再生産と諸能力の発達」におかれる。すでにみてきたように、この精神代謝労働をエッセンシャルワークとして再評価し、その社会的充実、雇用・処遇の改善等をはかろうとする構想が、エッセンシャルワーク・ニューディールであった。

グリーンとエッセンシャルワークとの二大ニューディール構想を、さしあたり、その課題を担う労働過程にそくして分類すると、物質的富の生産・再生産を担う物質代謝労働と、人間が人間に働きかけて人の生命の再生産と発達を担う精神代謝労働との二つに類型化できる。二類型の労働はいわば人類史を貫く二大労働部門にあたるものである。そして、この二大労働は、かつてフリードリヒ・エンゲルスが「二種類の生産」と呼んだものに対応する。『家族・私有財産・国家の起源』第一版序文において、エンゲルスは次のように述べた。

「唯物論の見解によれば、歴史を究極において規定する要因は、直接的生命の生産と再生産とである。だが、この生産と再生産はそれ自体はまた二重の性質のものである。一方では、生活手段の生産、つまり衣食住の用品の生産とその生産に必要な道具の生産、他方では、人間自体の生産、つまり種の繁殖が、それである。特定の歴史的時期と特定の国との人間がそのもとで生活している社会的諸制度は、両種の生産によって、つまり一方では労働の発展段階によって、他方では家族の発展段階によって、制約される[7]」

ここでエンゲルスが「二種類の生産」としたものは、①生活手段及び労働手段（道具）の生産、②人間自体の生産、すなわち生殖・繁殖による人間の生産との二つであり、史的唯物論の見地に立つと、これら二つの生産が「歴史を究極において規定する要因」として把握される。ここでは、エンゲルスの言う「二種類の生産」は、労働過程論的に、物質代謝労働と精神代謝労働として範疇化される。ただ、物質代謝・精神代謝労働と呼ぶ理由、また、両労働の特質をつかむためには、おなじエンゲルスの論説「サルがヒトになることに労働はどう関与したか」におけるいま一つの視点を生かさなければならない。それは、「道具の生産（製作）」と「言葉の発明」という人類を人類たらしめた二大偉業の役割である。現代的な言い方をすれば、チンパンジー等の類人猿とホモ・サピエンス（現生人類）とを分かつものはなにか、それは道具と言葉である――このことを述べたエンゲルスの文章を、以下に四つ続けて引用しておこう[8]。

①「労働は、人間生活全体の第1の基本条件であり、しかも、労働が人間そのものを創造した、と或る意味では言わなければならない」、②「労働は道具の製作から始まる」、③「言語は労働から、また、労働とともに生まれた、とするこの説明が唯一の正しい説明であることは、動物との比較によっ

図表2　二種類の生産を担う労働

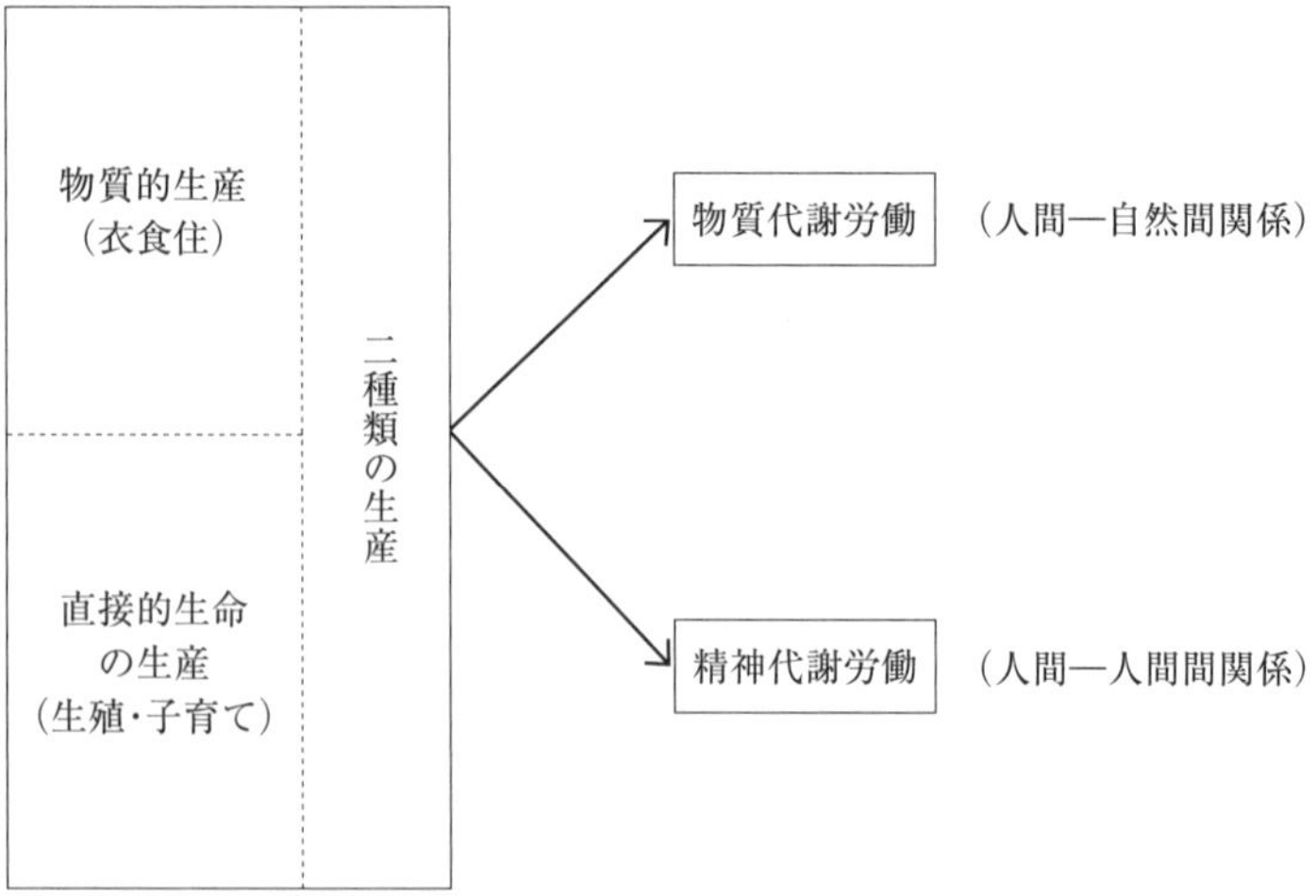

て証明される」、④「いちばんはじめに労働、その後に、そしてこんどは労働とともに、言語――この二つが本質的に最も重要な推進力となって、その影響のもとにサルの脳は、サルのものと瓜二つではあってもそれよりはずっと大きくずっと完全なヒトの脳へしだいに移行していったのである」。

　これらの文章を一読すれば、エンゲルスが、まず「労働＝道具の生産」、それとともに「言葉の発明」、この二つが人類の誕生では決定的な役割を果たした、と指摘していることが了解されるだろう。ここで私がわざわざ、「二種類の生産」と「道具・言葉の創造」の意義に関するエンゲルスの指摘を引用したのは、「二種類の生産（＝労働）」のうち、一方の物質代謝労働では道具が労働手段として決定的な役割を担い、他方の精神代謝労働では言葉が労働様式において決定的な役割を果たすからである。物質代謝労働はいわば道具媒介的労働、これに対して精神代謝労働とは言語媒介的労働にあたるわけである。図表２「二種類の生産を担う労働」は、これらをまとめて図式化したものである。

道具が物質代謝労働において担う役割は、労働対象（原材料）の加工において動力（エネルギー）を制御する機能である。たとえば、大工は身体から発揮されるエネルギー＝動力を手とカンナ（道具）を用いて制御し木材に働きかけ（削り）、製材する。道具の主たる機能は「制御（コントロール）」にあると言ってよい。他方、言葉が精神代謝労働において発揮する機能とは、人間が人間に対して働きかけるときのコミュニケーション機能である。たとえば、保育士や教師が保育や教育に従事するときに必須になるのは、働きかける相手である子どもとのあいだのコミュニケーションである。つまり、保育・教育ではコミュニケーションが大工にとっての道具にあたるのであって、人が人に対して働きかける社会サービスでは、「制御機能」に代わって「コミュニケーション機能」が決定的意味をもつわけである。

2　情報労働の出現と人間社会の三大労働部門

以上は、グリーン・ニューディールを担う物質代謝労働とエッセンシャルワーク・ニューディールを担う精神代謝労働とは、人類史を貫く二大労働にあたり、その特質は、類人猿と人類（ホモ・サピエンス）を分かつ、①道具の生産・利用と、②言語の発明とによる人間に固有な機能、すなわち、①道具を労働手段にした制御機能と、②言葉による人間に固有なコミュニケーション機能の発揮にある、ということとの説明である。要点のみの圧縮した記述になったので、難解な説明という印象は免れないと思われるが（もう少し詳しい説明は後に加えるとして）、いまは先を急ごう。というのは、ここまでは、第三番目のデジタル・ニューディールを担う情報労働、すなわち情報のデジタル化を起点にした情報関連労働にはまったく言及していないからである。

とは言え、物質代謝労働と精神代謝労働の二つを人類史を貫く二大労働とみなし、情報関連労働を後回しにしたのにはわけがある。その理由は主に二つである。ここでは簡潔に述べておこう。

まず、最も簡単な理由は、情報という言葉（英語では information や intelligence、ドイツ語では Infomation や Nachricht）が、今日使用されている意味をもって登場し、使われ始めるのは、ヨーロッパでは一九世紀、日本では二〇世紀に入ってからであり、比較的最近のことだからである。「情報」という日本語を初めて用いたのは森鴎外である、というのが今ではほぼ通説であるが、information や intelligence、Nachricht などの翻訳語として「情報」が、最初に軍事用語として日本で使われるのは、一九世紀後半の明治期から二〇世紀初頭の頃だとされている。(9) ちなみに、管見の限りでは、マルクス『資本論』には「情報」概念は登場せず、私たちがいま「情報」の言葉で理解・処理している Nachricht 等の内容は知識、知らせ、科学・技術学の成果・応用、精神労働、精神的力能・諸力、法則等で表現されている。現代的意味での情報概念が本格的に定着するのはコンピュータの発明以来、すなわち「情報のデジタル化」以降のことであると言ってよい。

第二の理由は、情報関連労働はそもそも最初から物質代謝労働と精神代謝労働に内在・伏在しており、比較的最近に至るまでは、独立した労働部門として顕在化しなかったから、あるいはあえて第三の労働部門として位置づけ、取り扱う必要もなかったからである。そもそも情報は、それ自体としては自然および社会（＝人間）の双方にはじめから内在しており、この点に着眼すると、第一部門の物質代謝労働は労働対象（モノ）に内在する情報に働きかけ、制御する性格をもっており、また第二の精神代謝労働では人間相互の主体間に伝達・交換・共有されるものとして、さらに教育・学習される内容として、物質代謝・精神代謝両労働に内在し、包括されていたのである。

たとえば、料理のレシピ、衣服のファッション、ふすま絵、教会の壁画、建築デザインなどは、現代的に言えば、画像情報の事例である。だが、それらの画像情報は、料理、衣服、襖《ふすま》、建物を生産する物質代謝労働にそれぞれ内在しているものにほかならない。医師のカルテ、教師の教材・教科書等も一つの情報であるが、もともとは医療・教育の精神代謝労働に内在していたものである。マルクスは、弁護士が事務所で使う書記労働を一つのサービス事例として取り上げたことがあるが、いささかの皮肉をこめて、「このサーヴィスは、概して、非常にかさばった『特定の対象』、すなわち膨大な書類の山という形態でのそれに物体化される」と指摘している。(10) つまり、弁護士の扱う「法務情報」は、昔は、「膨大な書類の山」に埋もれ、物体化されていたのである。情報関係労働が第三の独立した労働分野として登場するのは、自然や人間社会に潜在していた情報がそれ自体として顕現し、独立したものとしてあらわれ、生産・処理・加工・伝達・流通する時代を迎えてからである。とりわけ、物質代謝・精神代謝の両部門に並ぶ第三の独立した労働部門として情報労働があらわれるのは、「情報のデジタル化」が開始するコンピュータの発明以降のことである、と言ってよい。(11)

では、第三の労働部門として、情報関連労働はどのように位置づけられるのか。情報労働の社会的位置づけにあたって問題になるのは、情報に固有な機能・役割である。実はここで、私たちは一つの厄介な問題にぶつかる。というのは、いったい「情報」とは何か、その定義・定説が今のところ確立していないからである。「情報」概念の使用が比較的最近になって始まるという事情もあって、一時期、抽象的・哲学的に「物質的諸対象の秩序ある反映」とか「表現された区別」と規定されたことがありはしたものの、(12) これまでのところ厳密で実用的な定説らしきものはみあたらない。そこでここでは、情報の起源を「言葉」に求めて、その「制御機能」と「コミュニケーション機能」に着眼して話を進めることにする〈補注〉。

〈補注〉「言語起源説」には、大づかみにいって、「労働起源説」と「コミュニケーション起源説」の二つがある。後章の議論にも関連するので、この二つの言語起源説にかかわるマルクス、エンゲルスの指摘をここで引用しておくことにする。まず「労働起源説」にかかわるきわめて重要な『資本論』労働過程論の有名な一節を引く。マルクスは「われわれが想定するのは人間にのみ属している形態の労働である」として、蜜蜂の巣作りに対比される人間的労働の例を建築師に求めてこう言う。「もっとも拙劣な建築師でももっとも優れたミツバチより最初から卓越している点は、建築師は小室を蝋で建築する以前に自分の頭のなかでそれを建築しているということである。労働過程の終わりには、そのはじめに労働者のなかですでに現存していた、したがって観念的にすでに現存していた結果が出てくる。彼は自然的なものの形態変化を生じさせるだけではない。同時に、彼は自然的なもののうちに、彼の目的――その目的を彼は知っており、その目的は彼の行動の仕方を法則として規定し、彼は自分の意志をその目的に従属させなければならない――を実現する」（『資本論②』三一〇～三一一ページ）。これは、実際の作業にとりかかる以前において、「いま・ここ」には存在しない労働の成果・結果・産物（目的）を頭脳内で精神的に先取りして表象することができること、ここに人間の労働の最大の特質があるということを述べたもの、一言で言えば「将来の精神的先取り能力」に人間的労働の卓越性がある、と述べたものである。「いま・ここ」に存在しないものを表象できる、未だみえない将来に起こることを精神的に先取りして表象する能力はいったいどこから生まれるか。言うまでもなく、その力の源泉は言葉にある。「労働起源説」のヒントはここにあると言ってよい。

いま一つの「コミュニケーション起源説」のヒントは、マルクス＝エンゲルス『ドイツ・イデオロギー』の一節に求めることができる。「言語は意識と同じくらいに古い――言語は、実践的な意識、他の人間たちにとっても存在する、したがって自分自身にとってもはじめて存在する現実的な意識であり、そして、言語は、意識と同様に、他の人間たちとの交通の欲求や必要からはじめて生まれる」（服部文男監訳『〔新訳〕ドイツ・イデオロギー』古典選書、新日本出版社、一九九六年、三八ページ、傍点原著）。ここでは、ずばり、言語は「他の人間たちとの交通［Verkehr］」、すなわちコミュニケーションの欲求・必要から生まれたとされている。マルクスはまた、「資本主義的生産に先行する諸形態」において、「個々人について明らかなのは、たとえば彼自身が、ある人間的共同体の生まれながらの構成員としてのみ、彼自身のものである言語に関係するということである。一個人の所産としての言語というのは、ばかげている。だが、一個人としての所有というのも、それと同じ程度にばかげているのである」と指摘している。社会関係のないところでは人はしゃべるはずはなく、所有も生まれないというわけである。そこで、マルクスは「言語自体は一個の共同団体の生産物であり、また別の見方からすれば、それ自体共同団体の定在、しかも証明を要しないその定在である」とする（『資本論草稿集②』一四一～一四二ページ、傍点マルクス。ただ引用文は、手島正毅訳『資本主義的生産に先行する諸形態』国民文庫版、三五ページ」を併用している）。所有というのは社会関係があるから生まれるのであって、個人だけが存在しているところではおよそ所有は問題にならない。これと同じことが言語にあてはまるとして、マルクスは言語は集団、社会関係があるからこそ生まれる、としているわけである。これは、コミュニケーション起源説を裏付けるものである。

このような「労働起源説」と「コミュニケーション起源説」による言語起源の把握は、仮に両者をあえて統一しようとすれば「協業＝協働」を媒介にした「動物的コミュニケーションの言語的コミュニケーションへの転化」として把握できると考えられるが、これは後に立ち返る。

そうすると、「情報のデジタル化」とは、情報が有する「制御機能」と「コミュニケーション機能」との両方を顕在化させ、両機能を担う独自の情報関係労働を物質代謝・精神代謝労働から独立化させる技術ということになるだろう。情報関係労働は、このデジタル技術を労働手段として使用し、自然・社会に内在する情報を対象として働きかけ、その処理・加工・結合等によって情報生産物を生産し流通させる労働である。かかる情報関係労働を、先にみた物質代謝労働、精神代謝労働に並べ、三大労働部門として、それら相互の関係を図式化したものが、次ページの図表３「物質代謝労働・精神代謝労働と情報関係労働」である。

図表３で示された三大労働部門を見極めるときのポイントは、三つある。

第一は、各労働部門を労働過程の諸契機「労働―労働手段―労働対象」で捉えること。『資本論』は、「労働過程の単純な諸契機は、合目的的な活動または労働そのもの、労働の対象、および労働の手段である」と述べているが、図はこの労働過程の三契機に従ったものである（『資本論②』三一一ページ）。

図表3　物質代謝労働・精神代謝労働と情報関係労働

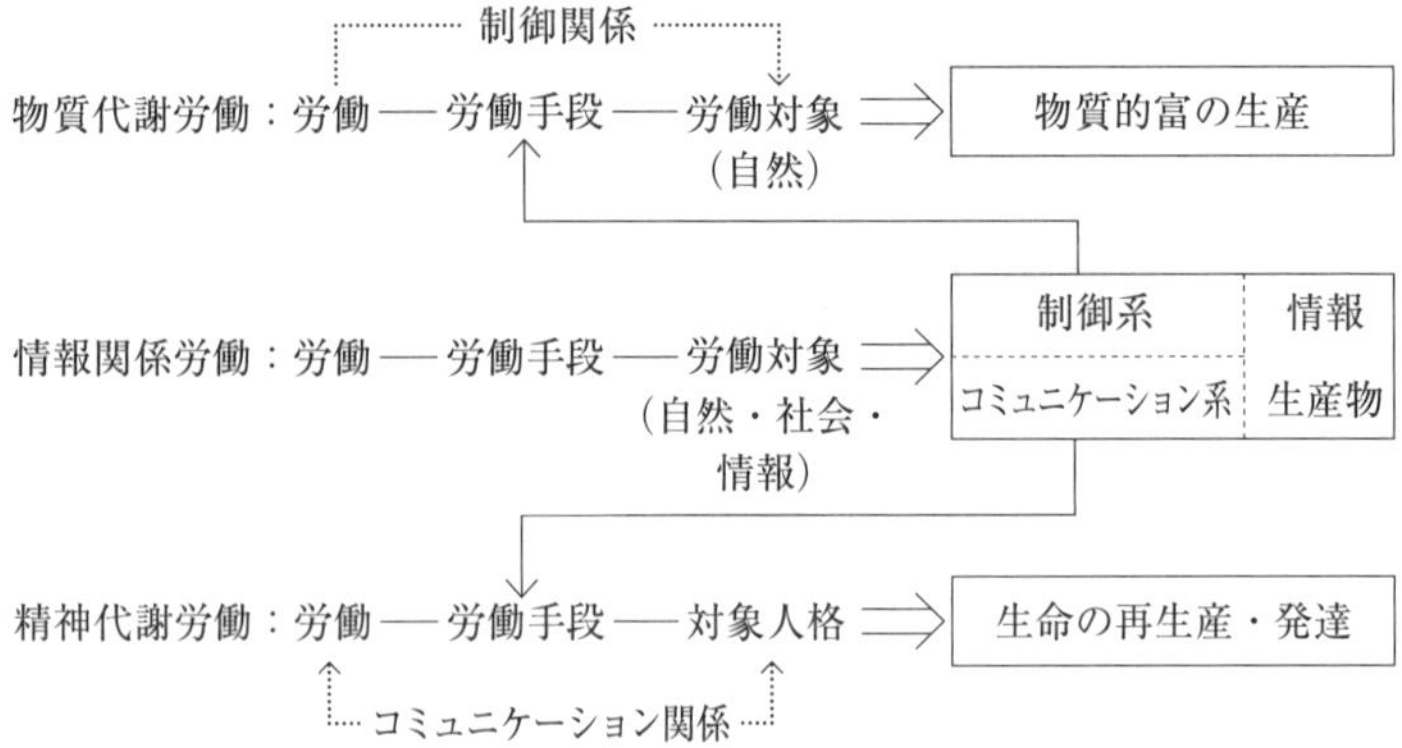

〈注〉 以下『資本論』からの引用は、原則的にすべて、日本共産党中央委員会社会科学研究所監修 カール・マルクス『新版資本論』新日本出版社により、分冊名、ページを本文中に記す。

第二は、三つの労働部門を分類する基準を労働対象の違いにおいたことである。念のために繰り返して指摘しておくと、物質代謝労働の労働対象は自然素材・原材料であり、この点に焦点を絞って把握した場合には、この労働は物質的生産労働（いわゆるモノづくり労働）として捉えられる（図の上段）。これに対して精神代謝労働の労働対象は人間であり、人間を「人格と精神的・身体的諸能力との統一」と把握して、第一の物質代謝労働＝物質的生産労働に対比すると、対人サービス労働（モノづくり労働との対照ではヒトづくり労働）となる（図の下段）。第三の情報関係労働の労働対象は、自然・社会に内在する潜在的情報および独立した情報自体であり、これを機能別に分類すると「制御機能系情報」と「コミュニケーション機能系情報」の二つに大別できる（図の中段）。ここで「制御機能系情報」とは、たとえばコンピュータのソフトウェアやアルゴリズム（計算や問題解決の手順のこと）、機械・建物等の設計図、気圧・風速等の気候情報、地形図等である。「コミュニケーション系情報」とは、たとえばシナリオ、楽譜、落語、時事、美術・風景等写真、各種時刻・予告表等である。

第三は、労働の成果・産物等を質料転換（新陳代謝）の帰結として把握していることである。物質代謝労働の成果が物質的生産物（富）であり、精神代謝労働の成果が生命の再生産・発達であることは既に指摘したとおりである。情報関係労働の成果は、図では要約的に「情報生産物」としておいたが、コミュニケーション系の情報通信労働には、通称「ホーレンソー」の「報告・連絡・相談」の活動が含まれるから、伝達・連絡・通信を加えておいてもよい。

3　物質代謝・精神代謝労働と情報関係労働の三部門分割の意義

これら三点をふまえたうえで、ここで、物質代謝・精神代謝労働と情報関係労働の「三大労働部門」を図式化したことの意味を二点にまとめて確認しておくことにしよう。(13)

まず第一は、本章でとりあげた三つのニューディールの課題が、これら「三大労働部門」に対応する、ということである。すなわち、コロナ禍で課題になった各ニューディールの位置は、①物質代謝労働を担い手とするグリーン・ニューディール、②精神代謝労働を担い手とするエッセンシャルワーク・ニューディール、③情報関係労働を担い手とするデジタル・ニューディールの三つとして把握することができる。社会的総労働を三大労働部門に分類し、種別化することは、単なる労働類型化論にとどまらず、現代ではこうした三つのニューディールに対応しており、すぐれて政治性を含蓄した意味を有するということである。

第二は、「三大労働部門」の類型化によって、本書の主題である「社会サービス」の性格や位置づけが鮮明になるのではないか、ということである。この点を先達の「労働類型化論」の胸を借りる形でたしかめておくことにしよう。一つは、現代日本のサービス労働論の到達点を示す飯盛《いさがい》信男氏のサービス部門三類型論であり（図表4）、いま一つは、「物資的生産」と「非物質的生産」の分類軸を基準にした山田良治《よしはる》氏の「生産‐消費三分類」である（図表5）。この飯盛・山田両氏の「労働の概念的把握による分類」は、日本における労働研究史上における一つの現代的到達点を示すものであって、これら先行する研究との比較によって、本書の位置・意義が明確になるはずである。[14]

まず飯盛説を圧縮して示した図表4は「サービス対象による区分と機能別分類を組み合わせたサービス部門の分割」のタイトルが示すとおり、サービス部門全体をとりあげ、その労働をサービス対象別区分（対物、対人、情報関連の区別）とサービスの提供先区分にもとづく三機能別区分（対個人、対

図表４　飯盛信男氏のサービス部門三類型

	物財関連	直接サービス	知識・情報関連
対個人サービス	家財修理、レンタル、クリーニング	宿泊業、娯楽業、生活関連サービス、学習塾、個人教授所	映画、芸術、文化
対企業サービス	機械修理、設計、リース、ビルメン、計量・検査など	会計法務コンサル、警備、協同組合	放送、新聞・出版、情報サービス、広告
公共サービス	廃棄物処理	教育、医療福祉、各種非営利団体	研究

（出所）飯盛信男『サービス経済の拡大と未来社会』桜井書店、2018 年、95 ページ。

図表５　山田良治氏の物質・非物質を基準とした「生産–消費三分類」

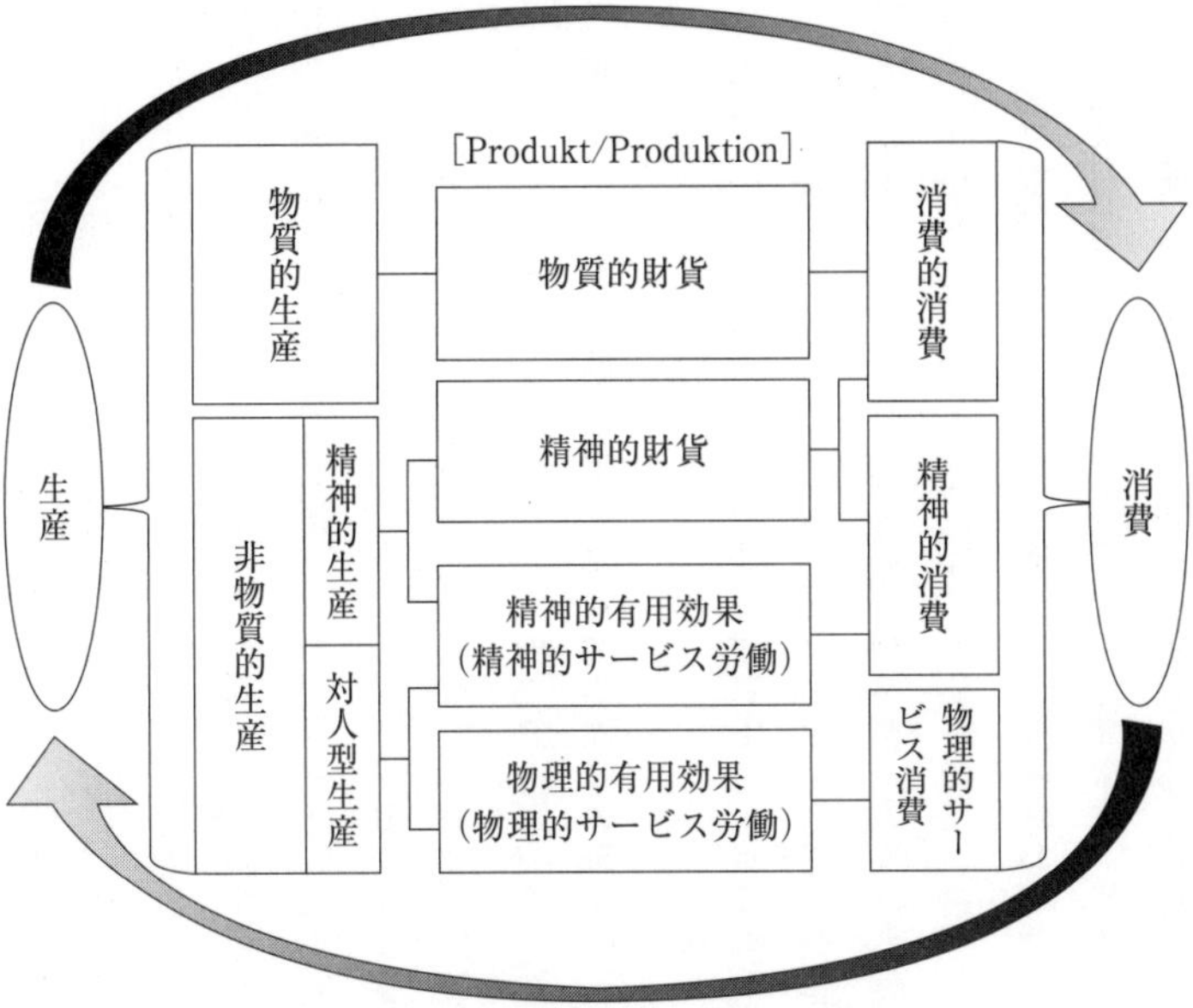

（出所）山田良治『知識労働と余暇労働』日本経済評論社、2018 年、47 ページ。

企業、公共）とを組み合わせて類型化したものである。私の図表2（本書三八ページ）と比較した場合の大きな違いの一つは、本書で区別してきた物質代謝労働と精神代謝労働の二つがともに、飯盛説の場合には、きわめて包括的なサービス（労働）概念のうちに包摂されている、ということである。たとえば家具修理、クリーニング、機械修理、廃棄物処理などの直接には物質代謝労働に属するものが、飯盛説では教育、娯楽、医療、報道等の精神代謝に属する労働と込みにされて、サービスとして（対象別・機能別には区別されながらも）一括されている。もちろんここでただちに、クリーニングや廃棄物処理をサービス業扱いするのは誤りだというのではない。本書では、第三章で、家具・機械修理、クリーニング等の物質代謝労働に属するものが「サービス業」として扱われることには一定の根拠があることを説明するが、それはただし、前提として物質代謝労働と精神代謝労働との理論的区別を明確にしたうえでの話である。

第二に、飯盛説では、「物財関連」「直接サービス」「知識・情報関連」を基準にして、サービスの三つの対象別分類がなされている。この三点による対象別分類は、「対物労働」「対人労働」「対情報労働」と読みかえることのできるものであって、その限りで、本書の対象別労働分類、すなわち物質代謝労働、精神代謝労働、情報関係労働の三分類にほぼ対応する。ところが、飯盛説では、こうした「サービス対象・サービス提供の態様からみた区分とは別に、社会的再生産の視点からの区分としては、生産手段として機能するか、消費手段として機能するかの区分が必要である」として、[15]「対個人サービス」、「対企業サービス」、「公共サービス」の三部門に機能的に再分類されている。素直に理解すると、この飯盛説の「対個人サービス」とは個々の人間を対象にしたサービスであり、「対企業サービス」とは企業を対象にしたサービスを意味するであろうから、こうした呼称によるサービス労働の区別とは、常識的には（機能別ではなく）「対象別分類」とみなされるであろう。だが、飯盛説では、この区別は「物財関連＝対物労働」や「直接サービス＝対人労働」等の「対象別分類」を意味するものではなく、「機能別分類」として捉えられるべきものとされている。恐らく読者はここでこんがらがるのではあるまいか。つまり、飯盛説では、サービスの「対象別分類」と「機能別分類」の判別基準・意味が鮮明であるとは言いがたい。両分類の区別が明確・明快ではないのは、飯盛説による「対象別区分」が「労働の区別」を意味するのに対して、「機能別分類」とは労働の「生産物＝成果の区別」、すなわち「使用価値の区別」を意味しており、異質な分類基準を同時に併用してしまったことによると思われる。

　次に山田説の図表5に目を移してみよう。この図表の特徴は、そのタイトル「物質・非物質を基準とした生産と消費の関係」が物語っているように、①「生産＝生産物」を基準にした「物質的生産」と「非物質的生産」の二分割と、②生産に対応する消費視点の導入との二点にある。その包括性という点で言えば、本書の図表3や飯盛図表4を凌ぐと言ってよい。

　まず、私の図表3との違いは、山田説による労働の類型化が「生産＝生産物」の差違を主軸にしたものであるに対して、私の場合には、先述のとおり、「労働対象」の差違を中心軸にして労働の類型化を試みた点にある。ところが、山田図表を丁寧にみるとわかるように、実は、山田説においても労働は対象別に三つに分けられているのである。それは、図表5において、労働が「物質的生産」「精神的生産」「対人型生産」の三つに再分類されているところにあらわれている。この三労働類型は、本書の労働の対象別三分類、すなわち「物質代謝労働」「情報関係労働」「精神代謝労働」と、（完全に一致するわけではないが）ほぼ対応し、重なる。蛇足ながら、この労働対象別の三分類は、上でみた飯盛説では、「物財関連」「直接サービス」「知識・情報関連」の対象別サービス労働三分類とされていたものである。つまり、飯盛・山田両氏と私の三人は、さしあたり労働を対象別に三つに大分類するという点では、ほぼ同じ見地に立っているということである。

　ここでの私の主張は、ある意味では簡単なことである。山田説の労働類型論は、「生産＝生産物別」を基軸にし、そのうえ「労働対象別」を副軸にしたいわばダブルスタンダード論になっているから、これを一元化し、「労働対象別」の分類に一本化すれば、飯盛説との一致点も明確になり、すっきりとした類型論になるのではないか、というものである。山田説では、たとえば「精神的財貨」とか「物理的サービス労働」といったいささか坐《すわ》りの悪い用語、また「消費論」においては「消費的消費」とか「物理的サービス消費」といったわかりにくい言葉が出てくる。「精神的財貨」とは「物質的財貨に対象化される精神的労働[16]」とされるもの、たとえば書籍・文学作品、美術・生物図鑑、映画フィルム、CD・DVD、ITソフトがその例であるから、労働対象別に分類すれば、これは情報生産物であって「精神的財貨」と呼ぶのはぎごちない感じがする。また、「物理的サービス」とは、具体例で言うと外科手術、整髪、マッサージ等の人間を対象にした「身体的サービス」にあたるものであるが、「身体的＝有機的」と「物理的」との間には齟齬《そご》感が拭えない。

いま一つの問題は、消費の位置づけである。山田説では、①物質的生産物には「消費的消費」、②情報生産物と対人有用効果サービスには「精神的消費」、③物理的サービス（＝身体的サービス）には「物理的サービス消費」をそれぞれ対応させ、図で言えば左方の「生産」と右方の「消費」とを照応させている。この「生産」と「消費」の照応関係は、先にふれたような「消費的消費」とか「物理的サービス消費」等の語弊《ごへい》を別にすれば、生産側の「対象別三労働類型」と、それに対応する三つの消費形態との対応関係になっているので、論理的には整合性をもっていると思われる。ただ、ないものねだり風な注文をつけるとすれば、物質的生産労働（物質代謝労働）とサービス労働（精神代謝労働）との間にある「労働・消費間関係の差違」、とりわけサービス労働とその消費の特性を山田図表５から読み取ることは困難である。つまり、消費サイドの分析に物足りなさが残る。

さて、以上のような飯盛・山田説に残された課題を補う形で、次章では、社会サービス労働の本丸に入った検討に進みたいと思う。

〈注〉

(1)　袖井林二郎『マッカーサーの二千日』中公文庫、一九七六年、一八六ページ。

(2)　コロナ禍における三つのニューディール構想を筆者が論じたのは、二宮厚美「敗戦処理内閣としての菅政権の途」『経済』二〇二一年一月号、「ポスト・コロナ型ニューディール構想の対抗関係」『経済』二〇二一年六月号、「コロナ禍で浮上した3つのニューディール構想」『建設労働のひろば』第一二〇号（東京土建一般労働組合刊、二〇二一年一〇月）、「ポスト・コロナ型ニューディール構想の基礎理論」『経済』二〇二二年七月号であり、本章の一部はこれらの論稿を使用している。

(3) デヴィッド・ハーヴェイ「COVID‐19時代の反キャピタリズム運動」『世界』二〇二〇年六月号、五六ページ。なおこれと同様に、パンデミックを「物質代謝の撹乱」の視点から分析したものとして、友寄英隆『「人新世」と唯物史観』本の泉社、二〇二二年を参照。

(4) ナオミ・クライン、中野真紀子・関房江訳『地球が燃えている――気候崩壊から人類を救うグリーン・ニューディールの提言』（大月書店、二〇二〇年）は、グリーン・ニューディールを多種多様な環境保全、SDGs、ジェンダー平等、マイノリティ運動、ケア保障等の運動と連携した包括的で holistic な（全体論的な）政策・運動と位置づけている。

(5) 竹中平蔵「東京を『政府直轄地』にせよ」『文藝春秋』二〇二〇年一一月号、同「教育や医療、規制緩和の議論を、デジタル化の遅れ挽回する好機」『エコノミスト』二〇二〇年六月二日。なお、彼はその後にも、コロナ危機はデジタル化の立ち遅れと、有効ではない医療の仕組みという「2つの弱さ」をさらけだしたとして、非常時の医療については、徴兵制に匹敵する医療のガバナンス（徴医制）、すなわち「究極的には国が医療体制を掌握できるような非常時のガバナンス体制を構築すべきだ」と提唱した（「日本経済新聞」二〇二一年四月一一日）。

(6) もともと「精神代謝」という秀逸な言葉を「発明」したのは、尾関周二『言語的コミュニケーションと労働の弁証法――現代社会と人間の理解のために』（大月書店、一九八九年、その増補改訂版は二〇〇二年）であり、この用語はそこから拝借したものである。なお、尾関周二編著『思想としてのコミュニケーション』大月書店、一九九五年もあわせて参照。

(7)　エンゲルス、土屋保男訳『家族・私有財産・国家の起源』古典選書、新日本出版社、一九九九年、一一二ページ。

(8)　これらはいずれも、エンゲルス「サルがヒトになることに労働はどう関与したか」（秋間実訳『自然の弁証法〈抄〉』古典選書、新日本出版社、二〇〇〇年、所収、五一～五八ページ）からのものである。

(9)　長山泰介「情報という言葉の起源」『ドクメンテーション研究』第三三巻第九号（一九八三年九月）、仲本秀四郎『情報を考える』丸善ライブラリー、一九九三年による。

(10)　マルクス『資本論草稿集⑤』大月書店、一九八〇年、一九二ページ、および『剰余価値学説史Ⅰ』（『全集』第二六巻Ⅰ）大月書店、一九六九年、一七九ページ。

(11)　もちろん、これまでのサービス労働論において情報が取り扱われなかったというわけではない。ただマルクスは情報概念を用いていないから、後述する飯盛信男氏や山田良治氏らは、精神的生産といった概念をもって、情報労働を取り扱っていた。その場合、精神的生産は教育・福祉労働などとは区別され、もっぱら情報だけを生み出す労働とされ、その成果としての情報は人間にとって有用であり、必要でもある場合に、精神的生産物として位置づけられた。これとは逆に、櫛田豊氏は、「情報は必ず物（Ding）である媒体と結合して存在する」とみなし、「情報財」を物質的生産のひとつに組み入れていた（櫛田豊『サービス商品論』桜井書店、二〇一六年、一三八ページ）。

(12) 岩崎允胤・宮原將平『現代自然科学と唯物弁証法』大月書店、一九七二年、四二七ページ、田中一『情報とは何か』新日本出版社、一九九四年、五九ページを参照。

(13) 私が初めて労働部門を三つに分けたのは、二宮厚美『ジェンダー平等の経済学』新日本出版社、二〇〇六年、においてである（二三八〜二三九ページ参照）。

(14) 飯盛信男『サービス経済の拡大と未来社会』桜井書店、二〇一八年、山田良治『知識労働と余暇活動』日本経済評論社、二〇一八年を参照。

(15) 飯盛、同上、九五ページ。

(16) 山田、同上、七一ページ。

第2章　社会サービス労働における「生産」と「消費」

はじめに――対人労働としてのサービス労働

社会サービス労働がもつ独特の意義、重要性を検討していくためには、あらかじめサービス労働とは何か、という基本的論点に立ち返っておかなければならない。もっともサービス労働の定義は、ある意味ではきわめて簡単なこと、単純な論点である。まずサービス（Dienst）とは、『資本論』の言葉を借りて言えば、「ある使用価値の有用的な働きにほかならない」（『資本論②』三三四ページ）。サービス労働とは、この意味での「使用価値＝有用な働き」を人間に対して提供する労働である。教育・福祉・看護等の社会サービス労働は、すべて人間を相手にして「有用な働き」を提供するサービス労働のことだから、まさにこの簡潔な定義に合致する。したがって、いまさらあらためて「サービス労働とは何か」の定義にこだわる必要はないのであるが、後の議論のために、いま少しこの定義のもつ意味をみておくことにしよう。

まず注意しなければならないことは、このサービス労働の定義は、人間の労働を本源的・始原的にみて、働きかける対象を基準にして二つに分けることから出発している、ということである。対象別に労働を二分するというのは、労働の対象を「自然的物質・素材」にした労働と「人間＝ヒト」を相手にした労働とに区別すること、ひらたく言えば「対物労働」と「対人労働」に二分するということである。本書ではこの二分法を、すでに物質代謝労働と精神代謝労働との二つに労働を区別する、という形で採用してきた（第一章）。つまり、「対物労働」は「物質代謝労働」、「対人労働」を「精神代謝労働」として範疇化してきたが、ここではわかりやすさを重視して、前者の「対物労働」を「物質的生産労働」とし、後者の「対人労働」を「サービス労働」と区別しておいて、話を進めることにする。(1)

実は、労働のこのような二分類、すなわち「物質的生産労働」と「サービス労働」とへの二分割は、世間ではしばしばおこなわれていることであって、大げさに言うまでもない常識的な類型化である。たとえば、物質的生産労働はモノを相手にした労働だから、パンだとか酒、衣服、家具、電気器具などの「モノづくり労働」にあたり、他方のサービス労働は人間を相手にした労働だから、教師・看護師、ホームヘルパー、歌手、観光ガイド、弁護士などの仕事は対人サービス労働と呼ばれてきた。このような常識的な理解は間違っているわけではないし、適切・妥当な捉え方であると言ってよい。

ではなぜ、ことあらためて「物質的生産労働」と「サービス労働」の二つを、「対物労働」と「対人労働」として理論的に区別しなければならないと言うのか。その理由は、世間ではモノを相手にした労働もサービス業扱いされているからである（第一章でみた飯盛説でもその例をみることができた）。たとえば衣服のクリーニング、ビルのメンテナンス、自動車や機械の修理等は、実際の統計等において「サービス業」に属するものとして扱われている。住宅や衣服のリフォームなども日常用語としてはサービス業の一種と捉えられている。だが、少し考えてみればわかるように、衣服・住宅のクリーニングやリフォーム、自動車・電気器具の修理等は「対人労働」ではなく、衣服・住宅・器具等のモノを相手にした「対物労働」である。サービス労働を人間を相手にした「対人労働」に限定するのであれば、これらのリフォームや機械修繕等は（モノを相手にした仕事だから）サービス労働に分類することはできないはずである。

いま一つ、別の例をあげておくと、高齢者等へのケアという重要なサービス労働を、きわめて広義に捉えて包括的に把握する理論もある。たとえば、「もっとも一般的な意味において、ケアは人類的な活動 a species activity であり、わたしたちがこの世界で、できるかぎり善く生きるために、この世界を維持し、継続させ、そして修復するためになす、すべての活動を含んでいる。世界とは、わたしたちの身体、わたしたち自身、そして環境のことであり、生命を維持するための複雑な網の目へと、わたしたちが編みこもうとする、あらゆるものを含んでいる」とする見解がある。(2)

ここでケアとは、この世界において人類が「できるかぎり善く生きるため」の「すべての活動」を含むものとされている。したがって、この包括的なケア活動には、福祉や医療はもちろんのこと、料理、ゴミ収集、食料の配送、機械修理、地球環境保全、政治的実践等、ありとあらゆる仕事が含まれることになる。ことわっておくが、私はこのようなケア概念の包括的理解・解釈に反対する、というわけではない。この著者は、別のところで「ケアすることとは、わたしたちが直接的に諸個人を助けるためになすあらゆることと定義されよう」と述べており(3)、私としては、その趣旨には大いに賛同したい。とは言っても、このケア論は、サービス労働を厳密に「対人労働」に限定した見解とは言えない。

そのほかに、物質的生産労働とはモノづくりだから「有形労働」であり、それに対して、サービス労働は教師や役者・歌手の仕事のように「無形労働」である、といった理解・解釈もしばしば見受けられる。これは、労働の成果・結果が対象的形態（有形の物的形態）をとってあらわれるか、モノの形をとらずに無形の効果にとどまるかの違いにもとづいて、二つの労働を区別する見方をあらわしている。こういう区別も世間にはよくある見方である（学説史を遡って言えば、「経済学の父」と呼ばれたアダム・スミスもこの有形・無形労働の差違にこだわっていた!!）。

確かに物質的生産労働は、食材を対象にした調理労働を思い浮かべればわかるように、労働の成果が原材料・素材に対象化されるために（つまり対象的形態をとるために）、「有形労働」としてあらわれ、他方、小学校教師の生徒たちに対する教育サービス労働の効果は直接的には有形の対象的形態をとることなく「無形労働」にとどまる。だから、「物質的生産労働は有形労働」、「サービス労働は無形労働」という類型化も妥当なようにみえる（「サービス＝有用効果説」はこの視点に立脚したものである）。だが、この「物質的生産労働＝有形労働」、「サービス労働＝無形労働」という通俗的・常識的分類も理論的には正確だとは言えない。というのは、物質的生産過程に属する労働であっても「無形労働」の形態をとる場合があり（たとえば農産物の運搬・輸送）、サービス労働であっても「有形労働」

の形態をとる場合（たとえば歯科医による義歯補綴《ぎしほてつ》、理髪師による整髪）があるからである。学校の例を引き合いにすると、学校給食の調理師の労働は、直接には食材の加工だから有形の物質的生産労働であるが、生徒たちの「食育」を担う労働という面からみると、教育労働の性格をもっており、立派な社会サービス労働である。学校給食だけではない、入院患者向けの病院給食も社会サービスである。

このような例をあげてみると、ここでの中心的な関心事であるサービス労働を人間を相手にした「対人労働」に絞って定義するのが果たして正しいのかどうか、あるいは理論的に適切であるかどうか、疑問に思う人が出てくるのは自然である。この疑問とは、念のために繰り返しておくと、衣服のクリーニングや飲食物の配送、機械修理、給食といった「対物労働」も、「対人労働」にあわせて「サービス業」と見做《みな》されているではないかという見方、また、「対人労働」と言っても、医療における外科手術やスポーツ教育における人体・筋肉等の訓練のように、「無形」ではなく「有形」の効果・帰結を呼び起こす労働があるではないか、といった疑問である。(4)

かかる問いかけは、理論的にみてもきわめて重要な意味をもつが、それは後の検討に委ねて、さしあたり、「サービス労働とは、働きかける相手を人間においた労働である」と再確認して話を進めることにしよう。この意味でのサービス労働とは、繰り返しになるが、先述（三六〜三八ページ）のエンゲルス「二種類の生産」のうち、「人間自体の生産、すなわち生殖・繁殖による人間の生産」を担う労働のことであり、本書では精神代謝労働と呼んできたものである。かかる「サービス労働＝人間を対象にした労働」の視点にこだわるのは、この定義からぶれてしまうと、サービス労働論全体の屋台骨が揺らぎ、辻褄《つじつま》のあわない議論に迷いこんでしまうからである。

1　人間の生存過程における「生産」と「消費」の二局面

「生存過程」を担う物質代謝労働と精神代謝労働

物質代謝労働であれ、精神代謝労働であれ、人間の生存過程をその主体的行為に視点をすえて分析（分割）すると、①生産的行為、②消費的行為の二つの局面に分けて捉えられる。圧縮して言えば、「生存過程＝生産＋消費行為」として把握される。生産と消費とを人間の主体的営み＝行為の時間だとすれば、これらとは別の、何もしない無為および休息の時間を第三の局面・時間とみなすことができるが、ここではさしあたり、なにもしないで無為に過ごす睡眠などの休息の過程は無視することにする（休息時間が問題になるのは、人間が生存するために必要不可欠な労働時間と、その必要労働時間から解放された自由時間、そして必要でもあり自由でもある休息時間の三つに生存過程が分かれ、それらの時間のバランスが問題になる論理次元――たとえば必要労働時間が大きく節約され自由時間が豊富になる社会――においてであり、今ここではこの細かな時間のバランス問題は横に置いておく、ということである）。

人間の生存過程を、①生産的行為と、②消費的行為との二つに分けて捉えるのは、まず人間と自然との物質代謝過程が「生産過程」と「消費過程」の二局面に分かれるからである。物質代謝（Stoffwechsel、material exchange）とは言いかえると「質料転換」のことであるが[5]、人間はまず自然に働きかけ、その質料（素材）を自らの生命力に転換して生存する。たとえば、人間は自然から食料を確保し、つまり自然的素材を食物に転化し、かつそれを生存のためのエネルギーに転換し、不要になったものを廃棄し自然に返し、自然そのものを改造する。この過程は、さしあたり「労働過程」と「消費過程」とに分けられるが、同時に、その主体である人間自身が生存し、変化していく過程でもある。したがって、人間的な生存過程とは人間・自然間の物質代謝過程そのものである、と言ってよい〈補注〉。

〈補注〉　ここでは、消費・生産をあえて労働と区別して、消費行為（活動）と生産行為（活動）と呼ぶ。行為＝活動は英語で言えばactであり、労働はworkとlabourになるが、通例としては、workは使用価値生産労働、labourは価値生産労働というニュアンスの違いを込めて使われている。この点を考慮すると、行為＝活動としてのactはwork（労働・作業）に近い言葉になり、したがって、生産行為＝活動は労働と呼びかえてもさしつかえはない、ということになる。だが、ここでは、「消費行為」

は「消費労働」と言いかえることの非合理性、つまり「消費行為＝消費労働」という等置は混乱を呼び起こすことを考えて、いわば本源的な「消費と生産の相互関係」を問題にするときには、労働の言葉はあえて使用せず、行為ないし活動概念を用いて話を進める。「行為」と「活動」の言葉の使い分けに関しても、その「目的意識性」の程度・差違にもとづいて区別する議論があるが、ここではこだわらない。

この人間・自然間の物質代謝を媒介する活動が労働である。『資本論』は有名な一節でこう述べている。「労働は、まず第一に、人間と自然とのあいだの一過程、すなわち人間が自然とのその物質代謝を彼自身の行為によって媒介し、規制し、管理する一過程である」（『資本論②』三一〇ページ）。つまり、労働とは、人間と自然間の物質代謝を媒介して人間の生存そのものを維持する活動である、ということである。ただし労働は、その制御力によって自然改造の役割を担うというにとどまらない。労働にはいま一つ、人間自身を変革・発達させる力、役割がある。このことを説明して『資本論』は、「人間は自然素材そのものに一つの自然力として相対する。彼は、自然素材を自分自身の生活のために使用しうる形態で取得するために、自分の肉体に属している自然諸力、腕や足、頭や手を運動させる。人間は、この運動によって、自分の外部の自然に働きかけて、それを変化させることにより、同時に自分自身の自然（Natur）を変化させる。彼は、自分自身の自然のうちに眠っている諸力能を発展させ、その諸力の働きを自分自身に服属させる」と述べている（同上）。

念のため、この『資本論』の指摘を整理しておくと、①人間の生存は人間と自然との間の物質代謝によって維持される、②この人間・自然間物質代謝を媒介するのが労働である、③物質代謝過程において、人間は自然を改造するだけではなく自らが主体となる潜勢力を発達させる、以上の三点を確認することができるだろう。本書では、既に指摘してきたように、このような人間の「生存過程」からみた場合の労働のことを「物質代謝労働」と呼んできた。と言っても、物質代謝労働の実態は、先述の物質的生産労働（モノづくり労働）である。同じ労働の呼び名をあえて二つに分けているのは、人間の「生存過程」に視点をおいた場合には「物質代謝労働」の用語、これに対して「労働過程」に視点をおいた場合には「物質的生産労働」の言葉をあてるのがふさわしいと考えられるからである。その理由は、さしあたり二点ある。

その第一。人間（あるいは人類）の生命維持、すなわち生存にとって必要不可欠な労働をその根源性において表現するには、物質代謝概念を用いることが適切だ（と考えられる）からである。たとえば、人間的生存に必要不可欠な物質的生産労働（ここでは上着等の生産労働）を、マルクスは人間生存の根源に遡ってこう説明している。

「上着やリンネルのような自然には存在しない素材的富のあらゆる要素の定在は、特定の自然素材を特定の人間的欲求に適合させるある一つの特殊な合目的的な生産的活動によって、つねに媒介されなければならなかった。だから、労働は、使用価値の形成者としては、有用的労働としては、あらゆる社会形態から独立した、人間の一存在条件であり、人間と自然との物質代謝を、したがって人間的生活［menschliche Leben］を媒介する永遠の自然必然性である」（『資本論①』七九ページ）。

ついでながら、ここで「人間的生活」の言葉にある生活（Leben）は、同時に「生命」を意味する言葉である。物質的生産労働は、人間・自然間の物質代謝および人間的生存を媒介する根源的かつ恒久的な営み、つまり「人間の一実存条件」にほかならない。ただし、マルクスの視点をより徹底すれば、ここでは直接に言及されてはいないが、人間的生活＝生命を媒介するいま一つの営み、すなわち人間が人間に働きかけてその生命の維持・再生産をはかる営みがあるはずである。すなわちエンゲルスの述べた「もう一つの人間自体を生産する労働」が浮上する。その労働とは、先述の「対人労働＝サービス労働」にあたるものである。この「対人労働＝サービス労働」は、「労働過程」視点からみた物質的生産労働のいわば対句であったから、「生存過程」視点からみた場合の概念としては、「精神代謝労働」の用語をあて、表現することができる。というのは、人間・自然間の関係を物質代謝関係だとすれば、人間相互の主体間関係は精神代謝関係と把握することができるからである。

生産的行為と消費的行為の区別と関連

その理由の第二。人間・自然間の物質代謝過程（以下、「物質代謝」と略記する場合がある）において初めて、先述の「生産過程」と「消費過程」の区別が問題になるからである。

たとえば、食料を例にとって物質代謝を考えてみると、古い狩猟・採集時代の食料獲保は獲物や果実の確保、農耕時代では穀物や家畜の生産であった。ごく常識的にみて、獲物を狩り、果実を採り、また穀物を収穫して、住まいまで運搬し、火や道具を用いて加工し、調理する、ここまでの作業が生産的行為である。この生産的行為は最終生産物として料理の品々を作りだす。その後の、調理されたものを食べる行為が消費である。衣類であれば、獲物の毛皮を剥ぎ、なめし、あるいは糸を紡ぎ、布に織ってから、身にまとう衣服に仕上げるまでが生産行為である。そして、その衣類を個々人が実際に着衣する、というのが消費行為である。こうした「生産」から「消費」にいたるまでの全過程が物質代謝過程であり、つまりは人間の生存過程にほかならない〈補注〉。

〈補注〉 生命体として人間が直接的に自然との物質代謝に入るところが、消費である。そうすると精神代謝の原点は、人間と人間の直接的結合・代謝関係にあるから、いわば性交と授乳が代表である。これは人間自然と人間自然との直接的コミュニケーション関係であるということになる。性行為は精神代謝の原点であるが、同時に人間的物質代謝＝繁殖・生殖との接点でもある。授乳は母から子へのサービス労働であるが、子どもからみれば人間としての物質代謝の開始時点での消費であり、授乳サービスの消費（受乳）でもある。性交および授乳では、互いに相手の人間的自然的営みを消費するという関係になるだろう。だから生殖＝生命の再生産を担う物質代謝関係でもあり、精神代謝関係でもあるのである。

問題なのは、この生存過程において、生産と消費はどこで区別されるのか、どこまでを生産的行為とみなし、何をもって消費的行為とみなすのか、という点にある。もっとも、いま例に取り上げた食物や衣類の確保・利用の場合には、大げさに生産と消費との区別はどこにあるかなどと言わなくとも、それほど難しい問題ではない。食生活では調理が終わるまでの行為、衣類では着物に仕上げるまでの行為が「生産」であり、その後の食べる、着るという行為が「消費」にあたることは、子どもにもわかる自明のことである。

だが、現代社会では、たとえば家庭での料理や縫い物は「生産」ではなく「消費」として扱われている。あるいは、一人暮らしの者が、自分でご飯を炊き、自ら手料理でおかずを作り、食べる行為までのすべてが「消費活動」とみなされている。また、私がオーダーメイドで背広を仕立てる場合も、それは消費的行為の一つとみなされている。とは言え、物質代謝過程にそくしてみた場合、食材の調理や衣服の縫製それ自体は、あくまでも消費ではなく生産的行為の一部である。いわゆる「さしすせそ家事（裁縫・躾け・炊事・洗濯・掃除）」は「対物労働」と「対人労働」の両方を含むが、物質代謝・精神代謝のいずれの視点からみても、それ自体としては生産的行為に属しているが、世間一般では消費領域の行為とみなされている。

そこで、物質代謝・精神代謝過程を問題にする場合には、あらためて何をもって生産と言い、何をもって消費と言うのか、という区別の問題が生まれることになるわけである〈補注〉。

〈補注〉念のために付言しておくと、「労働過程」視点に立って物質的生産労働やサービス労働を取り上げて論じる場合には、生産的行為にあたる「労働」が直接の検討課題になるために、「生存過程」視点に立つ場合に浮上する「生産」と「消費」の区別は問題にならない。本書において、「生存過程」視点に立った物質代謝労働と精神代謝労働の概念と、「労働過程」視点に立った物質的生産労働とサービス労働の概念とを、実態として同じものであるにもかかわらず、あえて区別し、二つの範疇を併用する意味はこの点にある。

人間の生存過程に視点を定めて消費行為をみつめた場合、消費とは、諸個人一人ひとりが個別的に営まないと当人の生存・生活にとって意味をなさない行為のことをさす。たとえば、食物を食べるという消費行為をとりあげてみると、食べるという行為は他人に代わってもらうことのできない営み、あるいは他人に代わって食べてもらっても意味をなさない行為である。喉《のど》が渇き水を飲みたくなったとき、誰か他人に代わって水を飲んでもらったとしても、当人の渇きは充たされず、意味をもたない。凍えそうなほどに寒くてコートが欲しいときに、自分の代わりに、隣に居る誰かにコートをまとってもらったとしても、それで暖かくなるわけではない。睡眠も代表的な消費行為の例だと言ってよいが、睡眠不足の人が、本人に代わって他人に眠ってもらったとしても、それはまったくと言ってよいほどに意味のないことである。つまり、消費とは、個々人の生存のためには他人が代替することが不可能な行為、他者が代行することのできない個体単位の活動・行為をさすのである（理解を容易にするために、ここでは、生産的行為と消費的行為の生存過程における位置、および両行為の差違を一覧化した図表6を掲げておく)。

したがって、消費は物質代謝過程における個体単位の行為、個別的で他人には代替不可能な営み、他人任せにできず代行してもらっても意味のない活動だと捉えられる。このような意味での消費が欠落すると、しばしば個々人の命が絶たれる。その代表例は、食べる、飲む、吸う、着る、眠る、歩く、動くといった行為であるが、さらにより人間的な例に広げてみると、話す、聞く、読む、学ぶ、遊ぶ、歌う等の行為におよぶ。これらの行為は、各自それぞれが当事者となっておこなわないと、その生存・生活・発達にとって意味をなさない活動である。これらの消費行為には、言うまでもなく、それぞれに固有な人間的な能力を必要としており、その個別的な消費能力の発揮が消費にほかならない。私は食道がんの治療後、しばらくのあいだ、ものを飲みこむのに非常に苦労したことがあるが、嚥下《えんげ》も一つの重要な消費能力であることを思い知らされたものである。

図表6　労働と生産・消費の関連

労働＼行為	生産的行為	行為事例	消費的行為
物質代謝	農業 繊維 建築 工業	耕す 織る 削る 加工する	食べる 着る 住む 掴む
精神代謝	保育 教育 ケア 医療	育てる 教える 世話する 診る	育つ 学ぶ 世話になる 治る
〈参考〉 情報関連	情報加工 報道 通信 伝達	編集する 集める 連絡する 伝える	知る 聞く 見る 分かる

ただ、ここで一点だけ注意しておかなければならないことがある。いま例をあげてみてきた消費的行為とは、あくまでも個々人の生存過程からみた消費局面の特徴づけであって、各消費的行為の活動自体の有する社会的機能や意味は除外し、捨象しているということである。たとえば、話す、聞く、見るの消費行為において、それらの行為を他者に委ねることができないというのは、順に「恋人と語らい、プロポーズする」の「話す」、「コンサートでバッハの音楽を楽しむ」の「聞く」、「自然の絶景を目の当たりにして満喫する」の「見る」といった行為は、それ自体としては他者に代行してもらうことが可能だとしても、他人にまかせたのでは個々人の生存、欲求、必要性からみて意味がない、ということである。さらに話したり、聞いたり、読んだり、歌ったりすることは、社会的な活動の連関のもとにおいてみれば、たとえば大学講義での「話す」、各種の聞き取り調査での「聞く」、朗読劇での「読む」、歌手による歌謡の「歌う」が示すように、それらの活動＝行為がひとつの労働（生産的行為）としての意味をもつ場合がある。だが、個々人の生存＝生命の再生産過程からみれば、話す・聞く・見る等の五感を働かせる主体的行為は、飲み・食い・眠る等と同様に、当人自身のかけがえのない消費行為にあたるのである。

消費とは区別された生産的行為の意味

消費行為を以上のように、他者による代替・代行不可能な行為と定義づけられるとすれば、物質代謝過程には（また精神代謝過程でも）、この消費行為とは違って、個々の人間に代わって他者が、したがって他の諸個人、集団や社会が代替・代行しうる諸活動がある。これが「消費」とは区別された「生産」の行為・活動である。すなわち、物質代謝過程における「生産的行為」とは、諸個人それぞれの生存にとっては（消費に負けず劣らず）必要不可欠であるが、他人が代替・代行することが可能な諸活動、他人に委ねてもかまわない諸行為のことである。この生産的行為は、一定の社会集団のなかであれば、語弊を恐れずに言って、誰がやってもよい、誰もがやれる、代理できる活動になる。狩猟・採集社会の例で言うと、獲物の狩りや、果実の採取、それら食材の調理作業までの過程は、その食物を食べる当人がやらなくても、他の誰がやろうと一向にかまわない仕事である。住まいの建築や着物の裁縫も、そこに住み、実際に着衣する者以外の誰が担おうとも、意味のある生産的行為にほかならない。孤島のロビンソン・クルーソーのような一人住まいの男であれば、食料の生産も消費も、衣服の生産もその消費も、一切合切をいわゆる自給自足で当人自らがおこなわなければならないが、人間が一定の社会集団を形成して、集団によって生存に不可欠な物質代謝過程を担い、維持していく場合には、個々人が個別的に営む「消費」と、集団全体で受けもつことのできる社会的な「生産」との二つの局面に、物質代謝過程が分けられることになるのである（精神代謝関係においても、「個体単位の消費」と「社会単位の生産」とに過程・局面が二分される）。

こうして、私たちはひとまず、人間の「生存過程」を物質代謝過程として把握することによって、それが「生産」と「消費」の二つの局面に分かれること、そして、前者の「生産」を担う物質代謝労働が、「労働過程論」からみると、自然素材を対象にした物質的生産労働にあたると理解できることになる。ただここで注意しておかなければならないことは、「生存過程」からみた物質代謝労働とは、物質代謝過程における消費的行為の対句（ペア）に位置した概念であり、その内実としては生産的行為をあらわした言葉にあたる、ということである〈補注〉。物質代謝労働が物質的生産労働として表現されるのは、視点を「生存過程」から「労働過程」に切りかえたときにおいてである。「労働過程」が考察のテーマ（課題対象）になるときには、先にも少しふれたように（六四～六五ページ）、「消費」は視野の外におかれ[6]、したがって物質代謝労働は物質的生産労働として把握され、その物質的生産労働に対比されるのは、「消費行為」ではなく非「物質的生産労働」、すなわち精神代謝労働＝サービス労働になるのである。

〈補注〉 後の議論のために、一言つけ加えておくと、生産と消費の区別が社会的規模で進む場合に、消費側からみて、境界線の反対側に位置する生産的行為の過程を担う活動が生産的労働となる。この生産的行為は、その質・量ともに社会的必要性を認められた労働であって、これまでの生産的労働をめぐる学説史上では、本源的意味における生産的労働とされてきたもの、すなわち生産的労働の本源的規定にあたるものである。生産的労働の本源的規定の出典として有名な『資本論』の一節（『資本論②』三一五～三一六ページ）、すなわち「全過程を、その結果の、すなわち生産物の立場から考察すれば、労働手段と労働対象の両者は生産手段として、労働そのものは生産的労働として現われる」という一節にある「生産的労働」とは、ここで述べてきた「生存過程」視点からの「物質代謝労働」、「労働過程」視点からの「物質的生産労働」を示すものである。この「生産的労働」・「物質代謝労働」・「物質的生産労働」概念相互の関係を、精神代謝過程に適用すると、「生産的労働」・「精神代謝労働」・「サービス労働」の三概念が対応することになるだろう。そうすると、「サービス労働」は「物質的生産労働」ではないが、まぎれもなく「生産的労働」の一種である、ということになる。従来の「物質的生産労働＝生産的労働」説は、本源的な「生産と消費の区別」に立脚した生産的労働概念を採用しなかったために、この「サービス労働＝生産的労働」の関係を見落としてきたのである。

ここで、一見すると、労働・生産・消費等の言葉の使い分けに関するくどくどしいまでの説明、言葉いじりさながらのまわりくどい説明にこだわるのは、これまでの経済学の歴史では、生産的労働や物質的生産労働といった重要概念、またサービス労働概念を論じるときに、物質的生産労働を生産的労働と等置する「物資的生産＝生産的労働」説が支配的であったり、また、「非物質的生産労働」とは「消費行為」のことであり、したがって消費過程に属する「消費労働」である、といった説明がなされる場合が散見されたからである。(7)　私はむろん「概念いじり」を好むものではなく、これまでの説明は、後に展開する議論の下準備にあたるものにすぎない。

この点を断っておいて、いまここで確認すべきことは、物質代謝過程における生産行為（つまり物質代謝労働）は、消費があくまでも個人を単位にした個別的な生産物の享受＝消費行為にとどまるの

図表7　人間の生存と労働・生産・消費の関係

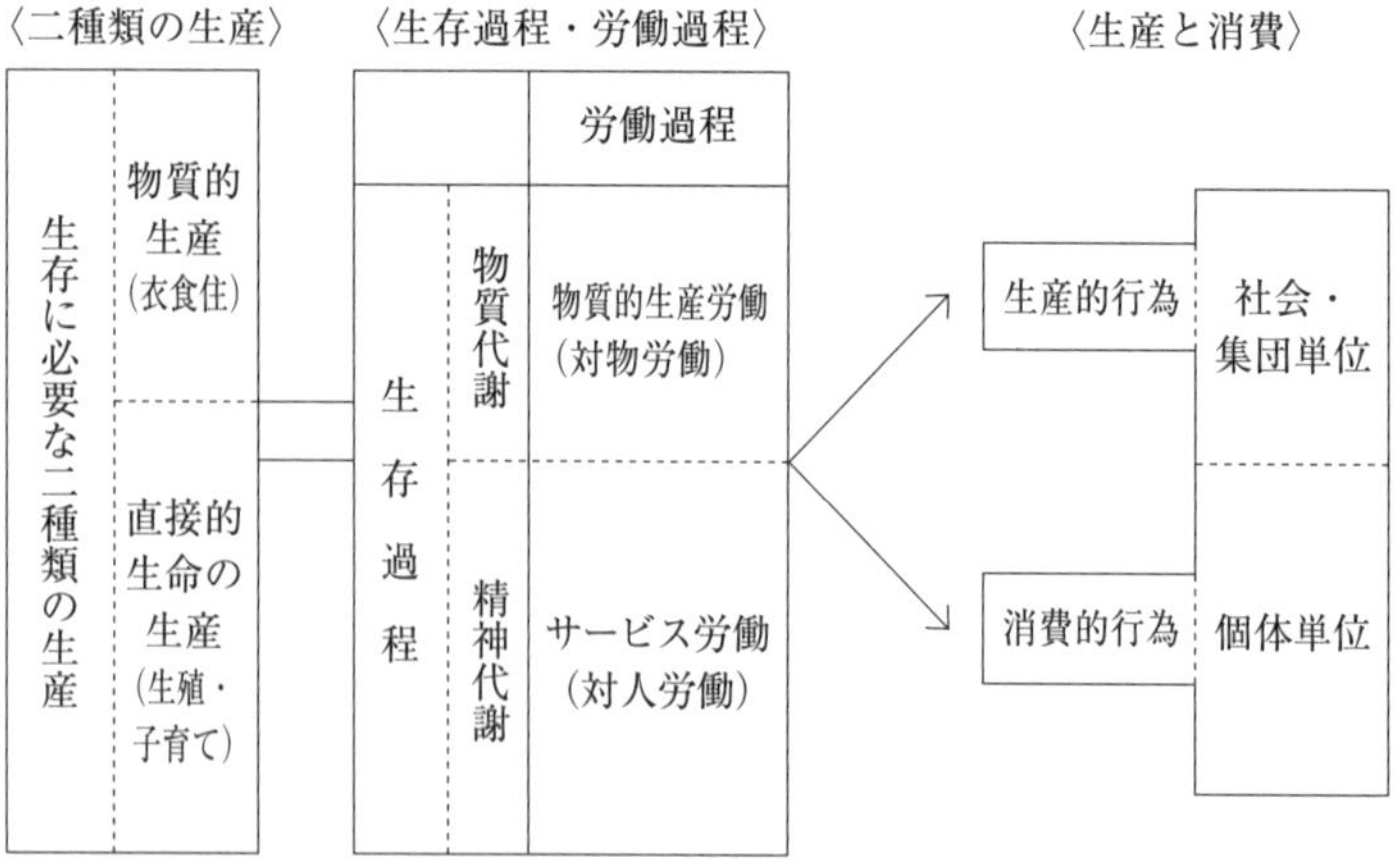

に対して、消費者以外の他者集団に委ねることができること、つまり協働化、協力化、社会化することができること、そこから人類に固有な協業・分業の生産力を発展させる道が開かれることになる、ということである（この関係を一括して示したのが、図表7である）。

この物質代謝労働の発展過程を問題にしようとすれば、私たちは「生存過程」に別れを告げて、「労働過程」に目を向けなければならない。そのときに、あらためて歴史的概念としての生産的労働がとりあげられることになるだろう。

2　生産と消費の歴史的分離過程

道具の生産と言葉の獲得による人類史の画期

生産と消費の概念的な区別のうえで、次に問題にしなければならないことは、物質代謝過程における「生産」と「消費」が分離し、二つの局面を構成するようになったのは、いかなる契機によるものか、その要因は何なのかという問いである。この問いに答えるためにまず注意しておかなければならないことは、いま取り上げている「生産」と「消費」の分離とは、人間的生存過程における社会的分離のことであって、必ずしも機能的分離のことをさすのではない——もちろん、すぐ後でわかるように、社会的分離と機能的分離は関連しているのではあるが——ということである。機能的分離のわかりやすい例は、鳥類における、①親鳥が餌を獲ってくる行動（生産的行為）、②ひな鳥が親鳥から口移しで得た餌を食べる行為（消費的行為）、という二段階の行為の分離にみることができる。このような機能的な意味での「生産」と「消費」の分離であれば、人間はホモ・サピエンス以前のホミニンの段階、たとえばおよそ四〇〇万年から三〇〇万年前頃のアウストラロピテクス・アファレンシスにおいてもみかけられることであって、初期人類において、生産と消費の両者は「群れ」を単位にしてみると未分離であり、連続的・一体的であったと言ってよい。親鳥とひな鳥の間の機能的分離は親子関係の間にとどまり、人間で言えば母子間の授乳と吸乳の「分業」に等しく、人間に固有な生産的行為の社会化＝共同化による消費的行為との社会的分離だとは言えなかった。

では、人間に固有な「生産」と「消費」の社会的分離とは、どのようにして進んだのか。人類史に遡って言えば、両者の分離は「道具（石器）の生産」と「言語の発明・獲得」の二つにそのルーツを求めることができると考えられる。というのは、「生産的行為の社会化」およびそれとペアになった「消費的行為の小集団単位化」の二つは、「道具生産＋言語獲得」の過程において同時進行的に進んだと推定されるからである。ただここで、〈「道具生産＋言語獲得」→「生産」と「消費」の社会的分離〉の過程を詳しく追究・解明し、それを綿密に説明していくゆとりと能力は、現在の私にはない。それに、本書はそもそも、そのような「道具生産＋言語獲得」を起点にして人間の生産・消費の発展過程を歴史＝論理的にフォローすることを主題にするものではない。そこで、ここでは、「道具生産＋言語獲得」から「生産」と「消費」の社会的分離に至る過程の論理（つまり要旨）だけを簡潔に記しておくにとどめたいと思う。(8)

人類における生産的行為の社会化＝協同化

①まず、個体単位の消費的行為から生産的行為が分離し、社会化していく過程をみておこう。

生産的行為の社会化＝協働化は、人類に固有な協業の形成と併行して進んだものであるが、これは人間が、他の動物の被食者（prey、獲物）の立場から捕食者（predator）の立場に転換する過程、すなわち、食うか食われるかの生存闘争の動物世界において、食われる側（被食者）から食う側（捕食者）に転換する過程で起こったことである。この転換には、人類に固有の武器、すなわち道具（石器）の生産が必要であり、単純な道具から複雑な道具の生産・利用に至るきわめて長い歴史が必要であった。単純な道具とは、およそ三〇〇万年前近くのオルドワン（オルドヴァイ型石器）に遡り、そこから一歩進んだ複雑な石器とは、約二〇〇～一八〇万年前頃に作製されたとされるアシューリアン（アシュール型石器）のことである。アシューリアンは握斧（ハンドアックス）の形をとった原始的石器を典型とするものであるが、このタイプのやや複雑な石器を作り上げるためには、製作作業にとりかかる以前に、前もってその石器像（イメージ）を表象する能力が必要になる、と考えられる。

いまここで注目しておいてよいのは、最も古く、かつ単純な石器とされるオルドワンから次のやや複雑なアシューリアンに発展するために、およそ一〇〇万年近い歴史を要したということである（一〇〇万年とは、縄文期から現代日本に至る期間が一万年超であったことを考えると、途方もなく長い時間であったことが理解されよう)。オルドワンとアシューリアンとの技術的比較は簡単ではないが、[9]「道具の生産」と「言葉の獲得」との密接な関係を捉えるために、ここでは大胆に単純化して両者を比較しておくことにしよう。

オルドワンとは、片面が加工された小さなナイフ状の石片であり、アシューリアンとは、石核の両面ないし多面を加工した汎用性の石器である。さらに思い切って単純化すれば、オルドワンは「片面加工」、アシューリアンは「両面・多面加工」という点において、両者は決定的に異なる。片面加工のオルドワンでは、たとえば両手にもった二つの硬い石同士のかち合わせでできる縁《ふち》の尖《とが》った石片とか、硬質の石を岩にぶつけて生まれる石片であっても、使い物になる。だが、両面ないし多面加工の複雑なアシューリアン石器となると、そうした単純な作業による偶然の産物に頼るわけにはいかない。作業の前にあらかじめ加工後の石器のイメージを頭のなかに描いたうえで初めて、人類はアシューリアンを製作することができた、と考えられるのである。

眼前に存在しないもの、つまり「いま・ここ」に目にみえて存在しないものを、頭脳において表象する(わかりやすく言うと、設計図のようなものを頭の中で描き出す)には、言葉の力が必要である。逆に言うと、人間は言葉の力によって初めて、まだ起こっていない将来の諸事象や、今ここに目にみえる形をとって存在しない事柄を表象する(represent)ことができるのである。

本書では、ミツバチの巣作りと下手な大工の例をあげて、人間に固有な労働における表象能力の決定的重要性を指摘した『資本論』の一節をすでに引用しておいた(四二~四三ページ)。この人間に独自な「将来の精神的先取り」等の表象能力は、言語が有する象徴的機能と結びついて生まれたものである。私たち現代に生きる者も、言葉をぬきには、「いま・ここ」に存在しない物事を表象することはできない。そこで、人類が最初の原始的な言葉をものにしたのは、このアシューリアン製作期の頃ではないかと推測されるわけである。言葉の獲得・使用とともに、人間の頭脳容量（特に前頭連合野）は急速に膨張したとみるのが通説であるが、脳の肥大化を可能にするには肉食が必要であったと考えられている（人間は、現在でも、日々使用するエネルギーの約二〇％を頭脳で消費する）。こうしたアシューリアンの製作、頭脳（＝前頭葉）の膨張、肉食の定着、言葉の獲得といった人類史を画する諸指標は、およそ二〇〇万年前頃という時期において、照応する関係にある。(10)

動物的コミュニケーションの人間的コミュニケーションへの転換

②生産的行為の社会化＝協働化は、人類に固有な協業とともに進行したが、その労働の協業＝協働化のためには、「動物的な群れ」から「人間的な集団」への転換が必要である。ここで「動物的な群れ」と「人間的な集団」とを分かつ基準は、大づかみに言って「動物世界の生存闘争＝競争関係」と「人間世界の協調的・協力的関係」との違いに求められる（急いで断っておくが、これは分かりやすさを考慮した大ざっぱで荒っぽい区別であって、動物的世界に部分的・一次的な協力的関係が存在し、また人間的世界にまったく生存競争がないというわけでは決してない）。この両者の違いは、一般に「動物的コミ

ユニケーションから人間的コミュニケーションへの転換」として理解されているものである。

前者の「動物世界のコミュニケーション」の特徴は、①一方的、指令的、命令的であり（たとえば求愛アピールや母子間の「躾け」）、②闘争的、威嚇的、競争的であり（たとえば雌をめぐる雄間の争い）、③即自的、反射的、直覚的（たとえば天敵察知時の叫びや蜜蜂の8の字ダンス等のゲノム化されたジェスチャー）などに求められる。たとえば、動物の鳴き声は直接的・感覚的・自己反応的なものであって制御された音声ではない。これと対比的な「人間的コミュニケーション」の特徴は、①双方向的、応答的であり、②協力的、協調的であり、③対自的・反省的、意図的である。[11] たとえば、人間の発声は、すでに赤ちゃんの泣き声レベルにおいてすら、動物による自然発生的な感覚・感情の即自的表現、自動的反応としての仕草や鳴き声とは異なり、なんらかの意図性が込められているとされている。このような人間的コミュニケーションは、人間による言語の獲得と併行して、したがって言語的コミュニケーションの形成過程で生まれたものである。言いかえると、「動物世界の生存闘争＝競争関係」から、言語を媒介にした「人間世界の協調的・協力的関係」への転換は、労働＝生産的行為における協業＝協働化の形成・展開過程で起こったと考えられる。

消費的行為における人間的コミュニケーションの形成

③「動物的コミュニケーションから人間的コミュニケーションへの転換」は、「生産的行為＝労働

における協業＝協働化」のみならず、同時に「消費的行為における協力＝協調化」の面においても進行した。すでにふれたように、哺乳類ないし類人猿における「生産と消費の未分離的・直結的関係」は、母子関係における授乳と受乳（吸乳）に最も典型的にあらわれている。母子間の授乳・受乳関係は、類人猿と人類に共通しているから、これを仮に第一次的コミュニケーション関係と名づけておこう。これに対比される雌雄間関係、すなわち異性間関係は、いわば第二次的コミュニケーションとなる。ところが、この雌雄関係は生殖関係において、①特定の雄が雌を独占しようとする場合（たとえばライオンのように一頭の雄が一定の雌集団を支配するような場合）と、②雌が生殖相手としての雄に対して「無差別平等」の選択肢をもつ場合（たとえばチンパンジーの群れのように雌雄間が「無規律性交関係」にある場合）との大きく二つに分かれる。

特定の雄が雌を囲い込み、独占しようとする場合と、雌雄集団が無規律性交の関係にある場合とでは、生殖関係に違いがでてくるということである。類人猿では、たとえばチンパンジーとゴリラは対照的で、ゴリラでは巨大な雄が雌を独り占めしようとするのに対して（ただ実際には完全な独占が実現するわけではないらしい）、チンパンジーの雌はできるだけ多くの雄と交尾するという。したがって、チンパンジーはどの雄も発情期の雌に近づくことができ、雄同士が雌をめぐって激しく争うことはない。チンパンジーの群れは、いわば乱交状態にあるわけである。

第二次的コミュニケーション関係は、このようなゴリラ型とチンパンジー型の二つのタイプに分かれることになるが、上でみたように、「人間世界の協調的・協力的関係」に向かう第二次的コミュニケーション関係とは、①の「雄による生殖相手＝雌の独占的支配関係」（いわば一夫多妻型）ではなく、②の「雌雄間の無規律的性交関係」（いわば多夫多妻型）の方である。つまりゴリラ型ではなくチンパンジー型である。では、この「無規律性交型関係」タイプの第二次的コミュニケーションが形成されるのはどのようなときか。言うまでもなく、その可能性が生まれるのは雄同士が協働・協力の関係に入るときであろう。

無規律性交型の場合には、雌の獲得・支配をめぐる雄同士の激しい争い、戦いが不要になるぶんだけ、雄の側の強さを競うための巨体と鋭い犬歯の必要性が薄れ、体型上でも雄間の「平和共存関係」が形成される。これに伴い、「性的二型」（雌雄差をはっきり区別する生殖器以外の体型差）も解消の方向に向かう。このような雌雄間及び雄相互間の平和共存的協力関係が築かれるのは、群れ内において、チンパンジーのような無規律性交型関係に入り、その経験を積んだあとで、人類の雄同士が狩猟等の生産的行為領域において敵対・闘争関係を解消し、協力・協働の関係に向かうときである。[12] 言いかえると、「雄同士の生存闘争＝競争関係」が生産的行為領域において「雄同士の協働・協力関係」に転化するとき、つまり、雄同士が互いの生存のために、戦うのではなく、生産の場で平和共存的な協働・協業の関係に入るとき、このときに動物的な群れ世界において、初期人類の「異性間の無規律型性交関係」という第二次的コミュニケーション関係が生まれるということである。

「血縁的小集団」による消費と「協働的共同体」による生産

そうすると、①授乳・受乳関係を基本にした母子関係の第一次コミュニケーション関係と、②「雄同士の協働・協力関係」の形成にもとづく「異性間の無規律型性交関係」による第二次的コミュニケーション関係との上に、新たな人間的な第三次的コミュニケーション関係が築き上げられることになるだろう。

この第三次的コミュニケーション関係の特徴は、まず第一次の母子間コミュニケーション関係を引き継ぎつつ、群れ集団内に新たな「消費的行為単位」を形成していることである。この新たな消費的行為単位というのは母子関係を原点にした「小集団単位」となる。そもそも消費とは本源的・始原的には個体単位の非代替的、代行不可的な行為であったが、そして、この個体単位による消費的行為という特徴は依然として究極的には維持されるものの、第三次的コミュニケーション関係では、母子関係を原点とする「小集団単位」の消費に変化する。かかる母子関係を原点にした血縁的小集団が家族関係の原型となり、やがてその家族関係が社会の消費単位を形成していくのである。したがって家族関係の始まりは女系制となる。

そのうえに第二の特徴は、母子関係、雌雄関係をとわず、群れ社会内部では新しく協働・協力のコミュニケーション関係がつくりだされていることである。現生人類（ホモ・サピエンス）の開始を告げるこの「協働・協力的コミュニケーションに基づく原生的共同体」の形成を主導したのは、「道具の生産」と「言葉の獲得」であり、これら二つの力の合成が、人間の生存過程からみると、「生産的行為領域」を個体単位の「消費的行為領域」から区別して社会化し、発展させる原動力となったのである。

こうして、第三次的コミュニケーション関係とは、消費的行為の単位としての「血縁的小集団」（母系制家族の原型）と、生産的行為の単位としての「協働的・協力的な原生的共同体」との二つから構成される、と言ってよい。前者の「血縁的小集団」と後者の「協働的共同体」を包括した原始共同体が、いわゆる氏族社会と呼ばれてきたものの原単位ないし原型（archetype）である。この人間的な第三次的コミュニケーション関係によって担われた原始共同体において、いま確認しておかなければならないことは、ここでは「個体単位の消費的行為」と「社会単位の生産的行為」とが区別され、機能的・社会的には相互に分離されてはいるものの、互いに分裂しているとか、バラバラな関係にある、というわけではないということである。

「生産」と「消費」の区別と相互不可分の関係について、かつてマルクスは『資本論草稿集』において、こう述べたことがある。「生産とはすべて、ある一つの規定された社会形態のなかでの、またそれを媒介としての、個人の側からする自然の領有［Aneignung der Natur］である」。ここで領有（Aneignung）とは、もう少しわかりやすく言えば「我がものにする」ということである。食料の生産にしろ、着物の生産にせよ、それは、社会成員個々人の立場からみると、自然の力を自分のものにすることにほかならない。「しかしまた消費がなければ生産もない、というのは、消費がなければ生産は無目的になるからである」。つまり、自然の領有という生産的行為は消費によって補完されないと完成しない。そこで、「消費によってはじめて生産物は現実的な生産物となる……、たとえば、衣服は、着るという行為によってはじめて現実的に衣服となる」、「生産物は、消費ではじめて最後の仕上げ［finish］を受ける」。つまり、「消費は、生産物を解体することによって、はじめてこれに最後の仕上げ［finishing stroke］をする[13]」。

このように「生産」と「消費」の関係を把握すれば、上でみてきた「個体単位の消費的行為」と「社会単位の生産的行為」の区別と相互不可分の関係、また、原始共同体における「血縁的小集団」を単位にした消費と「協働的共同体」を単位にした生産の区分・分離と不可分一体の相互関係との両面が理解されるであろう。一方での「消費」と他方での「生産」が社会的に分裂し、バラバラに切り離され、双方が無政府状態のもとにおかれるのは、私的所有が共同体を切り裂き、社会的分業のもとで生産の社会化及び生産力の発展を進めるかたわら、消費を私的所有の単位としての家族内に封じ込め、その私事化を進める過程においてである。だが、ここではこの問題にはたちいらず、急いで検討を保留してきた精神代謝労働おける「生産」と「消費」の関係に目を移さなければならない。

3　精神代謝労働における主体―客体関係の独自性

サービス労働における「労働＝消費」の時空間的一体関係

これまでの検討は、主に物質代謝過程をとりあげ、その「生産」と「消費」の区別と関連を中心に進めてきたものであった。本章の最後として、ここでは精神代謝過程の側面に目を向けておくことにしよう。もっとも、物質代謝過程における「生産」と「消費」の関係は、基本的に、そのまま精神代謝過程においてもあてはまることである。違いは、物質代謝が「人間－自然間関係」に属することであったのに、精神代謝が「人間－人間間関係」にかかわること、すなわち、本章冒頭で指摘したように「対物労働」ではなく「対人労働」に属することだという点から生まれる。

精神代謝を担うサービス労働＝対人労働は「その消費主体が人間である労働」だと捉えなおすことができる。物質的生産労働の場合には、自然素材を労働対象にしているために、その効果・成果は対象的形態をとって、すなわち物質的生産物の形態をとってあらわれるが、それを消費するのは、生産者当人であろうと、他の誰であろうとかまわない。このことは、「消費的行為」における非代替性・代行不可性とは異なる「生産的行為」の特徴として先に確かめてきたことである。ところが、対人労働としてのサービス労働は、その労働（すなわちサービス）を消費するのは他者であり、労働する当人ではない。労働者当人が自己のサービス労働を自ら消費する場合、すなわち自給自足型サービスは、自分で体を洗い拭う行為や、自分の手で首や肩を揉む行為を思い浮かべてみればわかるように、それらの諸行為は生産的行為には属さず、すべてが消費行為であり、労働と呼ぶことはない。自慰行為の類いは労働ではないのである。

したがって、物質代謝労働に対比される精神代謝＝サービス労働の第一の特徴は、その労働が他者によって消費されること、先述の「その消費主体が他者である労働」という点に求められる。後の議論のために、ここで一言つけ加えておくと、保育・教育・福祉等のサービス労働を「その消費主体が他者である労働」と把握しておくことは、いかにも単純なことであって、常識に属することではあるが、案外に重要な意味をもつ。たとえば、教育労働を消費するのは生徒であるが、その生徒が自ら学習すること、つまり自習・独習の行為は教育労働には属さず、「学習労働」とみなすのは誤りである〈補注〉。これは「自炊」を「消費労働」と呼ぶのが誤りであるのに同じである。障害者や高齢者に対するケア労働についても、同様であって、ケアとは「その消費主体が他者である労働」に属しており、モノを相手にしたマニュアル通りの作業だとか、ケアの消費を必要としない「自立した生活」を目標にした労働だといった見方は正しいとは言えない。

〈補注〉 英語のstudyは、日本語に翻訳すれば、語義としては「学習」と「研究」の両方の意味を有するが、日本語では、「研究労働」の範疇は成立しても、「学習労働」という言い方は語用としてはナンセンスである。教育や研究は労働範疇の一つであるが、学習は消費的行為の一種であって、労働であるとは言えない。ところが、現代日本では、「生産的行為」としての「教育」と「消費的行為」としての「学習」が厳密に区別されず、たとえば学校教育という教育労働が問われる場を「学習中心の場」に切りかえようとする動きが強い。新自由主義的教育改革は「学習中心主義」だの「生徒第一主義」「子ども本位主義」だのといったスローガンで進められている点に注意しなければならない。その意味で「教育」と「学習」の概念的区別は重要である。

さらに、精神代謝におけるこの「生産的行為＝労働」と「消費的行為＝個人的消費」の関係は、物質代謝における生産と消費の関係とは違った様相をとってあらわれる。物質代謝では労働とその消費の関係は生産物よって媒介されているが、精神代謝における生産と消費の関係は無媒介的、直結的であり、直接的に結合している。すなわち、サービス労働とその消費は同一の時間・空間において営まれる。たとえば、医師の診断と患者の受診は同一の時空間（診察室）で進行し、教師の教育と生徒の学習は同じ教室で同一の時間において進められる。保育・介護における労働とその消費が同一の時空間で進行することは指摘するまでもあるまい。

精神代謝過程を媒介する言語的コミュニケーション

とはいえ、精神代謝過程におけるサービス労働とその消費の関係が「無媒介的」である、と述べたのは、厳密に言うと、正確ではない。なぜなら、「サービス労働とその対象との間」ないし「サービス労働とその消費との間」には、二つの媒介が入るからである。

第一の媒介は、サービス労働とその働きかける相手（＝人格）との間に入る労働手段である。たとえば、医師は医療・検査器具等の労働手段を用いて患者の治療にあたり、教師は教科書その他の教材を労働手段として生徒の教育に従事する。労働の対象に対して道具などの労働手段を媒介にして働きかけるのは、物質代謝労働と精神代謝労働に共通した人間的労働の特質である。道具・機械等の労働手段を用い、その方法に精通し、それらを存分に使いこなすときに必要な能力のことを、経済学では（技術概念と区別して）技能（skill）と呼び、その高度な能力・熟練・習熟度を専門性として評価するが、物質的生産労働もサービス労働もともに各種の労働手段を媒介にした労働であり、いずれの労働であっても、一定水準のスキルと専門性が求められるという点では変わりはない。とかく世間では、対人労働としてのサービス労働を不熟練の単純労働とみなしがちであるが、これは、次にみるサービス労働のコミュニケーション媒介的性格を見失っている点とあわせて、理論的には謬見《びゅうけん》である。

第二に、サービス労働では、労働主体は言語的コミュニケーションを媒介にして労働対象（＝人格的客体）に働きかける。すなわち、精神代謝＝サービス労働では、医師・教師・介護士等の労働主体は（無媒介的ではなく）、実際には言語的コミュニケーションを媒介にして消費主体に働きかけるのである。このコミュニケーション媒介的労働であるという点において、先述の、サービス労働では「労働とその消費の関係は無媒介的である」という捉え方は、正確とは言えない。したがって、ここで「無媒介的」というのは、サービス労働はその消費と不可分一体、同時進行的であることを述べたものである、と断っておきたいと思う。

以上のような物質代謝労働と精神代謝労働との共通性と差違とを表示したのが、第一章の図表3（五二ページ）の上段・下段である。第一章でもふれたが、この図でもっとも重要な点は、物質代謝労働では「労働対象に対する労働主体側の制御（control）」がキーワードになるのに対して、精神代謝労働では「労働主体と対象のコミュニケーション関係」がキーワードになる、ということである。精神代謝労働における「主体―客体関係」とは、客体側が人間だから「主体―主体関係」として捉え直すことができるが、両主体間関係は言語的コミュニケーションによって媒介されているのである。言語的コミュニケーションとは、ここではさしあたりユルゲン・ハーバーマス説にしたがって「相互了解・合意の形成・獲得」と定義しておくことにしよう（ハーバーマスに関しては後述）。精神代謝労働では、この「相互了解・合意」志向のコミュニケーション関係を媒介にして進められるからこそ、「労働主体―客体」の関係が「主体―主体」関係に転換するのである。

たとえば、医療労働は、患者サイドにおいて受診の意思が欠如する場合には成立しない。仮に患者に受診の意思があり、診療所を訪れたとしても、医師側の診察や診断を患者が拒否すれば、つまりインフォームド・コンセントが成立しない場合には、精神代謝労働としての医療労働は完結せず、中断・未完にとどまる。学校教育の場合には、生徒が登校拒否を起こすと、あるいは授業中に居眠りすれば、教育労働は成立しない。対人労働としての精神代謝労働では、「主体―主体間のコミュニケーション関係」が欠落し、「相互了解・応答・合意」の媒介が欠落する場合には成立しないのである。

これに対比して、念のためもう一度、物質代謝労働を振り返ってみると、その全プロセスは「主体―客体関係」が維持・貫徹される。この主客間関係では、能動・受動関係、作用・反作用関係、活動・反応の関係があるだけである。主客関係を終始貫くのは主体側の客体＝対象に対する制御である。比喩的にコミュニケーション関係が言われる場合はある。たとえば鉄が泣く、壁がささやく、揺れる稲穂が歌う、釜がうなる等々。だが、これは所詮擬人法にすぎない。これに対して、保育・教育・福祉・医療等の精神代謝労働の現場では、受給者がそれらの労働を消費する主体としてあらわれ、労働主体に対して評価し、応答し、返信し、享受し、時には拒否する主体となるのである。ここでは、サービス受給者側のこの主体化を「消費＝享受主体化」と呼んでおくことにしよう。

消費主体をあえて「享受主体」と名づけるのは、医療における患者、保育における子ども、教育における生徒、介護における要介護者の主体性、能動性を表現するのに、「消費」よりも「享受」の言葉がふさわしいからである。それに加えて、「享受」には一つの「享受能力」が必要であり、たとえばコンサート・演劇・アート・講演等を享受するには、視聴覚等においてそれらを評価・享受する能力が必要とされる。しかもこの「享受能力」は、いわば衰えを知らない。

たとえば、人間の身体的運動能力は歳とともに衰えるが、ただし、他者のスポーツをみて、それを享受する能力が衰えるとは限らない。私は、特別養護老人ホームを訪問した保育園児たちの歌う姿を老人たちが享受する様子をみたとき、このことをつくづく感じた。要介護状態にある高齢者に必要なのは、介護士たちのケア労働を享受することなのである。学校教育の現場では、生徒たちに求められるのは、高い学習能力もさることながら、まずは担任の教育労働を享受する能力であると言ってよい。私は、大学教師の現役時代に、職務上、附属養護学校（現在の特別支援学校）の校長を三年間務めたことがあるが、障害児教育の現場でまず問われるのは、生徒たちにとって毎日の通学が一つの楽しみの場、つまり享受の場でなければならない、ということであった。日々通学する生徒がもつのは「障害」ではなく、むしろ、障害故に有する教育に対する享受能力であるとみなければならない。

このように社会サービスの消費主体を享受主体としてつかみ直すと、たとえば、当初は学校教育の主体（＝主役）であった教師が、生徒によってその労働を消費される客体に転化する、という「主客逆転の関係」があらわれることになる。教育労働を享受・消費する生徒が学習主体となるや、逆に教師は生徒にとっての「学びの対象・客体」、つまり「学ばれる被体」に転化するわけである。この主客逆転が起こるとき、主役は教師から生徒に移る。医療でも同じである。患者が医療労働の消費＝享受主体になったとき、医師は自らの労働を消費＝享受される側にまわり、健康主体である患者のニーズに応答する立場にたつことになる。

このように精神代謝労働では、物質代謝労働とはちがって、当初の「主体―客体関係」が「主体―主体関係」に転じることを媒介にして、「主客逆転の関係」を呼び起こす。そうなる所以《ゆえん》は、もはや言うまでもなく、その労働過程が言語的コミュニケーション関係によって媒介されているためである。

おわりに――かけがえがない濃密なコミュニケーション

社会サービス＝精神代謝労働では、労働とその消費が時空間的に一体化すること、労働・消費関係はコミュニケーションによって媒介されていること、それによって「労働主体・客体関係」は「主体・主体関係」に転換し、さらに「主客逆転の関係」が生まれること――本章ではこうした点を考えてきた。

最後にみておきたいことは、このようなコミュニケーション関係を媒介にした「主客逆転の関係」と、前述の「消費的行為の非代替性・代行不可性」とが結びついたとき、精神代謝過程にはどのような特性があらわれるか、ということである。

物質代謝過程における消費的行為の特質は、その行為を他人任せにすることはできないこと、他者に代行してもらっても意味がないという点にあった。物質代謝における消費のこの非代替性は、最も典型的には生存に不可欠な飲み食いの消費行為にあらわれていたが、これと同じ消費の非代替性は精神代謝においても指摘することができる。たとえば赤ちゃんを例にとって言えば、授乳の世話、おむつのとりかえ、あやし、抱っこ、指さし理解、言葉の習得などは、それぞれの子ども自身が体験しなければならない消費的行為である。尿をもらした赤ちゃんにとって、隣にいる赤ちゃんのおむつをとりかえてもらったとしても、それは意味をなさないことである。抱っこや言葉の獲得も他の子どもに代行してもらっても意味はない。

ただ、精神代謝過程にとって独自なことは、その労働と消費とがコミュニケーション関係を媒介にして同一の時空間において進行することと結びついて、「非代替性」や「代行不可能性」が「消費」だけではなく「生産」の局面においても生まれる、という点にある。もってまわった言い方ではわかりづらいだろうから、わかりやすい例をあげてズバリ言うと、乳幼児に向けた両親の世話は、簡単には他人にまかせることが困難な「生産的行為」である（念のために、ここでは「代行不可能」ではなく「代行困難」である点に注意されたい）。乳幼児に対するケア以前に遡って言えば、「代理出産」は物質代謝・精神代謝両面からみて「生産的行為」の一種にあたるが、これは人間の直接的生命に対する生産的行為の「代行困難性」を物語る端的な事例である。

そのほかに、たとえば赤児に母乳その他の栄養を与えるというケアは一種の生産的行為であるが、これは実母以外に代替・代理可能でありはするものの、一定の期間（たとえば産休期間）に限れば、実母の母乳・授乳が最適であることは否定できないだろう。オフクロの味と言われるものは、子どもの頃からの母親の料理という生産的行為から作られるものであるが、このオフクロの味を生み出す料理労働も代理・代替が（不可能ではないが）困難である。こうした「代替困難性」は、子どものときに限らず、一般に大人になったときにも、ひいきの食堂やレストラン、また醸造家、仕立人、理髪師などとなってあらわれる。これらのお気に入りのいわば「職人」は、物質代謝の例であるが、消費者からみて、他には替えがたい、取り替えのきかない生産＝労働者となる。こうした関係、つまり消費する側からみて、取り替えのきかない生産＝労働者は、とりわけ精神代謝過程において強く登場する。保育・教育・福祉労働者がそうである。「二十四の瞳」の大石先生は、一二人の生徒にとっては、かけがえのない恩師、取り替えのきかない先生であった。ヘレン・ケラーにとってサリバン先生は、この世で唯一無二の、文字どおりかけがえのない家庭教師だったのである。

なぜ、精神代謝労働において、こうした非代替性（代行困難性）が強くあらわれるのか、なぜ「この人でなければ困る」というサービス労働の特性が問題になるかと言えば、それは精神代謝過程では労働・消費の関係が直結しており、かつ両者が緊密なコミュニケーション関係で媒介されているからである。人間のコミュニケーション関係は言語的コミュニケーション関係として形成されるから、「労働－消費関係」を媒介する「相互了解・応答・合意関係」は、容易には代替されない、他の人間関係にとりかえることが困難になるのである。とりわけ、ここで問われるコミュニケーション関係とは言語的コミュニケーションであること、すなわち「コミュニケーション的理性」で結ばれたコミュニケーション関係である、ということが重要である。ここで言語的というのは、理性的というのとほ

社会サービスと生産・消費能力の位置

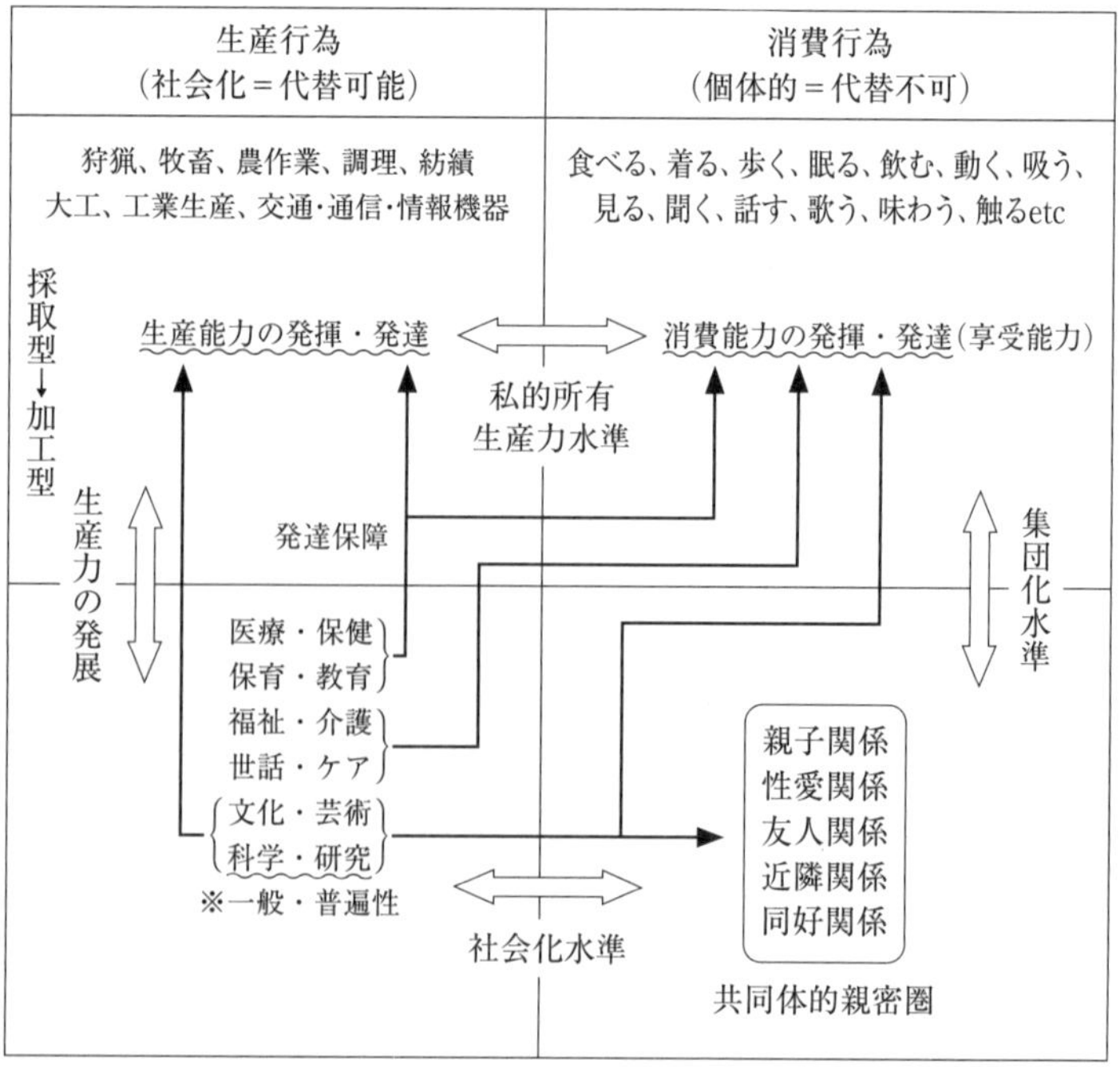

は個体の営みに代替性があるかどうかによる（代替可能なものは社会化される）。
区分は絶対的なものではなく、社会的区分であり、個々人内部では統一されている。
は言語的コミュニケーションを媒介にして生産・消費諸能力を発達させることにある。

ぼ同義である。そして、人間相互のコミュニケーション関係が、言語的＝理性的であればあるほど、その関係は濃密なものになる（この点については、次章で検討する）。

精神代謝過程における「労働‐消費間関係」が濃密なコミュニケーション関係で構成されている場合、その精神代謝空間を「親密圏」と呼ぶことができるだろう。親密圏の代表は家族である。親密圏の特徴は、各種の世話を受ける側（消費者）からみてケアする側が簡単には代替・代行できない関係にあることだから、親子・夫婦関係以外に、さまざまな友愛・親愛・隣愛関係、同好・同志関係に広げて捉えることができる。

このような親密圏を含めて、社会サービスと生産・消費の関係を一覧図にしたのが、図表8である。いささか複雑でわかりにくい図表になっているが、人間の生存過程からみた「生産」と「消費」の区別と関連、これら行為に必要な生産・消費能力の発達に果たす精神代謝労働の役割を示したものとして、読者の参考のために掲載した。この図表からは、特に精神代謝労働が担う発達保障的役割を読み取ってもらえれば幸いである。本章では、消費＝享受能力の意義をとりわけ強調してきたが、それは、現代日本のケア労働では、老若男女を問わず、消費＝生活過程におけるこの享受能力の発達保障こそが大きな社会的課題になっていると思われたからにほかならない。

図表8

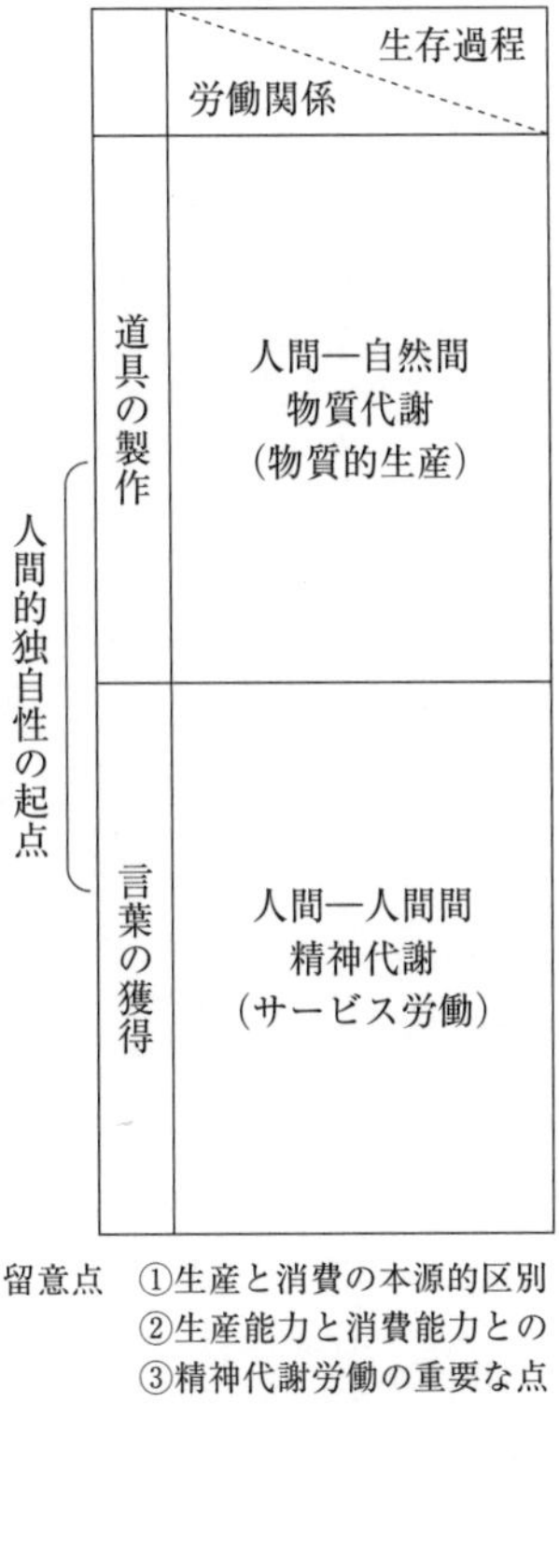

	生存過程 労働関係
道具の製作	人間―自然間 物質代謝（物質的生産）
言葉の獲得	人間―人間間 精神代謝（サービス労働）

人間的独自性の起点

留意点　①生産と消費の本源的区別
②生産能力と消費能力との
③精神代謝労働の重要な点

〈注〉

(1) 先行研究者の名誉のために述べておくと、このような対人労働＝サービス労働を、意味内容的には事実上「精神代謝労働」として扱った学説がなかったというわけではない。たとえば、戦後のサービス論研究の草分けとも呼ぶべき金子ハルオ氏は、人間の労働を大きく、対物生産労働と対人サービス労働の二つ、すなわち自然に働きかける労働と人間に働きかける労働と分けて捉えていた。同氏はこのうち、サービスを人間を対象にした労働に限定して、「人間を対象とし、人間に働きかけ、したがって物質的財貨を生産することをとおしてではなく直接に人間の欲望を充足させる労働のことである」と説明していた（金子ハルオ『サービス論研究』創風社、一九九八年、七～八ページ）。これはまさに妥当な識別であって、問題なのは、対人サービス労働が言語コミュニケーションを媒介にした労働であるという点を徹底して追究しなかったことにあると言ってよい。

(2) ジョアン・C・トロント、岡野八代訳著『ケアするのは誰か？』白澤社、二〇二〇年、二四ページ。

(3) 同上、九～一〇ページ。ただし、この文章は、ダニエル・エングスターによるものとされている。

(4) たとえば、J-C・ドゥロネ&J・ギャドレ、渡辺雅男訳『サービス経済学説史――三〇〇年にわたる論争』（桜井書店、二〇〇〇年）は、こうした機械・ビル等の修復・維持・管理などをサービス業として把握するのが一般的である例を示している（たとえば同書九九～一〇〇ページ）。

(5) 物質代謝＝Stoffwechsel の言葉は、『資本論』英訳本では material re-action になっていたり、日本語訳では質料転換になっていたりするが、本書では「物質代謝」の用語で統一する。

(6)　マルクス『資本論草稿集①』大月書店、一九八一年、三三～三四ページでは、生産的行為＝労働過程の視点からみた場合には、「消費では、生産物はこの社会的運動の外に出て、直接に個々の欲求の対象となり、それの奉仕者となって、そして享受においてこの欲求を満足させる」と表現されている。

(7)　消費過程に属する活動を「消費労働」として把握する例は、過去には金子ハルオ氏、最近では村上研一氏にみられるが（金子、前掲書、村上『再生産表式の展開と現代資本主義――再生産過程と生産的労働・不生産的労働』唯学書房、二〇一九年）、マルクスは「消費の行為つまり食ったり飲んだりする行為」を「生活手段を取得する行為」とみなす場合には、「この生活手段の取得は『労働』ではない」としている（マルクス『資本論草稿集⑦』大月書店、一九八二年、二一八ページ、および『剰余価値学説史Ⅲ』（『全集』第二六巻Ⅲ）一九一～一九二ページ。傍点マルクス）。ただ、この場合の、「生活手段の取得」とは、『草稿集①』では、生産物が「享受の、個人的領有［Aneignung］の対象となる」（三三ページ）ことを意味しており、「生産物は、消費ではじめて最後の仕上げ［finish］を受ける」（三七ページ）とされる場合の「消費」に同じである。上の『草稿集⑦』の指摘は、サミュエル・ベイリ批判ノートの一文であり、家畜＝羊肉の生産に必要な労働（つまり飼育・畜産労働）とは、家畜の世話と家畜が消費するエサ等に含まれる労働（つまり「家畜世話＋えさ代」に含まれる労働）であって、そこには羊の飲み食い、また羊毛そのものに含まれる化学的・物理的作用は含まれない、というものである。マルクスはそこで、事情は「労働能力の場合もまったく同じである」と述べ、消費というのは、人間の場合でも、人間的自然＝身体の働き（生物学的機能）によるものであって、これは「労働」とは呼ばない、としているわけである。筆者のみるところでは、胃腸の消化器官の働きはその人間的自然力の一つの例であり、呼吸で酸素を体に取り入れる肺機能や排泄機能もその一例である。これらは、人間の消費機能＝能力であって、いわば人間的自然の無償の役立ちを意味しており、「消費労働」とは言わない。これがマルクスの一貫した見地であったと思われる。

(8) 筆者は人類史についてはまったくの素人なので、多くの参考書に学んだが、以下に、本書が主に参照した文献を一括して掲げておく（順不同）。更科功『絶滅の人類史――なぜ「私たち」が生き延びたのか』ＮＨＫ出版新書、二〇一八年、富田守編著『学んでみると自然人類学はおもしろい』ベレ出版、二〇一二年、濱田穣『なぜヒトの脳だけが大きくなったのか』講談社ブルーバックス、二〇〇七年、チャン・デュク・タオ、花崎皋平訳『言語と意識の起原――人類進化最大の謎に挑む』岩波書店、一九九八年、フランス・ドゥ・ヴァール、柴田裕之訳『共感の時代へ――動物行動学が教えてくれること』紀伊國屋書店、二〇一〇年、チップ・ウォルター、長野敬・赤松眞紀訳『人類進化700万年の物語――私たちだけがなぜ生き残れたのか』青土社、二〇一四年、ロビン・ダンバー、松浦俊輔・服部清美訳『ことばの起源　新装版――猿の毛づくろい、人のゴシップ』二〇一六年、青土社、イアン・タッターソル、河合信和監訳、大槻敦子訳『ヒトの起源を探して――言語能力と認知能力が現生人類を誕生させた』原書房、二〇一六年、マイケル・トマセロ、松井智子・岩田彩志訳『コミュニケーションの起源を探る』勁草書房、二〇一三年、マイケル・トマセロ、橋彌和秀訳『思考の自然誌』勁草書房、二〇二一年、ダニエル・Ｌ・エヴェレット、松浦俊輔訳『言語の起源――人類の最も偉大な発明』白揚社、二〇二〇年、イ・サンヒ＆ユン・シンヨン、松井信彦訳『人類との遭遇――はじめて知るヒト誕生のドラマ』早川書房、二〇一八年、マイケル・コーバリス、大久保街亜訳『言葉は身振りから進化した――進化心理学が探る言語の起源』勁草書房、二〇〇八年、ロビンズ・バーリング、松浦俊輔訳『言葉を使うサル――言語の起源と進化』青土社、二〇〇七年、リチャード・リーキー、馬場悠男訳『ヒトはいつから人間になったか』草思社、一九九六年。人類史の「年代記」に関しては、著者によって違いがあるので、ここではほぼ通説と思われるものを採用している。

(9)　両者の比較については、たとえば埴原和郎『人類の進化史――20世紀の総括』講談社学術文庫、二〇〇四年、河合信和『ヒトの進化七〇〇万年史』ちくま新書、二〇一〇年、カール・ジンマー&ダグラス・J・エムレン、更科功・石川牧子・国友良樹訳『進化の教科書　第1巻　進化の歴史』講談社ブルーバックス、二〇一六年、島泰三『ヒト――異端のサルの1億年』中公新書、二〇一六年、竹岡俊樹『旧石器時代人の歴史――アフリカから日本列島へ』講談社選書メチエ、二〇一一年を参照されたい。

(10)　コーバリス（前掲『言葉は身振りから進化した』）は二〇〇万年前頃に登場した言語は、ジェスチャーだったとしている。これに関連して、一点、補足しておくと、現前しないものの表象のうちで、きわめて短期の将来予測といった一時的・限定的表象（いわば前期的表象）は、道具の生産以前の狩猟活動にすでに生まれていたと考えるのが自然である。たとえばイノシシ、シカ狩りといった狩猟では、大型哺乳類であっても獲物の行く手を予想しなければならないし、その予測と結びついた表象能力は、ある程度まで、類人猿などにも認められる。したがって、原始的な表象能力はただちに言葉と結びつくものではなく、外界の反映形態として、人間以外の動物にも生まれていたと考えるのが自然である。言葉の獲得には、表象能力とあわせて、動物的コミュニケーションの言語的コミュニケーションへの転化というモメントを考慮にいれなければならない所以である。

(11) この点を言語獲得の個体発生的経路と系統発生的経路とを交錯させて最も鮮明に理論化しようとしたのがトマセロ説である。注(8)であげたもののほか、マイケル・トマセロ、大堀壽夫他訳『心とことばの起源を探る――文化と認知』勁草書房、二〇〇六年、マイケル・トマセロ、橋彌和秀訳『ヒトはなぜ協力するのか』勁草書房、二〇一三年を参照。なお、トマセロ説は、「言語起源論」の系譜で言うと、どちらかと言えば「コミュニケーション起源説」に属すると考えられるが、そのかぎりで、道具の生産に必要な目的意識性や表象能力、したがって予測能力、推論能力等と言語の起源との関係を問う視点は、たとえば、チャン・デュク・タオ、前掲『言語と意識の起原』に比較してやや弱い。なお、タオも基本的に労働集団内のコミュニケーションから言葉が生まれたとみる見解に立つ。

(12) 人類史上における「無規律性交関係」の意義に関して、本書が特に参考にしたのは、エンゲルス、土屋保男訳『家族・私有財産・国家の起源』古典選書、新日本出版社、一九九九年、イ・サンヒ&ユン・シンヨン、前掲書である。

(13) 『草稿集①』三二一ページ、三七ページ。

第3章　精神代謝労働としての社会サービス労働の専門性

はじめに——社会サービス労働の専門性に対する問いかけ

前章では、物質代謝労働と精神代謝労働とを比較する形で、サービス労働の特性として、①サービス労働では、「生産的行為＝サービスの提供」と「消費的行為＝利用」とが時空間的に直結しており（労働の直接的消費）、その点では、いったん生産された物が別の時間・場所で消費される物質的生産労働（労働の間接的消費）とは異なる、②サービス労働では、労働者とその利用者＝消費者間が相互了解的コミュニケーション関係によって媒介されている、③言語的コミュニケーション関係が介在することによって、労働一般の「労働主体—客体」関係が「主体—主体関係」に転化し、それによって当初は客体であったサービス労働の消費・享受者が主体に転化し、逆に労働主体側が消費・享受者からの評価・判断・発信等の受け手、受信側に転化する、という「主客逆転の関係」が進行すること、これら三点を確かめた。

これらの三点は、精神代謝＝サービス労働においては（特に社会サービス労働では）、特有の専門性が問われることを示すものである。たとえば、教師・医師・介護士の労働では、教育・医療・福祉器具を生産する労働とは異質の専門性が求められる。本章では、こうしたサービス労働特有の専門性とは、どのようなものか、という点に着眼するところから話を進めることにしよう。まず、上で確認したサービス労働の三つの特性に照応させて、さしあたり、サービス労働の専門性を三点から導き出しておくことにする。三点とは、①個別的ニーズへの対応（個別性・多様性）、②消費主体に対する応答性、③歴史・環境的制約に対する柔軟的対応（柔軟性・可変性）、この三つである。[(1)]

最初の「①個別的ニーズへの対応」とは、対人サービス労働では諸個人それぞれの個性をもった相手の欲求・ニーズに応えなければならないということである。サービスの利用者＝消費者は、それぞれが独立した個人であり、たとえば三〇人学級の生徒たちは、同じクラスの集団ではあるが、それぞれ個性をもった特殊な子どもたちで構成されている。これは保育園の乳幼児集団、特養老人ホームの老齢集団であってもかわらない。教師の世界では「一度うまくいったからといって、二度とうまくいくと思ってはならない」という教えがしばしば口にされるが、社会サービス労働では、利用する側の個人がそれぞれかけがえのない個性をもった人格であって、各労働者はその個別的ニーズに的確に対応しなければならない。これが個別性尊重の原則となる。この個別性は、集団を単位にして捉えると、多様性と言いかえられる。というのは、個別的ニーズとは、複数の諸個人からなる集団を単位にしてみると、多様なニーズとなってあらわれるからである。

社会サービス労働に求められるこの個別性・多様性の尊重は、実際の労働現場では、マニュアル労働になってはならない、という形で伝えられている。もちろん、労働の規格化、標準化のすべてが否定されるというわけではない。物質的生産労働の現場と同様に、社会サービス労働でもその専門性を伝授していくためにはマニュアル化、定型化、規格化、標準化が必要であって、その労働の質を高めるための必須の習熟課題である労働の規則性・標準性の遵守と、社会サービス労働固有の個別性を尊重することは矛盾する関係にあるわけではない。マニュアル労働＝標準労働に精通しておくことは、サービスする相手を画一的、機械的に扱うのとはまったく別のことである。二〇二二年九月に静岡県牧之原市で起こった認定こども園送迎バスの園児置き去り事件は、保育施設に問われる安全規則（マニュアル）の遵守がいかに大切であるかを思い知らせた。

次に、「②消費主体に対する応答性」とは、言いかえると、本書で強調してきた「労働主体―消費主体間」のコミュニケーション関係を重視することである。上記の「個別的ニーズへの対応」との関係で言うと、利用者＝消費者ニーズの内実、質問に対する了解・応答（Understand & Response）の能力の発揮が求められるということである。医療の例で言えば、診察・診断を誤ってはならない、正確な診断にもとづいて治療しなければならないという当たり前の課題である。学校・保育施設の現場では、子どもたち一人ひとりの教育・保育ニーズの質的差異・特質に対する確実な応答性が問われる（教育でも「臨床教育」という言葉が使われ始めてから――私個人は教育において「臨床」という言葉は馴染まないと思っているが――すでに長くなる）。さらに、病室における患者の状態、教室・保育室の子どもの状態は、日々変化する。こうした一人ひとりの変化に確実に応答しなければならないのは、社会サービス全般の職業倫理であると言ってよい。

戦後農村医療の草分けと言うべき若月俊一は、都会育ちの若い医師が農村に入って診療所や病院で働き始めるときに、まずやらなければならないことは、その地域の生活習慣・風習を知ることはもとより、手始めの課題は方言を学ぶことだ、と述べている。(2) 各地域特有の方言を理解できないでは、患者の症状、訴えを正確に把握することはできず、村医者としての務めを果たすことはできない、というのである。この教えは、農村医師のみならず、地域住民に密着して働く保健師・看護師・教師等にも当てはまることだろう。また方言に関して言えることは、外国語に関しても言えることである。

最後の「③歴史・環境的制約に対する柔軟的対応」とは、保育・教育から福祉・介護、そして医療・看護等の社会サービス労働では、「労働主体―消費主体間関係」が、その歴史や文化的環境によって制約、左右されるところがあり、その地域・生活環境に柔軟に対応しなければならない、ということである。たとえば、子どもの保育や高齢者・障害者に対する上述の応答性は、親子・兄妹関係等の家庭環境の違いによって大きく影響されるだろう。近年の目をそむけたくなるような児童虐待・遺棄、以前にはそれほど見かけられなかったヤング・ケアラー問題、深刻化する老老介護問題等への対応は、この歴史・環境的制約に対する的確な対応の必要性を示すものである。

社会サービス労働で問われる以上のような三点、すなわちその利用者の特殊で多様なニーズに確実に応答しなければならず、個々の労働現場をとりまく環境や歴史・条件に精通して柔軟に対応していかなければならない、といった要請は、あえて一言で表現するとすれば、「個別的応答性」に要約されうる。本書第二章では、本源的意味での「生産的行為」と区別される「消費的行為」の特性は、その「非代替性」「代行・代理不可性」にあることを指摘したが、保育・教育・福祉・医療労働は、この代行不可能な消費に直結し、直接にその欲求を充足しなければならない、つまり個々人の特殊・個別的ニーズに直接に応答しなければならない。この課題を果たそうとすれば、マニュアルに従うだけでは不十分であり、また経験に依拠するだけ、あるいは教科書で学んだ知識だけでも十分とは言えないのである。

卑俗な喩《たと》えで言うと、背中のかゆい人の欲求に応えるサービス労働（いわば「掻痒《そうよう》労働」）では、当人にしか分からない痒《かゆ》い場所を掻《か》いてやらなければ、いわゆる隔靴《かっか》掻痒に終わり、サービス労働にはならない。逆に背中に痒みをもつ男は、おのれの代わりに、たとえ最愛の妻であったとしても、彼女の背中を掻いてもらったとしても意味はない。労働・消費の時空間的一体性を特徴にするサービス労働では、まさしく痒い所に手の届いた労働であることが痛切に要求されるのである。これはとりわけ、教育・医療等の社会サービスで問われる課題である。算数でつまずいた生徒に、いくら理科教育を施しても、それは本物の教育にはならず、心臓に患いをもつ患者に、いくら鎮痛剤を処方したとしても、無益に終わる。その労働が直接に消費されるサービス労働では、利用者＝消費者の個別的欲求・ニーズに直結した応答性が問われるわけである〈補注〉。

〈補注〉　念のために補足しておくと、消費者の欲求・必要・需要に応えなければならないという要請は、サービス労働にかぎらず、物質的生産労働についても言えることである。食品であれ、衣料品であれ、電気器具であれ、その生産にあたる物質的生産労働も、消費者のニーズに応えなければならず、そうではない生産物（商品）は、まず市場において売れない。ただし、物質的生産労働の場合には、その成果が生産物の形をとって対象化されているから、世間の広い市場では、ある生産物が特定の消費者には不向きで、売れ行き不振だったとしても、他の消費者のニーズに応える可能性をもっており、必ずしも消費者ニーズ一般に応えていない、とは断定できない。それは、物質的生産労働の場合には、その労働が直接に消費されるのではなく、その生産物が市場での売買という回り道を介して、間接的に消費される関係にあるからである。物質的生産労働の場合には、大衆的商品のマクドナルド製ハンバーガーのように、商品それ自体に極度の定型化が求められ、労働も単純に画一化・機械化しなければならないケースが出てくる。物質的生産労働は生産物を介して、不特定の人々によって間接的に消費されるのである。これに対して、個々のサービス労働は消費と直結している。そのために、サービス労働では個別的ニーズに対して直接に応答する（response）必要性が高いわけである。さらにサービス労働では、労働と消費はコミュニケーション関係によって媒介されている。この点でも、個別的ニーズへの応答性が強く問われる関係にある。

では、「個別的応答性」に要約されうる社会サービス労働の専門性とは、いかなる内容のものか。あらかじめ結論を述べておくと、本書では、その専門性のルーツ（根拠）をコミュニケーション的理性に求める。だが、コミュニケーション的理性を考えるためには、社会サービス労働におけるコミュニケーション概念の位置や意味を確かめておかなければならない。というのは、「労働」と「コミュニケーション」の二つの概念は、これまでの学説では、うまく結びつけて論じられることがなかったからである。現代では、たとえばＩＣＴ革命（Information and Communication Technology）のような使われ方でコミュニケーション概念は登場するが、この場合のコミュニケーションはもっぱら「通信」の意味で用いられる用語であって、本書が主として依拠するハーバーマスのコミュニケーション概念、すなわち「相互了解・合意の獲得」という意味での言葉ではない。そこで、以下では、「労働」と「コミュニケーション」の両概念は、これまでどのように結びつけて論じられてきたかの学説史に遡って、サービス労働の専門性を考えていくことにしたいと思う。

1　労働とコミュニケーション的行為との相互関係

本書では、精神代謝労働（サービス労働）を、一般的には「対人労働」として、より正確に言えば「人間を相手に言語的コミュニケーション関係を媒介にして働きかける労働」として把握してきた。サービス労働のこの定義のキーコンセプトは「労働」と「コミュニケーション」の二つにあり、本書の特徴は、この二つのコンセプトを結びつけた点にあると言ってもよい。だが、学説史上では、これら二つのコンセプトは、互いに分離され、対置されてきた。双方が結合関係ではなく、むしろ対立関係におかれて捉えられる、というのが通例であった。そもそもコミュニケーション概念は、労働との対比、対立関係におかれて脚光を浴びるようになってきたものだったのである。

ハーバーマスのコミュニケーション的行為論の意義と限界

「労働」と「コミュニケーション」とを本格的に対照させ、「労働の世界」から「コミュニケーションの世界」を分離し、独立化させ、両者を対置・対立関係において把握したのは、ユルゲン・ハーバーマスである。一方での「労働」概念と、他方での「コミュニケーション」概念とを意識的・意図的に分離し、「労働の世界」の意義もさることながら、「コミュニケーションの世界」こそが現代社会を理解するうえで決定的に重要である――ハーバーマスはこう主張して大著『コミュニケイション的行為の理論』を著したが、それは、彼の理解する「マルクス主義」を批判するためであった(3)。彼は、大ざっぱに言って、マルクス主義をもっぱら「労働の世界」を論じた学派と評価し、『コミュニケイション的行為の理論』を意図的に『資本論』に対置したのである。私は、ハーバーマスによるこの「マルクス批判」の野心が成功したとは決して思わないが、とりあえずここでは、彼がどのようにして「労働」と「コミュニケーション」を対置・対立する関係においたかをみておくことにしよう。

コミュニケーション的行為を論じるにあたって、ハーバーマスは、人間の行為を二つに類型化するところから出発した。一つは成果志向型行為ないし目的達成・実現型行為であり、いま一つは了解志向型行為である。すぐにわかるように、前者は労働をモデルにした行為類型であり、後者がコミュニケーション的行為類型である。労働は一般に何らかの目的を設定し、その目的を実現・達成しようとする活動の典型であり、コミュニケーションとは、普通の常識的理解では、一般的には「意思疎通」の意味で使用されているように、何らかのことが伝達され、理解され、通じることだから、了解志向型行為とみなしてよい。ハーバーマスによるこうした二つの行為類型は、J・R・オースティンの言語行為論をベースにして導き出されたものである。

オースティンは言語行為を二つに類型化した。第一は発語（＝発話）内行為である。これは、その発言・発話によって一つの行為を遂行することになるタイプの発語による行為である。たとえば、「手を挙げろ」とか「席を譲ってください」といった発言は、命令とか要求する行為になる。「明日の午前三時には伺います」という言葉も、一つの約束をする行為である。「夜には電話しますが、いいですか」という問いかけも、一つの言語による問いかけの行為にほかならない。こういった発語内行為の特質は、その言葉や意見を聞いた者がただ理解・了解するかどうかが問題になる発言だという点にある。

この言語行為のタイプに対して、オースティンは第二の類型を「発語媒介的行為」と名づけた。言語によるこの行為は、ただ理解・了解を求めるだけではなく、その発語によって別の目的を達成する、他の効果を期待するといったタイプの言語行為である。たとえば、ある部屋を訪れて、私が「今日は冷えますね」と述べて、窓を閉めさせるとか、暖房器具のスイッチをオンにさせる、といった場合がこの発語媒介的行為となる。統一協会が信者に「お前の家にはサタンの祟《たた》りがある」と説くのは、その言葉によって教団に献金させる目的を達成するためである。あるいは、「大阪維新」が「身を切る改革」を叫ぶのは、それによって有権者から票をかき集めるためである（言いかえれば「改革」そのものに目的があるわけではない）。この発語媒介的行為で問われるのは、ただその内容の理解・了解が問われる発語内行為とは違って、その言葉を手段にして他のネライ、所記の目的を達成・実現できるかどうかである。

ハーバーマスは、このようなオースティンによる発語行為の二類型のうち、第一の発語内行為だけをコミュニケーション的行為とし、第二類型の発語媒介的行為はコミュニケーション的行為類型から除外した。両者を区別し、コミュニケーション的行為を発語内行為に絞った理由は、発語行為の二類型では、そこに求められる「理性＝合理性」がそれぞれ違ってくるからである〈補注〉。コミュニケーション的行為に求められるのは「コミュニケーション的理性」であり、発語媒介的行為で必要になるのは「目的合理性」（合目的的理性）あるいは「技術的・道具的理性」である。後者の目的合理性とは、目的を達成するための手段的・道具的理性を意味しており、前者のコミュニケーション的理性とは人と人の間のコミュニケーションに必要な理解・了解にかかわる能力をさす。

〈補注〉　コミュニケーション的理性という場合の「理性」とは英語では rationality（独語では Rationalität）であり、西欧語の日本語訳ではこれを理性と訳したり、合理性と訳したりする。したがって、rationalization（Rationalisierung）は合理化と訳されるのが通常であるが、意味としては「理性化」と訳して理解したほうが適切である場合がある。だが、「合理化」と「理性化」とでは日本語のニュアンスに大きな違いがある。ハーバーマス説を理解しようとする場合には、「合理性」は「理性」と把握し、rationalization（Rationalisierung）は「合理化」と「理性化」とをダブらせて理解するのが適切だと思われる。ことのついでに言っておくと、日本でも著名なハーバーマスの論説「公共性の構造転換」の場合には、「公共性（Öffentlichkeit）」は「公共空間」と訳すのが適切であって（英訳では実際public sphereとなっている）、「公共性」と訳してきたのは誤訳とまでは言わないが、明らかに悪訳である。[4]

ハーバーマスは、オースティンに依拠して、まず発語媒介的言語行為＝目的合理的行為と発語内行為＝了解志向型行為の違いに着眼し、言語行為を一刀両断で二つに分割し、その返す刀で、人間の行為一般を目的実現・達成型行為とコミュニケーション的行為（了解志向型行為）に分割・分断したのである。前者の行為類型の典型が労働であり、後者がコミュニケーション的行為にあたることは重ねて指摘するまでもあるまい。ハーバーマスによるコミュニケーションの抽象的定義は、「言語能力と行為能力の二つをあわせもつ主体が相互に了解する行動を媒介にして行う相互行為」というものであるが、ここに、「労働」を目的合理的行為とし、「コミュニケーション」を了解志向的相互行為として、両者を概念的に分離・分割した意図がよくあらわれていると言ってよい。

いまこのハーバーマス説において確認しておいてよいことは、二点である。一つは「労働」と「コミュニケーション」の両概念を切り離したこと、いま一つは両概念の分水嶺をコミュニケーション的理性（したがって労働における目的合理性との対比）に求めたことである。このハーバーマス説は、労働概念とは異なるコミュニケーション的行為の独自の意義を鮮明に打ち出した、という点では肯定的に評価される。コミュニケーション的行為を「了解・合意達成型行為」として、それが人間の生活過程においてもつ独自の意義を抽出しようとしたことは、続いてみるように、目的合理的行為＝労働概念と切り離し、対立させてしまうという問題をはらんでいたとは言え、コミュニケーション概念にはさほど注目してこなかった社会科学の一般的動向に対して、重要な課題を提起する意味をもっていた。

労働とコミュニケーションの区別にコミュニケーション的理性の概念をもちこんだことも同様である。コミュニケーション的理性概念の問題点は後に検討するが、「相互了解・合意の獲得」のためのコミュニケーション的行為の成立要件にコミュニケーション的理性をあげ、その理性範疇を立ち入って検討したことは、ハーバーマス説の大きな功績だと考えられる。

にもかかわらず、本書のテーマである社会サービス労働概念に照らして言うと、ハーバーマスの議論はきわめて不十分である。なぜなら本書では、社会サービス労働は精神代謝労働としては、ハーバーマスが相互に切り離し、対立させた「労働」と「コミュニケーション」の両概念の結合から構成される範疇と捉えられるからである。「労働」と「コミュニケーション」とをいったん分離して理解することは、それなりに意義があるが、両方が結合するところに成立する精神代謝労働（社会サービス労働）の把握にとっては、十分だとは言えない。そこで両概念の接点を探り、つなぐ理論的作業の方に目を向けなければならない。

労働とコミュニケーションの内的連関の探求

ハーバーマスの「労働とコミュニケーションの二元論」を形式的には受け継ぎながら、「労働」と「コミュニケーション」の両概念の内的連関を究めようとしたのは尾関周二氏である。(5) ハーバーマスの「二元論」を継承したのは、同氏によれば、日本では「二元論」ではなく、「労働一元化論」の傾向が強く残っていたからである。ただ、ここで二元論というのは、比喩的に言えば、あたかも楕円を描く際の二つの円心軸のような関係にあって、二つのキー概念が完全に切り離された関係にあるわけではない。この点を断っておいて、尾関説を概観しておくことにしよう。

ハーバーマスによる目的合理的行為と了解志向的行為の二類型は、尾関説では、前者は「労働の世界」、後者は「コミュニケーションの世界」におきかえられて継承される。社会関係でみると、労働は「主体―客体関係」、コミュニケーションは「主体―主体関係」として把握されるから、両者の構図はいかにも対照的である。だが、この二つの社会関係は、かつてエンゲルスが、まず「労働＝道具の生産」、それとともに「言葉の発明」、これら二つが人類社会の誕生では決定的な役割を果たしたと指摘したとおり（本書第一章参照）、現代でも楕円としての社会の二つの円心軸のような位置にあると言ってよい。

尾関氏はまず、労働の世界をマルクス『資本論』にしたがい、物質的生産労働（物質代謝労働）をモデルにした「労働主体―客体・対象」関係として把握する。この関係は、労働主体がその行為によって物質代謝過程を媒介し、規制し、管理する関係だから（本書第二章参照）、主体の頭脳にあらかじめ表象化された目的（産物）を対象のうちに実現していく関係をあらわす。そこで同氏は労働を、労働主体が客体に対して自己を対象化する行為と把握する。労働は、労働主体の目的・意図・構想を実現して対象化する活動、一種の自己確証活動だと捉えられるわけである。対象化――これが労働のキーコンセプトとなる。

この労働とは対照的に、「主体―主体関係」のコミュニケーションのキーコンセプトは「共同化」となる。というのは、コミュニケーションには伝達機能的側面と、主体―主体間の交わり的側面の二面があり、これら二機能を統一すると、主体―主体間の「共同化」が進むからである。その意味において、「対象化行為としての労働」と「共同化行為としてのコミュニケーション」は範疇的に区別される。

この対象化行為＝労働と共同化行為＝コミュニケーションという「二元論」は、ハーバーマスによる目的合理的行為＝労働と了解志向的行為＝コミュニケーションという「二類型論」と相似的であると言ってよいだろう。だが、尾関説はこのハーバーマスとの近似点に止《とど》まってはいない。労働とコミュニケーションとを区別し、分離し、対照・対峙させるにとどまらず、両者の内的連関を探求する、というのが同氏のスタンスである。

両者の内的連関は、言語の起源に遡って追究される。(6)「言葉の起源」説には、第一章四九～五一ページの〈補注〉で少しふれたように、「労働起源説」と「コミュニケーション起源説」の二系譜があるが、尾関説は、(私の理解するところでは)「労働起源説」に主軸をおきつつ、後者の「動物的コミュニケーションの言語的コミュニケーションへの転換説」を包摂した統合論とみなすことができる。一言で言えば「協働起源説」とでも呼ぶべき位置にあると考えられる。

「協働起源説」は、言葉の生まれた起源を二点から捉える。第一は、労働がその対象を特定し、目的(物)を頭脳のうちに表象化する能力を生み出すからである。「いま・ここ」に存在しないもの、将来に実現すると予測される成果・産物を実際の労働以前に思い浮かべる能力(表象 represent 能力)は――どんな下手な大工であっても有する作業前に設計図を頭の中に描く能力(本書第一章参照)――言葉を抜きには語りえないものである。第二は、人間に固有な協業の生産力は、協力・協働化に不可欠な言語的コミュニケーションを生み出した。尾関氏はこの協働化のなかから生まれる言葉の原型を、チャン・デュク・タオの言語起源論に依拠して、狩猟場面おける指導者の指さし、すなわち獲物を追うときの集団的協働作業を指示する合図＝身振りを例にして説明している。(7)この協働から生まれる言語的コミュニケーションは、「動物的コミュニケーションから人間的コミュニケーションへの転換」を物語るものにほかならない。(8)ここでの協働とは、「共同化を本質的に伴う対象化活動」となる。

ここでは、労働における協働化を媒介にして、対象化行為（目的合理的対象化行為）としての労働が、共同化行為としてのコミュニケーション的行為を呼び起こす関係が捉えられているわけである。要約して言えば、労働は「共同化を通じた対象化」、コミュニケーションは「対象化（自己表現・確証）を通じた共同化」ということになる。したがって尾関説は、一方での労働による対象化と、他方でのコミュニケーションによる共同化との内的連関を「協働化」を媒介にして把握した、と評価される。ハーバーマスでは、労働とコミュニケーションは行為の二類型として、対比的・対立的に把握されたままであったが、尾関説では、この行為の二類型は架橋され、その内的な連関、結びつきが捉えられたと言ってよいわけである。

物質代謝モデルの労働観と精神代謝労働の不在

とは言え、社会サービスをテーマにした本書は、この尾関説で満足するわけにはいかない。なぜなら、尾関説には、ずばり言って、肝心の精神代謝労働の概念が存在しないからである。本書では、社会サービス労働をその本源的規定としての精神代謝労働に遡って捉えてきたが、尾関説では、社会サービス＝精神代謝労働は、最初から労働範疇から除外されているのである。私の知る限り、そもそも「精神代謝」概念を創作したのは、ほかならぬ尾関氏であったが、彼はこれを労働概念に生かし、精神代謝労働にまで発展させるには至らなかった。もったいない話だと言わなければならない。尾関説が精神代謝労働概念に至らなかったのは、労働観を物質的生産(＝物質代謝労働)のモデルで固定化して構成したためである。サービス労働(精神代謝労働)における「労働主体―消費主体関係」は「主体―主体関係」として、物質的生産労働をモデルにした「主体―客体関係」とは異なる活動類型に位置づけられ、「労働の世界」からは外されていたのである。[9] 物質的生産をモデルにした対象化行為としての労働は、「労働主体―客体関係」のもとでの活動であって、「主体―主体関係」のコミュニケーション的行為は、そもそもこの労働範疇におさまるものではない、だからこそコミュニケーション的行為は労働とは区別された行為類型である、というのがハーバーマスと尾関説の双方に共通する見方であった。

ハーバーマスでは、目的合理的行為＝労働は、ちょうど水と油の関係のように、了解志向的行為＝コミュニケーション的行為とは異質の行為類型であったが、尾関説の場合には、一方での「主体―客体関係」の物質代謝労働＝対象化行為と、他方での「主体―主体関係」のコミュニケーション＝共同化行為との二類型の間に、たとえ内的関連を発見することはできるにしても、「主体―客体関係」の「労働の世界」に後者の「主体―主体関係」のコミュニケーション的行為をもちこむことはできない。これが尾関説から精神代謝労働概念を排除する原因になったのである(蛇足ながら、これでは主体・客体関係と主体・主体関係の両面をあわせもつ教育・医療等の社会サービス労働は説明できない)。

これは、ハーバーマス流の言い方をすると、「目的合理的行為＝労働の世界」と「了解志向的行為＝コミュニケーションの世界」とは峻別すべきであって、前者の「労働」と後者の「コミュニケーション」の異質な行為類型を合体させた独自の「労働の世界」、すなわち言語的コミュニケーションを媒介にした労働＝精神代謝労働を導き出すことはできない、ということを意味する（後の議論のために一言つけ加えておくと、このことは労働に不可欠な目的合理的な技術的・道具的理性とコミュニケーション的行為に必要なコミュニケーション的理性との統一的理解を妨げることになる）。

だが、果たして「目的合理的行為」と「了解志向的コミュニケーション行為」とは、かくも厳しく分離・区別されるべきものであろうか。私は率直に「ノー」と答えたいと思う。その理由は、労働とコミュニケーションの二つは、そもそも人間を人間たらしめた「言葉」を生んだ母体だったはずだからである。簡単に言って、言葉の起源は「協業＝協働に基づく動物的コミュニケーションの人間的コミュニケーションへの転化」に求められるが、この場合の「協業＝協働」は生産的行為を主導力にした共同化（生産の社会化）とともに、消費単位の「動物的個体単位から人間的小集団単位化への発展」（消費の人間化）の二面をあわせもつものであった（第二章参照）。言いかえると、言葉はそもそも人類の生存を担ってきた物質代謝労働と精神代謝労働に根ざして生まれ、発展し、その過程で合目的理性（合法則的理性）やコミュニケーション的理性を発展させてきたのである。したがって、「目的合理的労働の世界」と「相互了解・合意志向的コミュニケーションの世界」とは、区別して論じるのはよいにしても、両者を切り離したり、対立させたりしてすませることはできない。ここでは、このことを小括として、次に、物質的生産労働とは別立てのものとしてサービス労働をとりあげた議論に目を向けることにしよう。

2　独自のサービス労働論の形成と物質代謝との相互関係

「サービス労働＝対人労働」観によるサービス労働の新境地

物質的生産労働を主役にした労働論の世界では、人間を相手にしたサービス労働は舞台の正面に立つことはなく、舞台にあがってもせいぜい脇役、主役のお相伴程度の役回りでしかなかったが、このイメージの転換をはかるように、「対物労働」ではなく人間を相手にした「対人労働」こそがサービス労働である、とする見解があらわれた。その代表的論者は斎藤重雄・櫛田豊の両氏である。[10]両氏の「サービス労働＝対人労働」説は、長きにわたる論争過程を経てきたサービス経済研究史上でも一つの大きな画期点を築く問題提起であった〈補注〉。本書が、この見地を継承し、サービス労働をひとまず対人労働として把握するところから出発したことは、すでに第二章冒頭で指摘したとおりである。

〈補注〉サービス労働・経済をめぐる論争が長い歴史をもつことは、たとえば、戦後のサービス論研究の第一人者であった故飯盛信男氏が、遺作となった『サービス経済の拡大と未来社会』（桜井書店、二〇一八年）において（一五四〜一五五ページ）、「サービス経済にかんする研究書」（単著のみ）として七七冊をあげているところからも、推測されるだろう。この飯盛著は長期にわたる複雑な論争過程を手際よくまとめており、論争史に関心をもたれる人は、同書を参照されたい。そこでは、斎藤・櫛田説および二宮説も適切に位置づけられている。また同書に対する私の書評は、二宮厚美「書評　飯盛信男著『サービス経済の拡大と未来社会』」政治経済研究所『政経研究』第一一四号（二〇二〇年六月）を参照。

「サービス労働＝対人労働」説が学説史上画期的だったというのは、それ以前の最も有力な見解は「サービス＝有用効果説」であったからである。「有用効果説」とは、サービス労働を一定の有用な役立ち＝効果（つまりサービス）を発揮する労働と捉え、その対象が物であるか人であるかは問わない、対象が不在であってもかまわないとする見解をさす。「有用効果」はほぼ使用価値と同義の、きわめて抽象的かつ包括的な一般的概念であるから、この有用効果を発揮・提供する労働をサービス労働と規定してきたのは、その労働の成果がなんらかの対象的形態（有形の生産物）をとってあらわれる物質的生産労働と区別するためであった。実際、「サービス労働＝対人労働」説が登場するまでは、人間の労働を大きく「物質的生産労働」と「有用効果＝サービス労働」の二つに分類するのが支配的通説だったのである。

斎藤・櫛田両氏らの「サービス労働＝対人労働」説は、通説によるこの労働の二大分類を覆すものであった。その画期性はただし、「二大分類」を覆した点にあるのではなく、分類の際の基準を転換した点にあった。基準の転換とは、もはや指摘するまでもないことであろうが、労働の分類にあたって「労働対象の違い」を基準にしたということである。要するに「労働の対象別分類」、ここに斎藤・櫛田説の画期性があったわけである。

労働の対象別分類とは、本書（第一章）が採用してきた労働の類型化の方法でもある。物質代謝労働と精神代謝労働とを区別した基準は、その労働対象が「物」であるか「人」であるかの差違によっていた。したがって、ここまでは、斎藤・櫛田説と本書は同じである。違ってくるのは、ここから先、本書が物質的生産労働とサービス労働とを物質代謝労働と精神代謝労働との区別にもとづく労働の二類型と把握し続けるのに対して、斎藤・櫛田説では、サービス労働が物質代謝労働に還元されてしまうところからである。言いかえると、斎藤・櫛田説では物質代謝労働の論理がサービス労働にまで拡張適用されてしまう。したがって、この説には精神代謝労働の概念は存在しない（この精神代謝労働概念の欠落という点では、尾関説に同じである）。ここでは、精神代謝概念を欠いたまま、サービス労働の過程は物質代謝労働＝物質的生産労働のロジック（論理）で把握される。「サービス労働イコール対人労働」説とは言っても、理論上、サービス労働は「対物労働」と同じ論理で把握されることになるわけである。

精神代謝概念が不在だ、ということは何を意味するか。先にみた尾関説に引き寄せて言うと、それは「主体―主体間関係」を捉える視点が欠落すること、すなわち主体・主体間関係を媒介するコミュニケーション的行為の視点に欠ける、ということである。尾関説の労働概念は物質代謝労働をモデルにしたものであったから、斎藤・櫛田説は労働の二大分類によってこの物質代謝労働モデルから「サービス労働＝対人労働」を分離し、独立させて、いったんは尾関式労働概念に別れを告げたのであるが、いざサービス労働を分析する段になると、逆に尾関説のコミュニケーション概念を生かすことなく、「主体・主体間のコミュニケーション関係」は視野の外においたまま、結局、サービス労働を物質代謝労働の論理に包摂ないし還元してしまう結果になったのである。先述の飯盛氏は、斎藤・櫛田説を物質代謝労働の論理をサービス労働に拡張して適用するものとして、「拡張説」と名づけた。物質代謝労働のシェーマ（図式）をサービス労働に拡張適用することと、精神代謝労働を物質代謝労働のシェーマに還元して捉えることは事実上おなじことだから、斎藤・櫛田説は「拡張・還元説」と呼ぶべきかもしれない。

精神代謝概念不在のままのサービス労働論の限界

「拡張・還元説」の特徴は、精神代謝労働概念不在のまま、労働主体と消費主体間のコミュニケーションによる媒介を視野から外して、サービス労働を把握しようとした点にあるから、いくつかの重要な問題点が生まれる。ここでは、三点に絞って問題点をあげておくことにしよう。

第一は、サービス労働の対象である人間を、独立した人格としてではなく、あたかも物質的生産労働の客体である物材と同様に扱うことである。物資代謝労働の基本は、自然素材を対象にして労働主体が働きかける点にあるから、この構図をサービス労働にあてはめると、サービス労働の対象である人間は自然素材と同様に扱われることにならざるをえない。教育における生徒、医療における患者などは、教育・医療の労働材料として位置づけられる。人間的自然を相手にしたサービス労働では、整髪・美容の理容労働と並んでメガネやコンタクトレンズの製作、義歯・義肢・義足の装着労働もサービス労働となる(後でみるように義歯補綴《ほてつ》の歯科医労働は派生的サービスの一種である)。

こういう見方の裏返しであるが、第二にサービス労働は、物質的生産労働と同様に、労働生産物を生み出す活動と把握される。斎藤氏は率直に「人間の心身がサービス生産物である」と述べている。(11)たとえば、プロ野球やサッカーでは、観客に「高い興奮度」という生産物を生み、芝居や歌手は観客・聴衆のうちに「満足感」「幸福感」「心地よさ」といった産物を生み出す。娯楽サービスでは気分転換という生産物、医療サービスでは健康維持という生産物を生産する、というのである。さらに、各種の公共サービスは、国民・住民のうちに「意識形成能力」を生産する。

このように、サービス労働に物質的生産労働と同一のシェーマをあてはめると、労働は物質的材料を対象にしたそれと同様に、なんらかの生産物を生み出す労働とみなされざるをえなくなる。労働対象としての人間は独立した消費主体ではなく、サービスの受動体となる。こうした見方は、歌手の歌唱サービスがその聴衆によってただちに消費され、消失していくのを思い浮かべればわかるように

（この歌手の歌謡に関するマルクスの指摘はすぐ後にふれる〔一四三～一四四ページ〕）、サービス労働はその利用主体の消費と時空間的に一体のものである、という現実を説明するものではない。

第三に、「拡張・還元説」ではサービス労働に肝心なコミュニケーション媒介的性格が捉えられない。サービス労働の消費者はあくまで労働の対象＝客体であり、言いかえれば、受動体にすぎない。本書では、教育・福祉・医療の社会サービス労働では労働主体とその消費・受容主体との間の応答関係、すなわち「相互了解・合意形成」が決定的に重要になる、と繰り返し強調してきたが、「拡張・還元説」では、このコミュニケーション関係は無視ないし軽視されるのである。

ケアワーク概念による物質代謝労働モデルの修正

「拡張・還元説」はサービス労働を物質代謝労働のロジックに還元して捉えようとするものであったが、これは上でも指摘したように、サービス労働の理解、とりわけ教育・福祉・医療等の社会サービスを把握する上では、軽視できない難点をもったものであった。特に見逃せない問題点は、尾関説が重視した「主体・主体間のコミュニケーション関係」を「拡張・還元説」がほとんど無視し、本書の重視する精神代謝労働概念に欠ける点にあった。そこで、社会サービス労働論では、物質代謝労働を貫く「主体―客体関係」を「主体―主体間コミュニケーション関係」の導入によって修正しようとする議論があらわれることになる。

この議論は、これまでにみてきたハーバーマスや尾関・斎藤・櫛田氏らの労働観を、いま仮に「物質代謝労働一元論」と名づけるとすれば、本書の「物質代謝・精神代謝労働二元論」との間に橋を架けようとする「一元論の修正版」ないし「一元論と二元論の中間的形態」論と呼べるかもしれない（急いでつけ加えておくが、この「一元論」「二元論」「中間論」という呼称は、それぞれの説の位置関係を分かりやすくするための便法であって、大ざっぱな分類である）。「一元論の修正」ないし「中間論」と名づけたのは、この種の議論は、サービス労働＝精神代謝労働概念にとっては核心に位置する「言語的コミュニケーションの媒介的役割」が十分には捉えられているとは言いがたいこと、したがってサービス労働を精神代謝労働としていわば概念的に熟させるに至っていないことによる。

ここでは、西川真規子氏のケアワーク論を例にとって、この「一元論の修正」説をみておくことにしよう。

まず、西川氏によるケアワークの定義を引く。ケアワークとは「他者を気遣い、その健全な生活のために必要なものを供与することを目的とし、そのために、肉体的、精神的努力を要する、いわば他者志向的な労働である」[12]。この定義には、①他者に対して必要なものを供与することを目的にした「目的合理的行為」であること、②他者を気遣い、その健全な生活に配慮した「他者志向的労働」であること、という二重の規定性が含まれている。ハーバーマス風に言えば、第一の「目的合理的行為」とは「成果志向型行為」であり、第二の「他者志向的労働」は「了解志向型行為」のタイプに属する行為である。定義内容に関する細かな吟味は横に置いて、その形式だけを問題にすれば、ここではケア労働が、ハーバーマスによる行為の二類型を統一するような形で定義づけされている、と言ってよい。

いま一つ例を追加しておこう。労働一般が目的合理的行為であることは自明のことであるから、この論点は外しておいて、ケア労働に固有な特性の方にだけ着眼した西川説の定義は、こうである。「ケアワークとは、相手の行動や感情、思考傾向に機敏に反応しながら、その生きていくうえでの不具合に気づき、相手の自己感を理解したうえで、そのよりよく生きようとする力を支えていく労働である」[13]（傍点引用者）。この定義では、傍点を打った箇所から読みとれるように、西川説が、労働の目的合理性よりも、コミュニケーション的な了解（understand）、応答（response）、合意（agreement）の必要性を重視してケア労働を把握していることが理解される。つまり、西川説はケア労働を物質代謝労働をモデルにするというよりも、むしろコミュニケーション的行為類型をモデルにした労働タイプとして捉えようとしているわけである。

このことは、いささか我が田に水を引くような言い方になるが、西川ケア労働論が本書の精神代謝労働概念に近づいていることを示すものである。少なくとも、西川説のケア労働概念が「物質代謝労働の拡張・還元説」からのものではないことは確かだろう。だが、上でも少しふれたように、西川説に問題がないというわけではない。ここでは（西川説自体を検討することに本旨があるわけではないので）、二点について述べておきたい。

第一は、西川ケア労働概念がコミュニケーション的行為類型に近いものではあっても、その労働過程、すなわちケアワークの具体的実践プロセスを把握する際には、目的合理的行為類型に戻ってしまうことである。西川説では、ケアワークの労働過程は、種々雑多な企業で実際に採用されているPDCAサイクル（Plan-Do-Check-Action）として把握される。PDCAとは、製造業などで品質管理の改善を目的にして利用される手法のことで、①課題の発見と設定、②解決方針の策定と実施、③結果のモニタリング、の三つのプロセスから構成される。この労働過程把握では、社会サービスで問われる「労働主体—利用・消費主体間のコミュニケーション関係」は十全な意味をもって生かされているとは言いがたい。つまり、尾関説が拘泥《こうでい》した「主体—客体間の対象化行為」としての労働が、ケアワークのモデルとして残存し続けている、と言わなければならない。

第二は、西川説がケアワークを知識労働の一種だと捉えていることである。この場合、知識労働としての専門性は、主として、①教育機関等で取得する専門知識と、②勤労体験を通じて身につけられる経験知・暗黙知の知的スキルとの二面から構成される。要約して言うと「専門的知識プラス知的スキル」、この二つが知識労働としてケアワークの専門性を根拠づけるものだというわけである。

私は、このケアワークの専門性論に反対するものではない。むしろ、この西川説には大いに賛同したいと思う。というのは、まず第一に、「専門的知識プラス知的スキル」とは、そもそもあらゆる専門職に求められる要件であって、ケアワークの専門性に限られないからである。そのうえさらに、本章冒頭で指摘した「個別的応答性」が問われるケア等の社会サービス労働では、とりわけ体験に根ざす経験知や暗黙知が必要であり、また、その専門性を「知的スキル」の面から把握することは、すべての社会サービス労働者の雇用の安定・継続、生活給の保障を根拠づけるものとして、きわめて重要な意義をもつからである。[14] その意味で、私は西川説に賛同し、同氏の言う「専門的知識プラス知的スキル」を一括してコミュニケーション的理性の範疇に包括しておきたいと思う。

だが、西川説では、ケアワークの専門性は、コミュニケーション的理性の面からと言うよりは、むしろ「感情労働」の面から捉えられている。[15]「感情労働」という場合、その労働の特性は、労働主体とその相手両方の感情の起伏・制御に焦点をあわせて捉えられることになる。コミュニケーション的理性概念では、コミュニケーション関係にある主体双方の「理性」が問題になるのに対して、感情労働論では「感情」のあり方が問題になるのである。社会サービスの専門性をコミュニケーション的理性から捉えようとする本書の立場からみると、西川説のこの感情労働論的性格は問題を含むと言わざるをえない。

物質代謝と精神代謝の両世界を理念的に統一する試み

「物質代謝・精神代謝労働二元論」の見地から、最後に検討しておかなければならない論調は、これまでみてきた「物質代謝労働一元」的な傾向の議論とは逆に、「精神代謝一元化」の方向に向かう議論である。西川説でみてきたケア労働論に即して言うと、「ケア一元論」とでも呼ぶべき議論である。ただし、「ケア一元論」は「ケア労働一元論」と同じものではない。まさか、この世の労働のすべてを「ケア労働」に還元し、あらゆる労働を「ケア労働」とみなして論じようとする人はいるはずもない。いま取り上げようとしているのは、「ケア理念」の視点から現代の森羅万象を見直す、人間関係だけではなく人間・自然間の物質代謝関係をもケア理念に包摂して見直そうという議論である。

この議論の代表は、すでに第二章の「はじめに」(六六ページ)でふれたジョアン・C・トロント等の所説にみることができるが、ここでは、ユニバーサル・ケア(普遍的ケア)の視点から、社会ビジョンの刷新を意図したケア・コレクティヴ『ケア宣言――相互依存の政治へ』をみておきたいと思う。[16] ユニバーサル・ケアの視点とは、家庭からコミュニティ、国家から地球に至る諸領域において、ケア理念を最優先的に生かそうという、文字どおりケア視点の普遍化をさす。この視点から、本『ケア宣言』は、人々のあらゆる生活局面の中心かつ前面にケア理念を置いた社会ビジョンを提唱しようとした集団的労作である。ここで、このユニバーサル・ケア構想を取り上げるのは、この構想が本書の「はじめに」及び第一章でとりあげたエッセンシャルワーク・ニューディールと共通する性格をもっていることによる。

まず「ケア」とは何をさすのか。『ケア宣言』は「ケア」とは、通常の「他者の物理的、感情的なニーズに直接手当てをする」という意味だけではなく、「生命の福祉と開花にとって必要なすべての育成を含んだ、社会的な能力と活動でもある」[17]とする。いささか分かりにくい説明ではあるが、本書で使用してきた言葉で言えば保育・教育・福祉等の社会サービス、またはエッセンシャルワークに内在するケア理念を意味すると言ってよいだろう。そこで、この著者たちは説明をつけ加えて、「とりわけ、ケアを社会の主役の位置に立たせることとは、私たちの相互依存性を認識し、抱擁《ほうよう》することを意味しています」[18]（傍点原著）と述べている。つまりケアのキーコンセプトは「相互依存性」にある、ということである。

「相互依存性」とは、「相互了解・合意の獲得」を意味するコミュニケーションと深くかかわる概念であり、著者たちが「ケア」を「広範な意味で使用しています」[19]と述べているとおり、相当に広義の意味内容を包括する。このケア理念に立って、同書はその文頭において、「この世界は、ケアを顧みないこと［無関心、無配慮、不注意、ぞんざいさ］が君臨する世界です」[20]と断罪し、英米その他の多くの国で、コロナウィルスの大感染（パンデミック）は「このケアのなさが継続していることを明るみにさらけだしたといってよいかもしれません」と述べた。この世界は地球的規模のケアレス社会である、と告発したわけである。ケアレス社会をひっくり返すには、まさにユニバーサル・ケア（普遍的ケア）の思想が不可欠だ、ということになる。では、ケアレス社会に陥ったのは、なにゆえか。同書は、ケアレス社会化の主犯は新自由主義にあると摘発する。

ケアレス社会の主犯として槍玉にあげられた新自由主義が呼び起こしたのは、コロナ禍で明るみにされたエッセンシャルワークの不足や、家族やコミュニティにおけるケアレス問題だけではない。本書は、端的に「グローバルな規模の深刻なケアの欠如」は「地球そのものの危機をつくりだしています」（傍点原著）とする。その代表は言うまでもなく地球温暖化の危機である。これは、「地球大の新自由主義的経済」が、「人々よりも利益を重視し、終わりなき奪取と化石燃料の消費に頼り、未曾有の規模での環境破壊を引き起こして」きたこと、ここに原因がある。[21] ユニバーサル・ケアの構想はここで、ナオミ・クラインらの提唱するグリーン・ニューディール構想に共感し、合流することになるわけである。

『ケア宣言』の著者たちは、ケア理念をきわめて広義の「相互依存性」概念として捉え、「乱交的なケア」(この本によるユニバーサル・ケアの言いかえ)は、「社会生活のあらゆる領域、すなわち、単に自分たちの家族に留まらず、コミュニティ、市場、国家、そして、人間の生と人間ではないものたちの生をも含んだ国境を越えたつながりにも浸透すべき」だと提唱した。[22] この視点から、私たちが第一章でとりあげたエッセンシャルワーク・ニューディールとグリーン・ニューディールとの同盟関係を導きだし、したがって「人間間精神代謝関係」と「人間・自然間物質代謝関係」とが、「ケア＝相互依存」の関係にあることを立証しようとした。その意味で、この「ケア一元論」は現代社会において、大いに意義のある議論だと言わなければならない。

ただ、これは精神代謝の世界と物質代謝の世界との相互依存性を理念的に捉えたものである。この理念論との対比で言えば、本書の主題は労働論にある。したがって、私たちは、理念論とは区別して、精神代謝労働のもとに物質代謝労働を包摂するということは、いったいどういう意味をもつのか、この論点に立ち入っておかなければならない。それは、物質代謝労働一元論とは逆に、物質代謝労働(物資的生産労働)が精神代謝労働(サービス労働)に転化し、前者が後者化する、すなわち派生的サービス労働があらわれる関係を把握することである。

3　物質的生産労働の派生的サービス労働への転化

物質的生産における「労働の消費」化による派生的サービス労働化

サービス労働の一つの大きな特徴は、その労働が利用者によって直接消費される点にあった。本書では、この特質を「労働と消費の直結」とか「労働とその消費の時空間的一体化」と捉えてきたが、保育・教育労働であれ、歌唱・演劇労働であれ、牧師・弁護士の労働であれ、およそサービス労働とみなされる営みは、その労働・活動・行為そのものがサービスの受け手・享受者によって直接消費される点に、物質的生産労働とは異なる特質をもっていた。

労働と消費のこの一体性について、マルクスは、比較的わかりやすい例として、歌手の歌声をとりあげ、こう説明している。「たとえば、ある歌手が私のために行なうサーヴィスは、私の美的欲求を満足させる。しかし、私が享受するものは、その歌手自身から切り離すことのできない行為のうちにのみ存在しており、歌うという彼の労働が終わるやいなや、私の楽しみも終わる。私が享受するのは活動それ自体――私の耳へのその反響である」[23]。

歌唱を例にしたマルクスの指摘に、余分な説明を加えるのは不要だろう。その活動が直接に消費される労働――これがサービス労働のいわば本源的規定である。かかる本源的なサービス労働の発展・普及過程において、次に、これを裏返したような派生的なサービス労働があらわれる。すなわち、「その活動が直接に消費されるサービス労働」を反転させた「直接に消費される場合の物質的生産労働のサービス労働化」が進行するのである。ここでは、「サービス労働とは直接に消費される労働である」という規定が、次に「直接に消費される労働がサービス労働である」という規定に推転する。たとえその具体的内容において物質的生産労働の性格をもった労働といえども、ひとたび、その労働が直接に消費される社会関係のもとにおかれるや、サービス労働の性質を帯びることになるわけである。

日常の暮らしに身近な例をあげると、炊事・掃除・洗濯の家事代行業がこの派生的サービスの例である。料理・床拭き・クリーニングの作業自体は食材・床・衣服の物材を対象にした労働であって、この家事代行業務は本源的にはサービス労働ではなく、第一次的には物質的生産労働に属する。機械修理やビル・メンテナンス、住宅リフォーム、包丁研ぎ、ピアノの調律等も同様に、その作業自体はモノを相手にした物質的生産労働（物質代謝労働）の一種であって、人間を相手にしたケア・教育・歌唱・演劇等のサービス労働（精神代謝労働）とは異なる。

精神代謝労働としてのサービス労働は、本書で再三にわたって述べてきたように、労働対象を人間においた「対人労働」であり、相手の人格と諸能力に働きかけて、その発達を担うと同時に、自らの諸能力をも変革・発達させていく労働であった。これを仮に本源的なサービス労働と名づけるとすれば、炊事・洗濯の家事代行や機械修理、衣服のリフォーム等のモノを対象にした物質代謝型労働の転化したサービス労働は、派生的サービス労働と呼ぶのがふさわしい。サービス労働が現代ほどには充分に発展していなかった産業革命期にあって、マルクスは、この本源的および派生的サービス労働を、前者を人身的用役給付（persönliche Dienstleistung）と呼び、後者を現物用役（Naturaldienst）と呼んで区別した[24]。この二つの用役＝サービス（Dienst）を適切な日本語に訳すのは容易ではないが、ここでは、前者を（日本語としては耳慣れた）「対人サービス給付」と呼び、後者をマルクスの「事物のなかに客体化される用役」という指摘にしたがって、「在物サービス」と呼んでおくことにしたい〈補注〉。

〈補注〉　マルクスは、一八六一年の国勢調査を利用して、当時の家事使用人（＝下男、下女、従僕などのような「召し使い階級」）に言及し、その人数が約一二〇万人であったと紹介している（『資本論③』七八二〜七八三ページ）。当時のイングランドとウェィルズの総人口はおよそ二〇〇〇万人強、そのうち労働力・稼働人口は八〇〇万人で、約四〇％を占めた。これらの勤労階級人数を職種別にみると、農業一一〇万人、製造業六四万人、鉱山五七万人、金属加工四〇万人、そして召し使い階級が一二〇万人、したがって彼ら（家事使用人）が一五％を占めたということになる。私たちは、『資本論』当時の英国の家事使用人が農業人口以上に多かったという事実に注目しなければならない。というのは、これらの料理人や仕立人などが担った家事労働について、マルクスは「社会の最大多数すなわち労働者階級は、この種の労働を自分自身でしなければならない」と述べ（『資本論草稿集⑤』一九一ページ）、当時の家事労働における「階級格差」の実情に注目して、サービス労働を分析しているからである。戦後の第二波フェミニズムおよびジェンダー論者は、マルクスには家事労働論が欠けており、それゆえ「無償の家事労働」に注目しなかったと論難したが、これがまったくの的はずれであることは、マルクスが丹念に家事使用人の労働を検討し、彼・彼女らの家事労働が不生産的な「対人サービス労働」及び「在物サービス労働」として直接に消費される関係にあったことを追究していた事実によって証明される。これに一言付け加えると櫛田豊『サービス商品論』（桜井書店、二〇一六年）や森田成也『家事労働とマルクス剰余価値論』（桜井書店、二〇一四年）が、労働力の価値形成に家事労働が関与すると説くのも、こうしたマルクスの家事労働論やサービス労働論及び労働力価値規定論等の誤読ないし軽視によるものである。

二つのサービスのうち、「対人サービス給付」についてマルクスは、これを「効用としての、使用価値をつくりだす活動としての労働」と説明し、この労働の場合には、「この使用価値そのものが、運動の形態から事物の形態へと移行することがないまま消費される」としている。[25] すなわち、私たちがみてきたとおり、対人サービス給付では「労働そのものが消費される」と説明しているわけである。これに対して、「在物サービス」とは、大工や仕立て職人、園芸職人等を自宅に呼んで家具修繕や庭仕事、裁縫労働に従事させる場合、たとえば仕立屋を雇って服やズボンを縫わせる場合の「派生的サービス」のことである。このケースでは、マルクスは「私が裁縫労働を買うのは、それが裁縫労働として行なうサーヴィス、すなわち私の被服欲を満たし、それゆえ私の諸欲求の一つのために役立つというサーヴィスのためである」（傍点マルクス）と説明し、さらに「私にとって、その労働は、たんに、使用価値として、布地をズボンに変えるサーヴィスとして、この労働の一定の有用的性格が私に行なうサーヴィスとして、関心を引くにすぎない」（傍点マルクス）とつけ加えている。[26]要するに、「在物サービス＝派生的サービス労働」の場合であっても、労働それ自体はモノを相手にした物質代謝労働であるにもかかわらず、それがサービス労働としてあらわれるのは、その生産物ではなく、労働自体をサービスとして消費しているからだ、ということである。

そこで、問題は、本源的には物質的生産労働でありながら、なぜその労働がサービスとして直接に消費されることになるのか、その原因はどこにあるのかということになる。その原因が、労働それ自体の素材的性質の変化にあるのではないことは明らかである。物質的生産労働の派生的サービス労働化が進むのは、労働主体とその消費主体との間の社会関係が変化することによる。歌手や教師等の本源的サービス労働の主体とその消費主体とはコミュニケーション的応答によって媒介されていたが、それに類似的なコミュニケーション関係が物質的生産労働とその消費の間においても形成される場合、この場合に派生的サービス労働化が進むのである（次々ページの図表9は、本源的サービス労働と派生的サービス労働とがコミュニケーション関係を媒介にして成立しており、その近似性から派生的サービス労働が生まれていることを図示したものである)。

労働主体の労働が購買者＝消費者によって直接に消費される関係のもとでは、労働主体は消費主体の欲求・ニーズに応え、その充足のために働くという関係、すなわち「労働―消費間のコミュニケーション関係」がつくりだされることを意味する。労働主体は消費主体の要求に対する応答的関係(＝コミュニケーション関係)のもとで働くから、その労働が購買者によって直接に消費されることとなるのである。これと同様に、家事使用人や仕立屋等とその雇主との関係は、図表9の下段に示したように、後者が前者の労働を買い、雇主側が使用人たちに指示・注文する関係にある。双方の関係はコミュニケーション的関係の一種とみなすことができる。パン・衣服等の製造業の場合、その労働は生産物の消費として間接的に消費されるが、家事使用人として雇われた料理人や仕立人の場合には、一般のサービス労働と同様に、労働自体が雇主によって直接に消費される。このときに派生的サービス労働化が起こるのであるが(図表10がこれを示す)、これは雇主側と使用人側がコミュニケーション的媒介のもとにおかれているがためにほかならない。ここでは、仕立人を雇った雇主は自らの欲求・要望を仕立人に伝え、後者はそれに応答して仕事にかかる、すなわち、双方間の「了解・合意の形成」の上で裁縫労働が進められ、その労働を雇主が消費するという関係――このコミュニケーション関係が成立しているわけである。

図表9　本源的サービス労働と派生的サービス労働

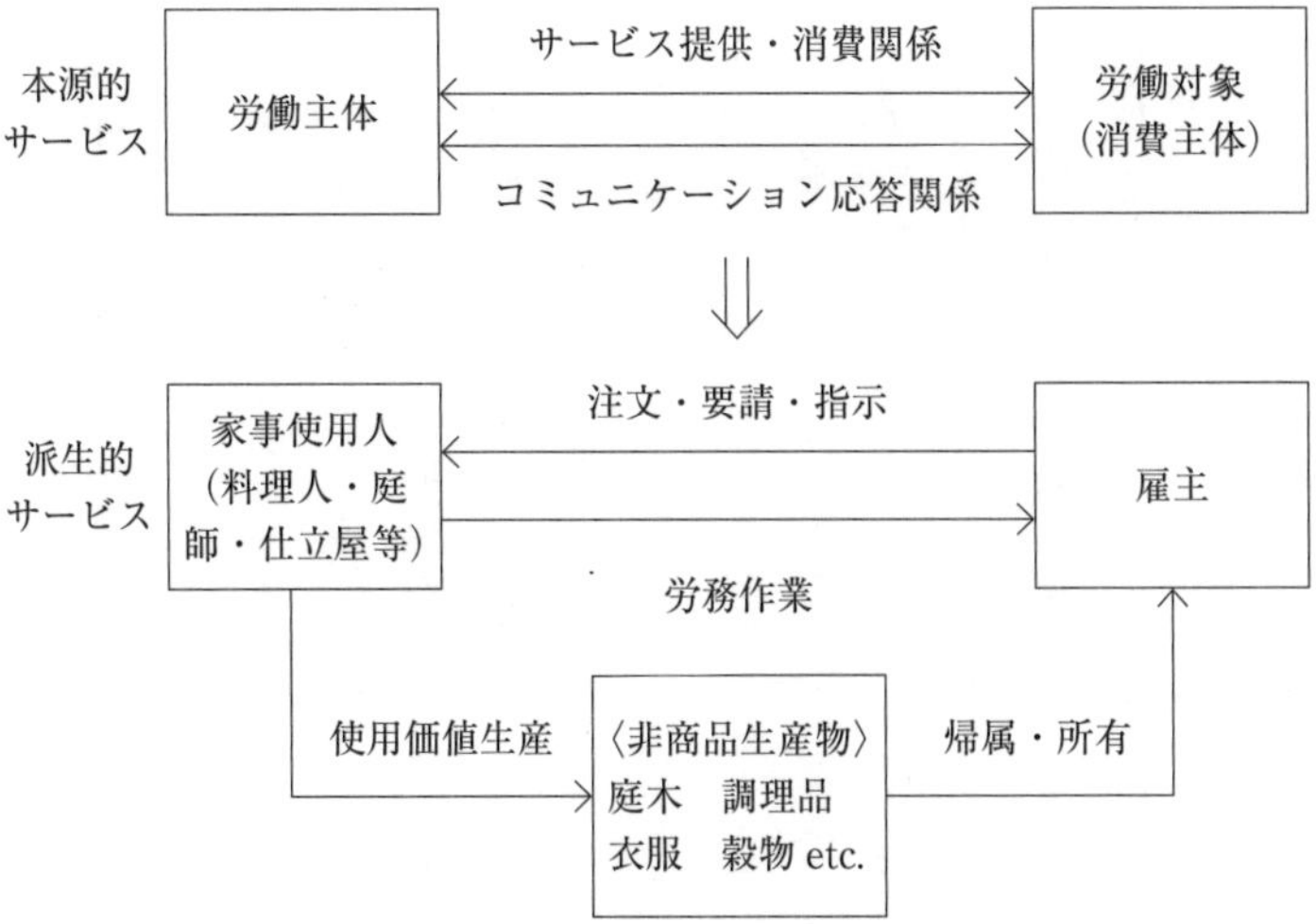

図表10　派生的サービス労働とその消費

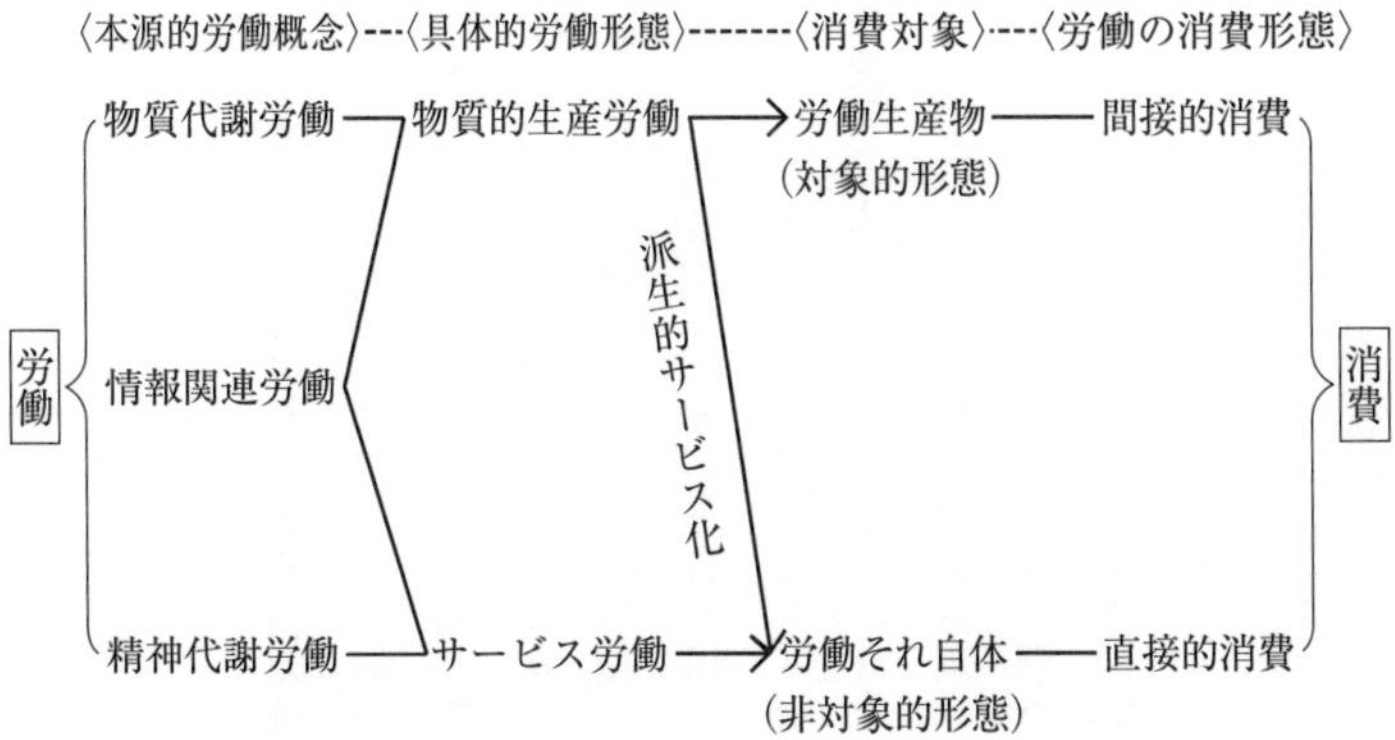

「労働の商品化」・「雇用の二重化」・「ジョブ型職務給化」の同時進行

労働主体の労働がその購買者（雇主）によって直接に消費されることは、見方を変えて言えば、労働自体が商品として取引されることを意味する。すなわち「労働の商品化」が起こる。「労働の商品化」は、言うまでもなく、労資関係のもとでの「労働力の商品化」とは決定的に異なる範疇である。「労働力の商品化」は、資本がその労働力の消費（生産的消費）によって剰余価値を取得するための「商品化」であり、「労働の商品化」は資本家や地主等の富裕層が労働を直接に消費・享受する（個人的消費の）ための「商品化」であって、同じ「商品化」と言っても、両者の意味するところはまったく異なる。

ところが、「労働力の商品化」によって賃労働者が賃金を手に入れるように、資本家等の雇う家事使用人も「労働の商品化」によって、その対価・報酬を受け取る（ここでは、この報酬が給与と呼ばれるか、賃金、手当などと呼ばれるかの違いはどうでもよいことである）。この賃金は「労働の対価」にあたるから、一種の「仕事給」・「職務給」の性格をもった報酬である。これは「労働の商品化」による一つの雇用形態に対して、その仕事（＝job）に対する職務級（仕事給）が支払われる、という関係にほかならない。もちろん、この職務給は、「労働力の商品化」のもとでの資本主義的雇用による職務給（pay for job）とは異なる範疇である。資本主義的雇用のもとでの職務給は、現代日本で騒がれている「ジョブ型雇用」のもとでの賃金形態をあらわすものであり――したがって「労働の商品化」ではなく「労働力の商品化」のもとでの賃金形態であって――、昔の召し使い（家事使用人）やギルド職人に支払われる「労働の対価としての職務給」とは性質が異なる。

ここで話が紛らわしくなるのは、派生的サービス労働化が進む過程では、「労働力の商品化」に並んで「労働の商品化」が進行し、したがって資本主義的雇用と私的消費型雇用の「雇用の二重化」が並行し、賃金でも資本主義的職務給と「労働の対価としての職務給」の二形態があらわれることである。つまり、①「労働の商品化」と「労働力の商品化」の商品化の二形態、②資本制的雇用と非資本制的雇用の二形態、③賃金の二形態、という紛らわしい「二形態」が混合状態になって社会にあらわれることである。

現代日本では、ウーバーイーツやアマゾンの宅配業務は、相当量がギグワーカーによって担われているが、これは実質的には賃労働でありながら、請負労働者やフリーランサーの「労働の商品化」によるものであり、その「職務給」も一般の資本主義的企業における「職務給＝賃金」とは異なる。細切れの宅配業務は、資本主義的雇用形態のもとでの賃労働としておこなわれているわけではない。したがって、個々のギグワーカーたちは労働法の世界から排除され、雇主側は逆に雇用者責任を免除・免責される。

資本主義を逸脱したような「働き方改革」の進行を、かつて森岡孝二氏（故人）は「雇用身分社会」化と呼んだが[27]、現代では派生的サービス労働の増加傾向のなかで、「労働力の商品化」から「労働の商品化」への逆転が起こり、近代的雇用が過去の「地主―僕婢《ぼくひ》関係」のような非近代的「身分制」に逆戻りしていると言わなければならない。つまり、派生的サービス労働化のもとでは、①「労働の商品化」が広がり、②ジョブ型雇用の偽装形態としての「職務給」化が進み、③企業・雇用主サイドの雇用者責任の免責化が進む――これが物質的生産労働のサービス労働化が呼び起こす事態の一面である。

ただし、物質的生産＝物質代謝労働のサービス＝精神代謝労働化の帰結は、それだけではない。労働全体のなかで精神代謝＝サービス労働が増大することは、いよいよますます多くの労働がその消費者ニーズに応答的でなければならなくなる、ということでもある。すなわち、本源的・派生的サービス労働の増大は、その労働が社会全体の消費ニーズに対してコミュニケーション的応答関係に立たなければならなくなることを意味する。ユニバーサル・ケアの視点に立った先述（一三三～一三六ページ）の「ケア一元論」は、このことを理念論として語ったものであった。したがって、私たちの議論も、ここから一歩前進して、精神代謝労働の社会的ウエイトが高まることは、どのような意義をもつのか、という論点に進まなければならない。ただ本章では、「はじめに」でふれた増加するサービス労働の専門性の根拠（ルーツ）に対する問いへの回答をすませておかなければならない。

おわりに――社会サービス労働の専門性が依拠するコミュニケーション的理性

「主体―主体間のコミュニケーション関係」を媒介にした精神代謝過程では、「相互了解・合意の獲得」という意味でのコミュニケーションを前提にしたサービス労働が営まれるから、そこではハーバーマスの言う「コミュニケーション的理性」が必要とされる。たとえば、教育労働では教師・生徒間の「相互了解・合意の関係」が不可欠であり、教育労働とその消費はコミュニケーション的理性の発揮・発達の過程でもある。保育であれ、老齢者のケアであれ、社会サービス労働は、言語的コミュニケーションを媒介にして進められるのである。医療現場では、医師・患者間のインフォームド・コンセント（informed consent）を前提にして、治療が進められるというのは今や常識に属する。

「相互了解・合意」とは、くだいて言うと、「話が通じる」ということである。世間ではしばしば「話が通じないでは相手にならない」と言うが、社会サービスの労働現場では、労働主体・消費主体間において、まずは互いに「話が通じ合う」関係が成立することが肝心になるわけである。本章の「はじめに」では、社会サービス労働の専門性の核心部分は「個別的応答性」にあると指摘したが、労働・消費両主体間の「個別的応答性」とは、言いかえると、働きかける側と働きかけられる側双方間で「話が通じる関係」が成立していることを意味する。

ハーバーマスは、こうした「相互了解・応答・合意の形成」には、まず互いが理解・了解するための基準ないし根拠が必要になるとし、それを妥当性（validity）と名づけた。「妥当性」というのは、きわめてわかりにくい概念であるが、たとえば、「明日は雨になるだろう」という意見を理解し、それに同意するかどうかは、一定の知識・認識を要件にした判断の問題であり、その要件を妥当性と呼んだということである。明日が雨になるかどうかは、一つの自然現象に関することだから、明日になれば、その意見が真理であったかどうかが判明する。この場合、明日の天気予報に関する判断の基準は「真理性」にある、ということである。

他の例をとって言うと、私が誰かを相手に「消費税は最悪の大衆課税だ」と言ったとする。この意見を理解し、私に同意するかどうかの判断基準は、まず第一に「消費税が大衆課税である」という意見が真理かどうか、正しい見解であるかどうかにある。したがって、ここでまず問われる判断基準は、天気予報の場合と同様に、意見の真理性にある。だが、「最悪の大衆課税」という主張には「最悪であるかどうか」の判断基準が含まれている。「悪か善か」「悪《わる》か好いか」は、真理かどうかの判断基準にかかわることではなく、社会規範や価値観にかかわる判断の問題である。この場合の判断基準（妥当性）とは、「正当性（rightness）」である。真理性（truth）と正当性では、判断の基準が異なるから、この違いをふまえて言うと、コミュニケーション的理性とは「真理性」と「正当性」の区別された二つの基準によって類型化された理性となる。

他の例として、「二一世紀のプーチンは二〇世紀のヒトラーに匹敵する」という意見を採り上げてみよう。この意見に対する「了解・合意のコミュニケーション的行為」においても、「真理性」と「正当性」の二つの判断基準が問題になるだろう。まず第一にここでは、プーチン政治とヒトラー・ナチズムがいかなる政治であったか、という事実認識の真理性が問題になる。続いて第二に、プーチンとヒトラーの暴虐、専制、悪政、暴政に対する価値判断、社会的評価、つまり両人の「許しがたき巨悪・不正」に関する「正当性」基準の判断が問題になる。つまり、ここでも、「消費税は最悪の大衆課税だ」とする意見に関して「真理性」と「正当性」が問われたのと同様の、二つの判断基準が問題になる、ということである。

ところが、プーチンとヒトラーとを並べ比べる方法は、たとえばスターリンと毛沢東、サッチャーとレーガン、安倍晋三とトランプといった具合に、それぞれ似たようなタイプの政治家を並べ比べるのとは、いささか違った意味をもつ。この比較方法の違いには、真理性と正当性との二つの判断基準とはやや異なる違いがある、と言わなければならない。この違いは、バッハとベートーヴェン、ゴッホとピカソ、川端康成と大江健三郎とを比較する場合の美意識や芸術性、文化性を基準にした主観的感性の差違に対応している。筆者個人の感性の喩えをあげて言うと、東の小池（都知事）と西の橋下（元府知事）とは、東の「たけし軍団」と西の「吉本タレント」と同様に、双方ともに好悪を超えた憎悪の判断基準にかかわる評価対象であるが、これらはすべて真理性、正当性の判断基準に照らして言えば「ノー」と言うべきタレント（政治屋）であるにしても、彼らにはそれぞれ微妙な違いがあって、一律、画一、同一に扱うわけにはいかない。これが、コミュニケーション的理性の第三の基準である。

ハーバーマスはこうしたコミュニケーション的理性を「客観の世界」、「社会の世界」、「主観の世界」に対応する三つの判断基準（妥当性）だと捉え、これを「真理性（truth）」・「正当性（rightness）」・「誠実性（subjective sincerity）」の三つに区分した。詳しい説明は省略するとして、私は、真理性・正当性基準のコミュニケーション的理性まではハーバーマスに同意したいと思うが、第三の「誠実性」については、違和感というか齟齬《そご》感を拭いえない。それは、第三の「主観的誠実性」に関しては、ハーバーマス自身が、真意性や真実性、または美的な共感・同感・共鳴や、感性的な同情という性格をもった「了解・合意関係」を問題にしているからである。そこで、私は、第三の「誠実性」基準のコミュニケーション的理性は、「主観的感性の世界」における「真意性・誠実性」を意味するものと捉え直し、コミュニケーション的理性には、コミュニケーション関係のもとでの人間相互の信頼性や共感・応答性が含まれるものとした。蛇足ながら、これを「主観的理性」ではなく「主観的感性」の世界だとしたのは、「感性」はそもそも「理性によって制御・媒介された感情」という性質をもっているからである。(28)

これを図示したのが図表11の「コミュニケーション的理性の三つの領域」である。この図は、手っ取り早く言うと、コミュニケーション的行為類型に属する精神代謝労働（社会サービス労働）では、①自然・社会を貫く法則を認識する真理性基準の理性、②社会的ルールや民主主義的価値観にもとづ

図表11　コミュニケーション的理性の三つの領域

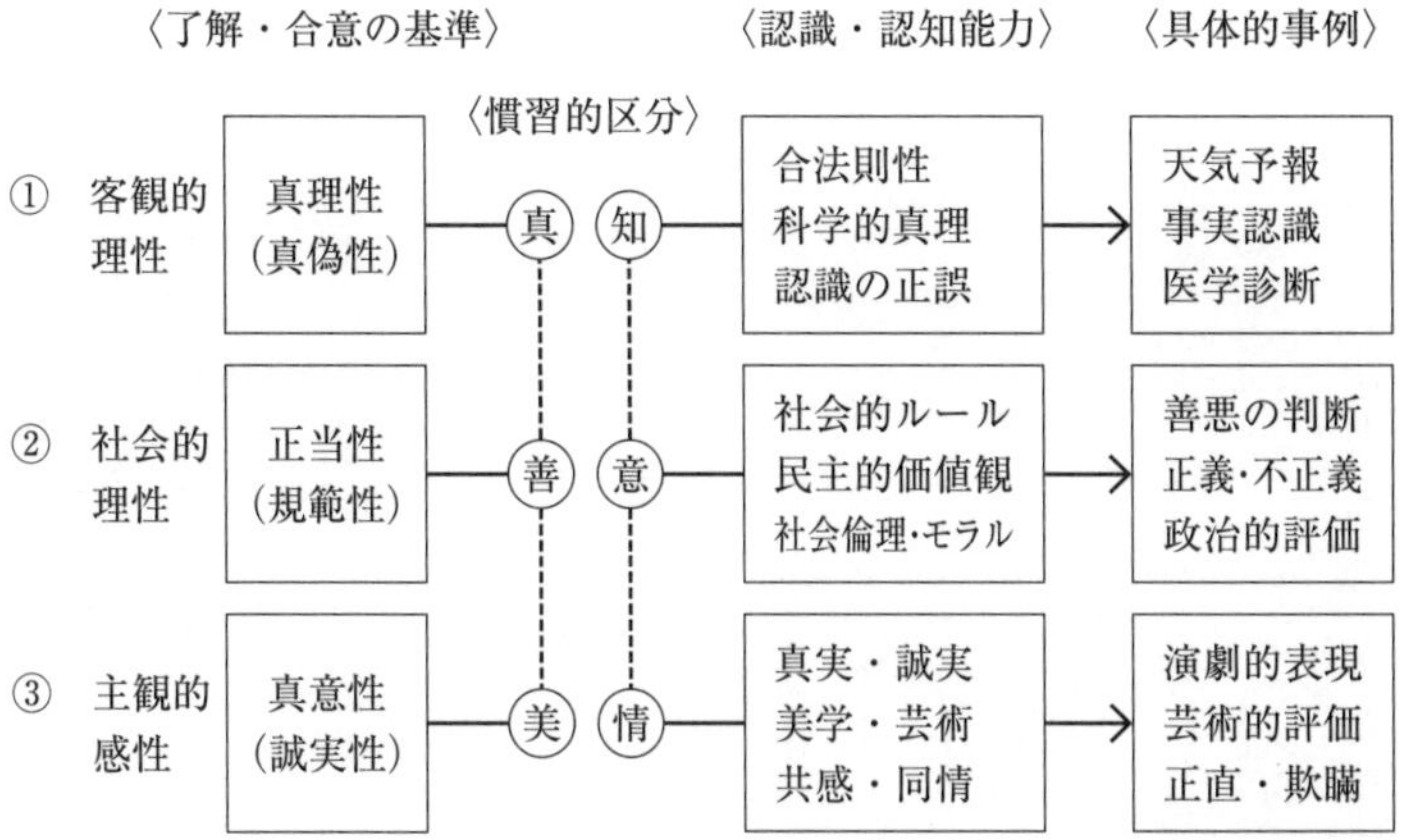

く規範性規準の判断能力、③文化・芸術・心情にまたがる美意識・共感・信頼等の真意・誠実性を基準にした主観的感性、の三つが問われることを表示したものである。精神代謝＝社会サービス労働者の専門性は、これら三つの領域で構成されるコミュニケーション的理性に根ざすものにほかならない。個々の社会サービス労働者は、これらのコミュニケーション的理性の獲得・発達によって、本章冒頭で述べた個別的応答能力を確実に高めていくに違いない。

〈注〉

(1) 社会サービス労働現場からその専門性を検討したものとして、筆者が直接・間接にかかわった文献をあげておくと、二宮厚美・神戸大学附属養護学校編著『コミュニケーション的関係がひらく障害児教育――神大附属養護学校の教育実践』青木書店、二〇

○五年、日本学童保育学会編『現代日本の学童保育』旬報社、二〇一二年、岡﨑祐司・福祉国家構想研究会編『老後不安社会からの転換――介護保険から高齢者ケア保障へ』大月書店、二〇一七年、池上惇・石田一紀・津止正敏・藤本文朗編著『長寿社会を生きる――健康で文化的な介護保障へ』新日本出版社、二〇一九年がある。

(2) 若月俊一『医療に生きる――民衆のなかへ　若月俊一物語』七七～七八ページ、労働旬報社、一九八五年。

(3) J・ハーバーマス、M(マンフレーメ)・フーブリヒト&河上倫逸他訳『コミュニケイション的行為の理論　上・中・下』未来社、一九八五～八七年。これに関するものには、ユルゲン・ハーバーマス、森元孝・干川剛史訳『意識論から言語論へ――社会学の言語的基礎に関する講義』マルジュ社、一九九〇年があり、その解釈に関しては、後述の尾関氏の著書のほか、中岡成文『ハーバーマス――コミュニケーション行為』講談社、一九九六年、花田達朗『公共圏という名の社会空間――公共圏、メディア、市民社会』木鐸社、一九九六年、豊泉周治『ハーバーマスの社会理論』世界思想社、二〇〇〇年、遠藤克彦『コミュニケーションの哲学――ハーバーマスの語用論と討議論』世界書院 二〇〇七年等があるが、ここではハーバーマスを論じる場でないので、ハーバーマスのコミュニケーション的理性や「生活世界」論を取り扱う時にもいちいち言及しない。ただ、ハーバーマスの著書は極度に抽象的であり、また日本語訳には悪訳・誤訳の箇所が中にあって、ハーバーマス理解にとって筆者には大いに参考になったという謝辞だけを一言述べておきたい。

(4) J・ハーバーマス、細谷貞雄訳『公共性の構造転換』未来社、一九七三年。

(5)　尾関周二『[増補改訂版]言語的コミュニケーションと労働の弁証法』大月書店、二〇〇二年、尾関周二編著『思想としてのコミュニケーション』大月書店、一九九五年参照。

(6)　言語起源に関しては、コンディヤック、古茂田宏訳『人間認識起源論(下)』岩波文庫、一九九四年、ルソー、増田真訳『言語起源論――旋律と音楽的模倣について』岩波文庫、二〇一六年、ヨハン・ゴットフリート・ヘルダー、宮谷尚実訳『言語起源論』講談社学術文庫、二〇一七年の議論以来、多くの文献があるが、尾関氏自身のもののほか、最近のものとしては互盛央『言語起源論の系譜』講談社、二〇一四年、マイケル・コーバリス、大久保街亜訳『言葉は身振りから進化した』勁草書房、二〇〇八年、ダニエル・L・エヴェレット、松浦俊輔訳『言語の起源――人類の偉大な発明』白揚社、二〇二〇年を参照。

(7)　チャン・デュク・タオ、花崎皋平訳『言語と意識の起原』岩波書店、一九九八年参照。

(8)　協働的コミュニケーションを、より包括的かつ緻密な概念「協力的コミュニケーション」におきかえて、言語の発生および子どもの言葉の獲得を理論化したのが、トマセロである。トマセロ説は、ここで詳しく紹介する余裕はないが、言葉の系統発生と個体発生(＝習得)とを「協力的コミュニケーションや「注意の共同化」等の概念を駆使して整合的に捉えた理論の現代的到達点を示すものとして注目に値する。トマセロ説については、マイケル・トマセロ、大堀壽夫・中澤恒子・西村義樹・本多啓訳『心とことばの起源を探る』勁草書房、二〇〇六年、同、辻幸夫他訳『ことばをつくる――言語学習の認知言語学的アプローチ』慶應義塾大学出版会、二〇〇八年、同、松井智子・岩田彩志訳『コミュニケーションの起源を探る』勁草書房、二〇一三年、同、橋彌和秀訳『ヒトはなぜ協力するの

か』勁草書房、二〇一三年、同、橋彌和秀訳『思考の自然誌』勁草書房、二〇二一年を参照。

(9) ただし、実際には教育・福祉・医療労働は存在しているために、尾関説では、本書で扱う社会サービスは「非物質的労働」と呼ばれ、労働としては副次的な扱いにとどまった。「非物質的労働」は、マルクスも教育、芸術、科学労働に適用して使用した言葉である。

(10) 斎藤・櫛田両氏間には細かい点で違いがあるが、サービス労働を「対人サービス労働」と把握する基本のところでは一致しているので、ここでは共通点にそって両氏の説を紹介する。すべての引用箇所をいちいち記さないが、本書が主に参照したのは、斎藤重雄編『現代サービス経済論』創風社、二〇〇一年、斎藤重雄『現代サービス経済論の展開』創風社、二〇〇五年、櫛田豊『サービスと労働力の生産――サービス経済の本質』創風社、二〇〇三年、櫛田豊『サービス商品論』桜井書店、二〇一六年である。

(11) 斎藤重雄、前掲『現代サービス経済論の展開』六六ページ。櫛田氏も一貫して「対人労働において生産物が存在する」という見方を堅持している（前掲『サービス商品論』は、三九二ページ）。

(12) 西川真規子『ケアワーク　支える力をどう育むか――スキル習得の仕組みとワークライフバランス』日本経済新聞出版社、二〇〇八年、三三ページ。

(13) 同上、三六ページ。

(14) 私が、知的スキルの面から、社会サービス労働の一翼をなす保育労働の専門性を論じたものとしては、二宮『構造改革と保育のゆくえ――民営化・営利化・市場化に抗して』青木書店、二〇〇三年、同『保育改革の焦点と争点』新日本出版社、二〇〇九年を参照。

⒂　西川氏は、感情労働の提唱者のＡ・Ｒ・ホックシールドの言う、「相手に適切な心の状態を喚起させるように、自身の感情を引き起こしたり抑制したりすることを要求する」感情労働の一種としてケアワークを、「特に相手との関係性を発展させることが重要」だという条件つきで把握し、感情労働概念を肯定的に評価している（西川、前掲『ケアワーク』一六一～一六二ページ）。ホックシールドの感情労働論は、ホックシールド、石川准・室伏亜希訳『管理される心――感情が商品になるとき』世界思想社、二〇〇〇年参照。

⒃　以下は、ケア・コレクティヴ、岡野八代・冨岡薫・武田宏子訳『ケア宣言――相互依存の政治へ』大月書店、二〇二一年による。訳者解説によれば、執筆者はロンドンに拠点をおく複数の研究者集団である。

⒄⒅⒆　同上、九ページ。

⒇　同上、一ページ。

㉑　同上、一六ページ。

㉒　同上、七七ページ。

㉓　マルクス『資本論草稿集⑨』大月書店、一九九四年、四三六ページ、および『剰余価値学説史Ⅰ』（『全集』第二六巻Ⅰ）五一五ページ。

㉔　たとえば、マルクス『資本論草稿集②』大月書店、一九九三年、一〇八～一〇九ページ。私は、『ジェンダー平等の経済学』（新日本出版社、二〇〇六年）において、人身的用役給付（persönliche Dienstleistung）を「対人用役給付」、現物用役（Naturaldienst）を「属物用役」と訳して論じたこ

とがある。両サービスの取り扱いについては、本書よりも詳しく論じたので関心のある人は同書を参照されたい。なお、早くからこの二つのサービスに関して論じたのは渡辺雅男『サービス労働論――現代資本主義批判の一視角』三嶺書房、一九八五年である。

(25) 『草稿集②』一〇九ページ。

(26) 『草稿集⑨』四三四、四三三ページ、および『学説史Ⅰ』五一三、五一二ページ。

(27) 森岡孝二『雇用身分社会』岩波新書、二〇一五年、一六〜一七ページ。

(28) 感情概念の捉え方については、本書は寺沢恒信『意識論』大月書店、一九八四年に従っている。

第4章　生産的労働論論争のなかの社会サービス労働

はじめに――サービス労働と生産的労働の関係

そもそもわが国でサービス労働が論じられるようになったのは、サービス労働は生産的労働かどうか、という論点をめぐる生産的労働論論争のなかにおいてであった。論争過程を通じて支配的な通説となったのは、サービス労働は生産的労働ではなく、不生産的労働であるとする見解であった。なぜ、サービス労働を不生産的労働とみなす見解が支配的となったのか、いま考えてみると、その背景には、三つばかりの事情があったと思われる。

その第一は、日本経済そのものが、一九五〇年代半ば以降、戦後復興を経て高度経済成長の時期にさしかかっていたことである。第二次大戦後の日本は、食料を始めとする「モノ不足」に悩まされ、戦後復興から高成長期で最優先されたのは、重化学工業を中心とする「モノづくり」とそのための生産基盤（インフラ）の整備であった。この風潮のなかで生産的労働とはすなわち物質的生産のことである、とする見方が暗黙の了解事項、つまり常識になったのは自然な成り行きであったとみてよい。

第二は、戦後の経済学をリードしたマルクス経済学において、スターリニズムの影響下にあったソ連邦科学院『経済学教科書』（一九五四年）が、物質的財貨を生産する労働だけが価値・国民所得を生み出すとする「物質的生産労働＝生産的労働説」を打ち出していたことである。史的唯物論における「土台・上部構造関係」の理解において、スターリンの『弁証法的唯物論と史的唯物論』は「土台」を「物質的生産労働の世界」として把握した。この見方が生産的労働論に影響したのである。[(1)]

第三は、我が国の『資本論』その他のマルクス理解において、戦前来の伝統を継承して、「物質的生産労働＝生産的労働説」が理論的説得力をもっていたことである。[(2)] 戦後日本のマルクス経済学は、戦前・戦中の「暗い谷間」の言論弾圧期に耐え抜き、欧米に比して、優るとも劣らぬ研究水準に到達していた。戦後の社会科学が圧倒的に「輸入学問一辺倒」の傾向に陥ったのに対して——最近では再び復活しつつあるように見受けられるものの——『資本論』を中心にした日本のマルクス研究は、必ずしも輸入学問に頼ることなく、国内の論争を通じて、国際的にも誇るべき理論を築いてきた、と言ってよい。「生産的労働論論争」や「サービス経済論論争」は、いささか煩雑にすぎて、迷路にはまり込んでしまった感が拭えないでもないが、その戦後日本のマルクス経済学研究の到達点を示す一例として、強い影響力をもったのである。

本章では、こうした背景をもつ「生産的労働論論争」のなかで、サービス労働がいかに論じられてきたかを振り返りつつ、社会サービス論に問われる現代的課題を検討しておきたいと思う。ただし、ここで取り上げる論点（イッシュー）は、単なる「論争」の回顧ではなく、また異説に対する批判でもなく、マルクスが残したサービス労働論の視点を生かすとすれば、新しく何がみえてくるか、ということである。

1　生産的労働、不生産的労働とは何かの基礎理論

労働過程論的視点からみた生産的労働概念

生産的労働とは何か。生産的労働論論争は、このいわば第一のボタンの掛け違えから起こってきたと言って過言ではない。出発点におかれた生産的労働概念は、『資本論』における「労働過程論」の一文から導きだされたものであった。「労働―労働手段―労働対象」の三契機から構成される労働過程論を締め括るところで、マルクスはこう指摘した。「全過程を、その結果の、すなわち生産物の立場から考察すれば、労働手段と労働対象の両者は生産手段として、労働そのものは生産的労働として現われる」（『資本論②』三一五～三一六ページ）。

生産的労働に関するこの有名な『資本論』の規定は、これまではしばしば生産的労働に対する「本源的規定」と位置づけられてきたものである。「本源的規定」というのは、「論争」史上では、「歴史的規定」との対比で使用されてきた用語である。「歴史的規定」とは、簡単に言うと、資本主義社会

における生産的労働の規定、すなわち「生産的労働とは剰余価値を生産する労働である」とする説（生産的労働＝剰余価値生産労働説）のことである。『資本論』の準備過程で執筆されたと解説されている『直接的生産過程の諸結果』（以下、『諸結果』と略）」の言葉で言えば、「直接に剰余価値を生産する労働だけが生産的であ」るという命題をさす(3)（傍点はマルクス）。

『諸結果』は、この資本主義的意味での生産的労働の歴史的規定を、「生産過程で資本の価値増殖のために消費される労働だけが、生産的なのである」と繰り返して説明する一方で、「労働過程一般の単純な立場からは、われわれにとって生産的として現われたのは、ある生産物に、より詳しくは、ある商品に、実現される労働だった」と指摘している(4)（右側の傍点はマルクス、左側のものは引用者）。後者の「労働過程一般の立場」というのは、上記『資本論』の「全過程〔労働過程〕を、その結果の、すなわち生産物の立場から考察すれば」という場合と同じ視点をさしたものである。つまり、マルクスはまず「労働過程論的視点」に立って、「本源的規定」と呼ばれてきた生産的労働を説明したのである。

この生産的労働の概念規定の解釈にあたって注意しなければならないことは、二点ある。第一は、労働過程からみた労働にはそもそも物質代謝労働（物質的生産労働）と精神代謝労働（対人サービス労働）との二類型があって、その労働の成果（産物）には、対象的形態をとった有形の生産物と、対象的形態をとらない無形の有用的役立ち（サービス）との二形態がある(5)、ということである（ここでサービス労働をあえて「対人サービス労働」としたのはその「対人労働性」を強調するためである）。このことは、本書で繰り返し強調してきた。第二は、こうした労働の二類型は、人間の生存過程に遡って言えば、「消費的行為（消費）」から分離した「生産的行為（生産）」の社会化過程、したがって物質代謝・精神代謝両面にわたる「生産的行為（生産）」独自の発展過程で生まれ、発展した二類型にほかならない、ということである（この論点も、第二章で詳しく検討したとおりである。要約したものとしては八二ページの図表7参照）。

いまここで、注意しておいてよいことは、細かい議論に立ちいることになるが、「労働過程論的視点」と「生産過程論的視点」には重要な違いがある、ということである。まず前者の「労働過程論」では、それぞれの労働がおかれる社会関係は問題にならない。「生産過程論」では、逆に労働をとりまく社会関係が決定的な意味をもつ。というのは、「生産過程」とは「流通過程」・「消費過程」と並ぶ社会的総再生産過程の一局面をさした概念だからである。これに対して「労働過程論」は、「消費的行為」から分離した「生産的行為」を「労働」と再把握したうえで、その過程を「労働―労働手段―対象（原材料）」の三契機から分析したものである。マルクスが『資本論』の労働過程論（第一巻五章）において、物質代謝労働（物質的生産労働）をモデルとし、概して精神代謝労働（サービス労働）を捨象しつつ労働過程を分析したのは、人類史では前者の物質的生産労働が第一次的意義をもち、また一九世紀半ばの資本主義的生産様式に至るまで、相対的に多数を占めた支配的な労働類型であったこと、さらに「労働―労働手段―対象」の三契機の連関が浮き彫りにされる労働だったからである（サービス労働では、人間を対象にした労働であるために、前章でふれた「対象化行為としての労働」の性格や労働生産物を簡潔に捉えることが難しくなる）。この「労働過程論」に対して、「生産過程論」では、資本主義的生産過程や封建的生産過程といった具合に、最初から労働を取りまく社会関係（生産関係）の考察が主たるテーマになるのである。

このような「労働過程」と「生産過程」の意味合いの違いを考慮にいれて言えば、前述の労働過程論的視点に立った生産的労働の規定は、物質的生産労働と対人サービスの両方にあてはまる、ということになる。すなわち、労働過程の成果（産物）の立場から考察すれば、これら二類型の労働はいずれも「生産的労働」としてあらわれる、ということである。ここでの「生産的労働」とは、「消費的行為」とは区別された「生産的行為」のことにほかならない。したがって、労働過程視点からみた生産的労働概念は、労働類型としての物質的生産労働とは異次元の概念であって、「生産的労働とは物質的生産労働のことである」とする戦後しばらくの間の支配的通説は、マルクスの誤読によるものだったと言わなければならない。「生産的労働」と「物質的生産労働」とは、一見すると、同じような意味をもった言葉のように見受けられるが、実は理論的には異次元の言葉なのである。「本源的規定」とされてきた「生産的労働」概念とは、のちにもう一度立ち返ってみるが、歴史貫通的な使用価値視点に立った労働の概念的規定だったのである。ここではただし、労働過程視点からみた生産的労働規定の通説を踏襲して「生産的労働の本源的規定」と呼んで、次にみる「歴史的・社会的規定」と区別することにしよう。

では、生産的労働の歴史的規定とは何を意味するものであったのか。

生産過程からみた生産的労働の社会的＝歴史的規定

マルクスは、『諸結果』において、「労働過程」とは区別された「生産過程」の視点からみた生産的労働を説明して、こう述べている。すなわち「生産的労働とは、ただ、労働能力と労働とが資本主義的生産過程で役割を演ずるさいの関係と様式との全体をひっくるめた短縮された表現でしかない」。これは、生産的労働とは、その素材的有用性（使用価値的属性）にかかわる概念ではなく、特定の社会関係のもとにおかれた労働、労働能力にかかわる概念だということを述べたものである。言いかえると、「生産的労働であるということは、それ自体としては労働の特定の内容またはその特殊な有用性またはそれを表わす特有な使用価値とは絶対になんの関係もない労働の規定である」。

ここでの結論はこうである。「生産的労働と言う場合には、われわれは社会的に規定された労働、すなわち労働の買い手と売り手とのあいだのまったく特定な関係を含んでいる労働のことを言っているのである。生産的労働は直接に資本としての貨幣と交換される(6)」。つまり、一言で言えば、生産的労働とは賃労働のことである――これが、資本主義のもとでの「社会的に規定された労働」の意味することである。なぜなら、資本主義における「労働の買い手と売り手とのあいだのまったく特定な関係」とは、労働力商品の売買という特殊な関係を意味しており、労働力商品の売買から生まれる賃労働こそは、剰余価値を生産する生産的労働の正体だからである。

図表12　二類型の労働と生産的・不生産的労働の関係

類型＼性格	生産的労働	不生産的労働
物質的生産労働	資本との交換 （可変資本化） 労働力の生産的消費 労働力価値＋剰余価値形成	収入との交換 （労働の消費＊） 個人的消費 生産物取得・私的利用
サービス労働	資本との交換 （可変資本化） 労働力の生産的消費 労働力価値＋剰余価値形成	収入との交換 （労働の消費） 個人的消費 サービスの直接的消費・享受

（注）　＊の言葉は「派生的サービス労働」の消費を意味する。ただし、派生的サービス労働は生産物を生み出すので、この消費は事実上生産物の取得を意味する。

この「生産過程視点」による「生産的労働とは剰余価値を生産する労働のことである」という規定は、従来の支配的通説の言う生産的労働の「歴史的規定」にほかならない。つまり、通説の生産的労働の「歴史的規定」とは、マルクスの言う「社会的規定」のことをさしていたのである。そうすると、労働の二類型が賃労働化すれば、それら二類型の賃労働はすべて「社会的規定＝歴史的規定」からみた生産的労働となる。物質的生産労働であろうとサービス労働であろうと、労働力商品の売買という特殊な社会関係を通じて賃労働化すれば、それらはすべて生産的労働になるわけである。

　これを逆に言うと、その労働が資本と交換されるのではなく、資本家の収入と交換されて消費される場合、この場合の労働は生産的労働ではなく、不生産的労働になる、ということである。労働力が商品化され、独特の商品としての労働力が資本によって消費される場合には、その労働は新価値を形成し、のみならず剰余価値をも生産して生産的労働となるが、「収入と交換される労働」は買い手の資本家によって直接に消費されるから、何の価値も生まず、不生産的労働にとどまるのである。この生産的労働と不生産的労働の区別が、生産的労働論論争の核心的論点にあたるのである（この生産的・不生産的労働と物質的生産・サービス労働の関係を一括して表わしたのが、前ページの図表12である）。

2　生産的労働と不生産的労働との区別

前節でみた生産的労働の規定にあたって、マルクスが強調した点は、①生産的労働とはその労働の内容や有用性、素材的属性とは何の関係もない規定である、②労働の買い手と売り手との間の特定の関係のもとでの社会的規定である、③生産的労働の規定とは労働過程視点と生産過程視点による規定の統一である――これら三点に要約される。本節では、これら三点のもつ意味内容をもう少し立ち入ってみておくことにしたい。

生産的労働としての教師・歌手のサービス労働

まず、生産的労働の規定は、その労働の内容や有用性、素材的属性とは何の関係もないとは、いかなることを意味するか。これには二つの意味がある、と考えられる。

第一は、「同じ内容の労働が生産的でも不生産的でもありうる」ということである[7]。マルクスは、その例として、女性歌手をあげて、こう述べている。「鳥のように唄う女性歌手は、不生産的労働者である。彼女が自分の歌を貨幣と引き換えに売るならば、彼女はそのかぎりでは、賃金労働者かまたは商品取引者かである。しかし、同じ歌手が、彼女に唱わせて貨幣を得ようとする企業者に雇われるならば、彼女は生産的労働者である。なぜなら、彼女は直接に資本を生産するからである[8]」（傍点マルクス）。

歌手について言えることは、教師についても言えることである。歌手の例に続けてマルクスは、「他の人々に教える学校教師は、生産的労働者ではない」と言う。「しかし、教師が他の教師とともにある学校に雇われて、この知識を商う学校の企業者の貨幣を自分の労働によって価値増殖するならば、彼は生産的労働者である[9]」。歌手や教師といった同じ職業に就く者であっても、その労働は生産的でもあれば不生産的でもありうる――これが、生産的労働とはその労働の使用価値や素材的有用性に関係する規定ではない、ということの第一の意味である。

念のために、歌手や教師等とは異なる物質的生産労働者をとりあげて、彼らが不生産的労働になる場合を付け加えておこう。マルクスはこのケースをピアノ製作業者の例で説明している。ピアノ製作業者の労働者は生産的労働者だが、私が「売りもののピアノを買う代わりに、私の家で私のためにそれをつくらせる、……この場合には、ピアノ製作者は不生産的労働者でしかない[10]」。

第二の意味は、生産的労働とは、その労働がモノづくりの物質的生産労働であるか、それとも歌手や教師等のサービス労働であるかの違いとはまったく関係のないことだ、ということである。この論点は、すでに「生産的労働とは物質的生産労働である」という見方が誤りであると説明したところで指摘した（一六九ページ）。マルクスがわざわざ歌手や教師の例をあげて説明したように、物質的生産労働ではない労働、モノを生産するのではないサービス労働も生産的労働でありうるのである。

こうした、生産的労働とはその使用価値的、素材的属性の差異に根ざすものではない、ということを最初に発見したのは、学説史的に言えば、Ａ・スミスであった。スミスは、農業であれ、鉱業であれ、製造業であれ、職種を問わず、その働きが生産物に価値を加えるような労働、すなわち労働一般を生産的労働とみなした。彼は、金銀の鉱山業や外国との貿易業こそが富を増やす生産的労働であるとみなした重金・重商主義、また、農業部門だけが価値を生産するとみなした重農主義を批判し、労働の素材的特質とはかかわりのない労働一般の視点から生産的労働を捉えた。マルクスはこれをスミスの「最大の科学的功績の一つである」と賞賛している[11]。

その意味で言うと、「物質的生産労働こそが生産的労働であり、サービス労働は不生産的である」

と見なしてきたソ連邦教科書以来の「通説」は、スミスの到達した地点から、「農業こそが生産的であり、製造業は不生産的（ないし非生産的）である」とした重農学派の地点に舞い戻ってしまった見解だと言えなくもない。ともあれ、「労働の、したがって労働生産物の、素材的規定性は、生産的労働と不生産的労働とのあいだのこうした区別［社会的規定］とは絶対になんの関係もない」というのが、マルクスの見地であった。(12)

「資本と交換される労働」と「収入と交換される労働」

生産的労働かどうかを決める第二の規定要因は、「労働の売買をめぐる特定の関係」にあった。ここでの課題は、「労働の売買」をめぐる社会関係を二つに分けて捉える点にある。スミスからマルクスに引き継がれた言葉を用いて言うと、「資本と交換される労働」と「収入と交換される労働」の二形態に分けて捉えることである。ここで「収入（revenue）」とは、現代的な言い方では「年間所得」とか「可処分所得」とか言う場合の「所得（income）」をさしており、世間では「家計所得」として捉えられているものだと理解しておけばよい。

これら交換関係の二形態のうち、まず「資本と交換される労働の場合」とは、資本・労働者間で労働力が売買される場合のこと、すなわち労働者の労働力が商品として資本に売られ、資本側がこれを買い、消費する場合のことである。労働力商品の売買関係のもとでは、その労働が食料や衣料品の製造労働であれ、教師や看護師のサービス労働であれ、いずれであっても労働は剰余価値を生産する労働になるから、すべて生産的労働となる。この「労働力の商品化を媒介にした労働の生産的労働化」を理解するためには、あらかじめ押さえておかなければならない点が二つばかりある。

一つは、商品生産・流通社会（つまり市場社会）では、商品の売り手にとっては生産・販売ともに価値目的の行為であり、買い手にとっては商品の使用価値が目的であるということである。市場社会においては、一般的に、販売側の目的は価値にあり、購買側の目的は使用価値にある、というのはおよそ自明のことであるが、この構図は労働力商品の取り引きにおいても変わらない。労働力の売り手の労働側はその価値（賃金）の取得を目的にして労働力を販売し、資本の方はその使用価値の取得を目的にして労働力を買う。

第二は、労働力商品の使用価値には、この世で労働力だけが有する独特の性質、すなわち「価値をつくり出すという独自な使用価値」がある（『資本論④』一〇一七ページ）、ということである。その使用価値の消費が新たな価値を創造する労働力商品の特性、より正確に言うと、自らの価値（労働力価値）以上の価値（剰余価値）を生産するという労働力商品の特殊性によって、労働力を消費する資本は剰余価値を手に入れ、その労働を生産的労働たらしめるのである。

これらのことは、マルクス経済学ではほぼ常識に属することだから、これ以上説明を加えるまでもなく、「資本と交換される場合の労働」が生産的労働になる、ということは容易に理解されるだろう。問題なのは、もう一つの「収入（＝所得）と交換される労働」のケースである。このケースで言う

「収入」とは、先にふれたように「所得」のことであるから、この関係においてその「収入＝所得」によって労働を買う側に立つ人は、理論上は、資本家であろうと労働者であろうと、独立自営の小市民であろうと、老若男女の誰であってもかまわない。だがここでは「資本と交換される労働」に対比される「収入と交換される労働」が問題になる場だから、さしあたり資本家が収入と引き換えに労働を取得すると考えることにしよう。

そうすると、「収入と交換される労働」とは、資本家が私的欲求を充足するために買う労働ということになる。資本家は収入＝所得と引き換えに手に入れた労働を個人的に消費する。ここで個人的消費の対象とされるのは、サービス労働である。逆に言うと、何らかの労働生産物が消費されるというのではない。前章までにみてきたように、「その労働が直接に消費される労働」には、歌手・役者・教師・医師等のサービス労働のみならず、資本家に雇われた料理人、仕立屋、建具屋等の「派生的サービス労働」が含まれる。「収入と交換される労働」とは、こうした本源的・派生的な二種類のサービス労働をさし、それらが資本家によって消費されるわけである。

いま注意しなければならないことは、資本主義的生産が社会全般を覆い、あらゆる領域に商品生産が浸透し、いわゆる「普遍的市場化」が進行すると、業種間での進行・発展にバラツキがあるとは言え、あらゆる財貨・サービスが市場を通じて入手できるようになる、と想定されることである。逆に言えば、「普遍的市場化」は単純商品生産の発展・拡大の帰結として起こるのではなく、他ならぬ資本主義的生産様式こそが本物の市場社会化、普遍的市場化を呼び起こすのである。(13)そうすると、料理であれ衣料品であれ建具であれ、資本家は市場において、カネの力にものを言わせて、望むところの商品を買いとり、消費できることになる。にもかかわらず、資本家はなぜわざわざ自らの邸宅に料理人や仕立屋、建具屋等を呼び、彼らの「派生的サービス労働」を消費するのか。言うまでもなく、それは、市場では充たされない彼らの、きわめて私的な欲求・欲望を充足するためである。

市場は、一般的に言えば、社会性をもった諸個人の諸欲求を充足する場である。これに対して、資本家が「収入と交換される労働」の取得とその個人的消費によって充たそうとするのは、資本家個人の私的欲求である。「資本と交換される労働」が生産的労働であったのは、それが新たな剰余価値を生産するからであったが、「収入と交換される労働」は資本家によって私的に消費される労働にすぎない。この私的に消費される労働は、いかなる労働であろうと、剰余価値を生産するものではない。よって、この「収入と交換される労働」は生産的ではなく、その反対の不生産的労働になるのである。

そうすると、「収入と交換される労働」とはサービス労働であったから、ここから次には「サービス労働は不生産的労働である」という命題が生まれる。マルクスは、調理人の例をあげて、こう述べている。「私がある調理婦の労働を買って、私のために肉などを調理させるならば、すなわち、その労働を労働一般として価値増殖的に利用するのではなく、こうした特定の具体的労働として享楽し使用するならば、その労働は不生産的である(14)」。念のためにつけ加えておくと、調理労働について言えることは、家具修繕、裁縫労働、屋内掃除等の労働にもあてはまる。ここで例にあげたのは、資本家等が私的に消費する派生的サービス労働であるが、言うまでもなく、これらは保育・看護・医療・介護等の対人サービス労働についても言えることである。

ここでは、①「収入と交換される労働」は私的に消費される労働である、②私的に消費される労働は不生産的労働である、③その労働が直接に消費される労働はサービス労働である、④収入と交換される私的に消費されるサービス労働は不生産的労働である、という「①→②→③→④」の推論によって、⑤不生産的労働とはサービス労働である、という結論が導き出される。

そうすると、「労働の売買をめぐる特定の関係」による生産的労働の規定は、「①生産的労働とは剰余価値を生産する賃労働であり、②不生産的労働とは私的に消費されるサービス労働である」、という規定となる。これが資本主義のもとでの生産的労働の歴史的・社会的規定にあたることは、もはや指摘するまでもあるまい。

生産的労働の本源的規定と歴史的・社会的規定の相互関係

本節の最後に問わなければならないことは、生産的労働の本源的規定と歴史的・社会的規定との相互関係である。前者が労働過程的視点、後者が生産過程的視点による生産的労働の規定だということはすでに述べたとおりである。これら二つの規定の相互関係を捉えるためには、手始めに両規定の違いに目を向けておくのがよい。

まず、本源的規定による生産的労働とは、すでに指摘したように、「消費的行為（消費）」から分離した「生産的行為（生産）」の社会化と発展の線上にある労働のことである（消費と生産の本源的な結合と分離の関係については本書第二章参照）。だから、この生産的労働には物質代謝・精神代謝両労働が含まれるが、ただしここには、生産的労働とは反対側に位置するものとしての「不生産的労働概念」は存在しない。「本源的規定の世界」にあっては、生産的労働の反対側にあるのは「消費的行為＝消費活動」であって、「不生産的労働」ではない。というのは、この場合の生産的労働は、労働過程視点からみて、なんらかの使用価値を生産＝供給する労働であることは前提にされているのであって、その対極にある概念は不生産的労働ではなく、消費概念になるからである（念のために付記しておくと、「消費＝行為」を「消費労働」と呼ぶのが誤りであることはすでに述べたとおりであって、「消費労働＝不生産的労働」という見方は混乱を招くだけである）。

ところが、「歴史的・社会的規定の世界」における生産的労働の規定では、対比されるのは「消費」ではなく「不生産的労働」である。ここでの生産的であるか不生産的であるかの違いは、剰余価値を生産するかどうかであり、生産的か消費的かの違いによるのではない。つまり、不生産的労働の概念が妥当するのは生産的労働に対する「歴史的・社会的規定の世界」においてであり、「本源的規定の世界」では、そもそも「不生産的労働概念」は不要なのである〈補注〉。このような生産的労働に対する二つの規定の意味の違いが生まれるのは、本源的規定が使用価値＝労働過程論の視点、歴史的・社会的規定が価値＝生産過程論の視点からのものだったことによる。マルクスは、これら両視点を踏まえて、次のように指摘した。

「労働過程と価値形成過程との統一としては、生産過程は商品の生産過程である。労働過程と価値増殖過程の統一としては、それは資本主義的生産過程、商品の資本主義的形態である」（『資本論②』三四三ページ）

〈補注〉後の議論の論点を先取りすることになるが、ここであらかじめ指摘しておくと、本源的規定における「消費」にあたる活動に専念する階級、すなわち不労階級が形成されると、彼らは「不生産的階級」となる。たとえば、かつての専制君主、法王・僧侶、貴族、封建領主等は不労の階級であり、そもそも働かないのだから、不生産的階級である。しかし、この不生産的階級は非労働者に属するから「不生産的労働者」とは呼ばない。彼らの仕事は、もっぱら、社会の剰余労働の消費にあるのであって、不生産的労働と呼べる代物ではない。ただし、この不生産的階級に奉仕する人々は、不生産的労働に従事するサーバントとなる。この意味においては、「本源的規定の世界」にあっても、不生産的労働概念は不要とは言えず、有用である（このことについては本章後段〔一八九ページ以下〕で立ち返る）。

この『資本論』の説明を踏まえて、本書の中心的な関心事である社会サービス労働の性格に関して一つの結論をくだすとすれば、「社会サービス労働は労働過程及び資本主義的生産過程からみて生産的労働である」ということになる。なぜなら、まず労働過程論的視点による本源的規定によれば、すでに何度も主張してきたように精神代謝労働＝サービス労働は文句なしに生産的労働である。さらに「資本主義的生産過程」のもとでのそれは賃労働によって担われるから、（道徳的判断は別にして）まぎれもなく剰余価値を創造する生産的労働である。この「（社会）サービス労働＝生産的労働説」は、本書が最も強調したかった論点の一つであるが、ただし、この見解は前述の「収入と交換される労働＝サービス労働＝不生産的労働」説とは、一見して矛盾する。

この矛盾は、サービス労働を生産的労働と捉えるか不生産的労働と捉えるかの対立によるものであるから、論争を呼び起こす主たる要因になってきた重要論点である。むろんここで私は、わざと読者を混乱に陥れようと意図して、この矛盾を取り上げているわけではない。真相は、筆者自身もこの矛盾の打開のために悩んだというのが正直なところであるが、苦労の末に注目するに至ったのが、上に引用した『資本論』の一節にある「商品の生産過程」、すなわち「労働過程と価値形成過程との統一としての生産過程」である。実は、この「商品の生産過程」における生産的労働をどのように捉えるか、という問題はここまでの検討では省略している。

ここで「商品の生産過程」というのは、いわゆる単純商品生産過程、または小商品生産過程のことである。この単純商品生産は、『資本論』冒頭の「商品論」のモデルに想定されているものである。『資本論』冒頭の商品が単純商品生産によるものか、それとも資本主義的商品なのかに関する論争は昔からあるが、当面の議論に影響するものではないから、その論争にはたちいらない。端折って言うと、単純商品生産社会のモデルには、資本家は存在せず、封建領主も存在せず、したがって賃労働も農奴、奴隷も存在せず、生産に従事するのは独立自営業者（独立自営の商工業者、小市民・農民）のみである。したがって、この社会は一種の仮説的市民社会だと考えてよい。商品の生産・交換・消費に従事するのは独立自営の農民、職人・職工、鋳物屋、仕立屋、靴屋、パン屋、粉屋、庭師、開業医、理髪師、看護師等だけである。つまり、物質的生産もサービス業も自営業者だけで成り立っているような市場社会である。この単純な市場社会モデルでは、各自営業者がそれぞれ生産・提供する財貨・サービスを互いに売買しあう。

ここでは、生産的労働はどのように規定されるのか。この市場社会において、仮に私が独立自営の農民や手工業者と取り引きする場合には、「彼らは商品の売り手として私と相対するのであり、労働の売り手として私と相対するのではない」と、マルクスはまず指摘する。続けて、「したがってこの関係は、資本と労働との交換とは無関係であり、したがってまた生産的労働と不生産的労働との区別とも無関係である」と言う。さらにマルクスは畳みかけるように、「彼らは、商品の生産者であるとはいえ、生産的労働者のカテゴリーにも不生産的労働者のカテゴリーにも属しない。それにしても、彼らの生産は資本主義的生産様式のもとに包摂されていない」（傍点マルクス）と指摘した[15]。

ここでの結論は、小商品生産者としての独立自営業者は「生産的労働者のカテゴリーにも不生産的労働者のカテゴリーにも属さない」、それゆえ彼らの労働は「生産的労働と不生産的労働との区別とは無関係である」というものである。この結論がいかにも謎めいたものであることは、誰にも容易に理解されるだろう。ここに登場する独立自営の小商品生産者は、上記の引用文の指摘にもあるように、れっきとした「商品の生産者」であり、かつ「商品の売り手」でもあり、この面に光をあてれば、彼らはまぎれもなく「価値生産者」であって、価値を生まない不生産的労働者に属するものではない。なぜなら、商品を生産する者は、そもそも商品に内在する価値を生産する生産的労働者だからである。

商品生産者としては価値生産的労働に従事する者が、資本主義的生産過程においては「生産的労働者でも不生産的労働者でもない」ということになるのは、いったい何故なのか。この問いに対するマルクスの回答は、きわめて明快である。そもそも生産的労働と不生産的労働との区別、「この区別は、ただ、労働が貨幣としての貨幣と交換されるか、それとも資本としての貨幣と交換されるか、ということにもとづくだけである」[16]からである――これがマルクスの解であった。

「貨幣としての貨幣」がものを言うのは単純な市場社会（単純商品生産・流通社会）であり、「資本としての貨幣」がものを言うのが資本主義的生産様式である。ところが、あらゆる生産物が商品化する社会、つまり普遍的市場化が進行して市場社会が完成に向かうのは、ただ資本主義的生産のもとにおいて、したがってあらゆる分野の労働が賃労働化する資本主義のもとにおいてである（この点については、本章の前掲注(13)に引用したマルクスの指摘を参照）。したがって、商品生産社会が市場社会として成熟するのは、自営業等の小商品生産が資本主義のもとに包摂され、資本主義的商品生産が一般的・支配的な形態になるときである。生産的労働であるか不生産的労働であるかの区別は、この資本主義的生産過程における範疇的差異にかかわることであって、「貨幣としての貨幣と交換される労働」はいわば入り込む余地のない世界なのである。すなわち、小商品生産の労働は資本主義的生産の埒外《らちがい》におかれているか、不生産的労働に転化するか、のどちらかである。[17]

これを言いかえると、資本主義的生産様式が支配的になっている社会では、小商品生産者の労働は資本主義的商品を生産する賃労働に取って代わられ、生産的労働であるかどうかの区別とは無縁な世界に追いやられ、生産的労働者でもなければ不生産的労働者でもない、という「二つの人格に引き裂かれる」というわけである。(18) 独立自営業者の小市民は、資本主義社会では、賃労働者でもなければ資本家でもない「中間層」と位置づけられるが、生産的労働者にも不生産的労働者にも属さない「中立的カテゴリー」の地位に組み入れられると言ってよいかもしれない。

3　前近代社会の家産国家における不生産的階級

不生産的労働を私的に消費する主体

本章での生産的労働の検討は、①その「本源的規定」による生産的労働概念、②「歴史的・社会的規定」による生産的労働概念の二つを中心にしたものであった。前節では、これに加えて、③商品生産＝市場社会における価値視点に立った生産的労働概念に言及した。これを三点に再整理すると、①

本源的規定の生産的労働概念とは使用価値視点によるもの、②商品生産＝市場社会次元からのそれは価値視点によるもの、③歴史的・社会的規定からのものは剰余価値視点による生産的労働の概念規定である、とみることが可能である。もっとも、マルクスが生産的労働とは何かの問いに与えた第一の解答は、③の歴史的・社会的規定による生産的労働概念であった。

この点を踏まえたうえで、本章の最後に検討しておかなければならない生産的労働論は、「生産的労働とは何か」というよりも、むしろその反対の「不生産的労働とは何か」と呼ぶべき問いに対する回答である。歴史的・社会的規定による「不生産的労働」とは、すでに見てきたとおり、「収入と交換される労働」であり、収入＝所得の力によって私的に消費される労働のことであった。

問題なのは、収入＝所得と引き換えに入手するこの不生産的労働を私的に消費するのは、いったい誰なのかということである。念のため、この場合の不生産的労働とは、具体例をもう一度あげておくと、家事使用人、屋敷内で働く料理人、仕立屋、建具修繕屋、庭師、靴磨き等の労働のことである。マルクスの時代には、これらの不生産的労働を私的に消費するのは、もっぱら資本家・貴族・地主等の富裕層に限られていた。そこで彼は、「社会の最大多数すなわち労働者階級は、この種の労働を自分自身でしなければならない」と指摘した。この指摘は現代社会にもあてはまるだろう。ここで取り上げている「不生産的労働」とは、手っ取り早く言えば「家事労働」のことにほかならず、現代の労働者多数は自らの手でこの種の家事労働をこなしているのである。マルクスはさらに続けて、次のように述べている。

「しかし、彼ら［労働者階級］がそれ［家事労働］をすることができるのは、彼らが『生産的に』労働した場合だけである。彼らが肉を料理することができるのは、肉の代金を支払うための賃金を、彼らがすでに生産していた場合だけである。また、家具や住居をきれいにしておき、靴をみがくことができるのは、彼らがすでに家具や家賃や靴の価値を生産していた場合だけである。したがって、この生産的労働者階級自身の場合には、彼らが自分自身のためにする労働は、『不生産的労働』としてあらわれる(19)」

ここで指摘されていることは、労働者階級は賃労働者としては生産的労働者だが、自らの生活のための家事労働に従事するときには不生産的労働者になる、ということである。生産的労働の本源的規定に話を戻して言うと、この場合の家事労働＝不生産的労働とは、消費的行為に直結した生産的行為部分である。資本主義社会では、家事労働は「無償労働（不生産的）」である――このことをマルクスは、戦後のフェミニストよりも百年以上も前に発見していたのである（この点については、すでに前章一四五～一四六ページの〈補注〉で言及した）。

だが、視線の先を賃労働者から富裕層に切りかえた場合には、不生産的労働のもつ意味は、俄然、違った色彩を帯びてくる。

支配階級による独占的な不生産的労働の私的消費

「収入と交換される労働」としての不生産的労働の特質を正確に捉えるためには、まず「収入＝所得」の源泉が大きく二つに分かれるという点に目を向けておかなければならない。一つは社会全体からみた「必要労働」（労働力価値部分）、いま一つは「剰余労働」（剰余価値部分）である。前者の「必要労働＝労働力価値」を所得源泉とする労働者階級は、その所得（賃金）によって他人の不生産的労働を利用、消費することはできず、炊事・裁縫・掃除等の家事は自分でやらなければならない、ということはすでにみてきた。他方の、社会の剰余労働に所得源泉をもつ階級はどうか。実は、彼らこそが、不生産的労働を独占的に利用し、消費してきた「不労階級」だったのである。

蛇足ながら、「生産的労働と不生産的労働の区別」と「必要労働と剰余労働の区別」とは、相互に関連はしているものの、論理的には別次元の区別であって、両者を混同してはならない。だが、「生産的労働・不生産的労働」範疇と「必要労働・剰余労働」範疇をいわばクロスさせたときに、これまでの歴史では、剰余労働に基礎をおき、剰余価値を所得源泉にした支配階級（＝搾取階級）が、不生産的労働を独占的に消費してきた、という関係が明るみにされるのである。[20]

この場合、まず剰余労働とは「労働する大衆が彼ら自身の労働能力の再生産のために、彼ら自身の生存のために必要な限度を越えて、つまり必要労働を越えて労働する剰余労働時間」のことであって、剰余生産物をつくりだす。資本主義社会にそくして言えば、賃労働者の生活に必要な限度を越えて働く時間の労働、すなわち賃金＝労働力価値以上の剰余価値（剰余生産物）を作り出す労働のことである。剰余労働とその生産物をこう説明したあとでマルクスは、「この剰余生産物が、労働する階級以外の生活しているすべての階級の、社会の全上部構造の、物質的な存在基盤なのである。この剰余生産物は同時に時間を自由にして［時間をつくって］、これらの階級に、［労働する能力以外の］そのほかの能力の発展のための、思うままに処分できる時間を与える」と指摘している[21]（傍点マルクス）。

次章の議論に関連するので、引用を少々長くとったが、このマルクスの指摘で注目しておきたい点は二つある。①社会の上部構造を構成する支配階級は労働者の剰余労働を物質的基盤として存在していること、と同時に、②剰余労働は社会全体に（当面は支配階級によって独占的に享受されてはいるもの）自由に処分できる時間をもたらすものであること、この二点である。ここから、剰余労働を所得源泉にした支配階級（＝搾取階級）こそが、不生産的労働を独占的に利用し、消費してきた歴史が説明されるのである。前近代の家産国家を取り上げて、この点を簡単にみておくことにしよう。

家産国家における公僕と不生産的階級

家産国家では、国家の家臣、官吏、公僕、兵士、僧侶などは、国家によって雇用される形態をとるが、言うまでもなく、彼らの雇用関係は近代的雇用とは区別される。彼らの労働は、まず第一に社会的必要労働を構成するものではなく、したがって共同体内労働でもなく、ただちに共同体成員と共同体の再生産にとって必要かつ有用・有益な役立ちをもつものとは言えない。だが、支配＝搾取階級にとっては、その労働は生産関係や政治的・社会的秩序を維持するためには、すなわち既存のレジーム（支配体制）を維持するためには必要であり、役に立つ労働である。一つには支配関係・階級関係を維持するために、いま一つには支配の正統性を確保するために、必要かつ有用な労働である。そのなかには、前近代の場合、社会の共同業務を担う労働が含まれる。たとえば治山治水、河川・堤防改修、道路・用水路建設、港湾整備等の、社会の維持・再生産にとって有用であり、不可欠な共同業務を担う労働である〈補注〉。

〈補注〉「国家の二重性」にかかわる戦後の国家論論争にそくして言うと、階級国家の機能は、①軍事・官僚機構、イデオロギー装置による階級支配・抑圧の機能、②体制維持・正統性確保のための共同業務の遂行、の二面から把握されてきた。前者の軍事・官僚機構が担う階級支配・抑圧機能の「不生産性」については、これまでの論争ではあまり問題にされてこなかった点であり、特権的官僚機構や軍隊の機能が「不生産的労働」範疇に属することはおよそ自明のことと思われるので、ここでは、主に第二の「支配の正統性確保のための共同業務遂行」の機能をとりあげることにする。

前近代国家におけるこれらの業務を担う兵士・役人・警吏・学者・僧侶などは、たとえ素材的・用役的にみれば「生産的」とみえる仕事に従事していたとしても、一般的に、「不生産的階級」と呼ばれてきた。彼らの仕事は、使用価値的にみれば有用・有益であり、社会的にみても、生産的にみえる。だが、それにもかかわらず、なぜ一括して「不生産的階級」に属すると位置づけられてきたのか。その理由は、彼らの労働それ自体の素材的属性にあるのではなく、その労働がおかれた社会関係に求められる。ここで、もう一度、マルクスの指摘、すなわち「生産的労働と言う場合には、われわれは社会的に規定された労働、すなわち労働の買い手と売り手とのあいだのまったく特定な関係を含んでいる労働」をさしているのだ、という指摘を思い出しておくことにしよう。

この指摘にしたがって、近代以前の家産国家の構造に目を向けてみると、一方での君主・貴族と他方での家臣・役人との関係は、前者によって後者の労働が消費されるという関係、すなわち兵士・役人・僧侶・学者等の労働は君主・貴族等の支配階級によって私的に消費されるという関係におかれていた、と理解される。この関係は、後代の資本家・地主が家事使用人や下男下女の労働を私的に消費し、享受したのと形態的には何も変わらない。資本家の屋敷内で働く家事使用人の労働が不生産的労働であったのと同じく、軍事・官僚機構内で働く家臣・官吏・僧侶の労働はまさしく不生産的労働だったのである。

支配階級とそれに直接従属する不生産的労働者とをひとからげにして「不生産的階級」と呼ぶのは、以上のような事情によるものである。近代以前の国家において、たとえその家臣や役人が治山治水の建設的業務を担っていたとしても、その有用な共同業務は君主等の支配階級が社会を支配・統治する目的で私的に消費した労働であったから、彼らは君主・貴族等と一括して「不生産的階級」とされてきたのである。これは、プーチンが独裁と侵略を目的にして、私的に消費したロシア軍の兵役労働が不生産的労働であったのと、また、かつての安倍政権が「国政の私物化」のもとで、私的に消費した官僚制下の公務労働が不生産的労働であったのと、まったく同じことである。

ところが世間には、事態をこれとは正反対に捉えるイデオロギーがあらわれる。ものごとを逆さまに捉えるイデオロギーは、軍事・官僚機構のもとでの公僕の労働を支配階級が消費するものとしてではなく、公共社会が消費するものと把握する。そこでは、古来の家産国家であれ、近代の租税国家であれ、権力機構における兵士・役人・僧侶・御用学者たちは、「公共圏」における公僕（public servant）と位置づけられ、その職務は公益を担う公務とみなされ、「公共社会」が消費するものとなる。権力部門の労働はすべて支配階級が私的に消費する「不生産的労働」としてではなく、公衆に奉仕する公務労働と捉えられるわけである。

この見方に立脚すると、官僚・軍隊のいわば「権力労働」は「公共社会」に公益をもたらすものとなるから、公衆（市民社会）はその対価として租税を負担する義務を負う。租税論の教科書には、租税根拠論として、必ず「租税利益説」と「租税義務説」の二つが紹介されているが、国家による公共サービスは公民によって消費され、したがって社会に公益をもたらすものだから、その見返りに市民社会は総体として租税負担の義務を負う、という見方において両説は合流する関係にある。

イデオロギー上の分岐点は、軍事・警察・裁判・公共事業・公教育等の公共業務・サービスを消費する主体は誰なのか、という捉え方の違いにある。家産国家における公僕の労働が、全体として、社会の剰余労働に存立基盤をおく支配階級によって私的に消費される関係にあったことは、君主制下の「軍事＝権力労働」が君主によって私的に消費されていたことによって明らかである。問題は、主権国家（sovereignty）の構造が、君主制から国民主権（民主制）に転換したときに、公共部門の労働を消費する主体がどう変化するかである。国家が国民主権の民主主義国家に転換したときには、日本国憲法（第一五条）の言葉で言うと、公務員は「一部の奉仕者ではな」く、「全体の奉仕者（servants of the whole community）」となる。この憲法の公務員規定がそのまま実現したとすれば、公務労働＝公共サービスの消費主体は国家ではなく国民に転換することになるだろう。過去の「権力労働」が本来の公務労働に転化するわけである。そのときには、公務員は、かつての君臣・家臣や公僕とは違って、「不生産的階級」の身分から解放されるだろう。(22)

おわりに――新しい公共サービス労働の登場

問題なのは、権力部門の労働者が「不生産的階級」の一員から離脱して「全体の奉仕者」として再生するのは、どのようなときなのかという点にある。それは抽象的に言えば、社会の上部構造が変わるときである。あるいは史的唯物論に言う土台・上部構造の関係が変化するときである。

マルクスは、その実例を近代工場法の番人、工場監督官で指摘した。一九世紀イギリスに始まる工場法は、労働日の制限、女性・児童労働者の保護、工場内安全・衛生規則等を定めた立法であるが、『資本論』は、これを「社会がその生産過程の自然発生的な姿に加えた最初の意識的・計画的な反作用」として高く評価した（『資本論③』八四〇〜八四一ページ。ただし、訳文は若干変更している）。

ここで、「その生産過程の自然発生的な姿」とは資本主義的生産の自然成長的な姿態、つまり資本主義的意味（歴史的・社会的規定）での生産的労働の形態のことであり、「意識的・計画的な反作用」とは、本書で用いてきた言葉で言うと、コミュニケーション的理性による制御を意味する。コミュニケーション的理性によって、資本主義的工場法典の世界に公的規制の網をかけた最初の公務員が工場監督官だったのである。マルクス時代のイギリスでは、工場監督官に引き続き、公衆衛生や公教育の社会立法のもとで、公衆衛生監督官や教育査察官等が登場する。彼らが「新しい型の公務員」の原型を作り出したのである。(23)

マルクスは、資本主義の破壊的影響から子どもと年少労働者を守る課題を、工場法と同様に、「社会的理性を社会的な力に転化する」ことに求めた。「社会的理性の社会的な力への転化」に関しては、彼は「現在の事情のもとでは、国家権力によって施行される一般的法律による以外には、この転化を実現する方法は存在しない」と断言する。そして、「このような法律を実施させても、労働者階級は政府の権力を強めることにはならない」と続けた。では、国家権力はどういうことになるのか。「労働者階級は、現在彼ら自身にたいして行使されているこの権力を、彼ら自身の道具に転化するのである。労働者階級は、数多くのばらばらな個人的努力によっては、どれだけ多くの努力をはらって獲得しようとしてもむだなものを、一般的な一行為によってなしとげるのである」（傍点マルクス）――これがマルクスの答えであった。(24)

マルクスがここで力説していることは、労働者階級が一般的法律によって、自分たちを支配する国家権力を逆に自らの階級自身の利益のための道具に転化するとき、社会の上部構造が変わり、それに応じて旧来の土台・上部構造関係に変化が生まれる、ということである。この変化を自らの職務として実際に担うのは「社会的理性を社会的な力に転化する労働者」、すなわち新しい公務員である。この場合の「社会的理性」とは、社会的な「了解・合意の形成・獲得」を担うコミュニケーション的理性にほかならない（と筆者は考える）。したがって、新しい公務員の労働とはコミュニケーション的理性を発揮し、それを「社会的な力」に転化するサービス労働、つまりは公共サービスである。このときに、支配階級によって消費されていた不生産的労働は、新たな公共サービスとして再生を遂げるのである。

次章では、不生産的労働として扱われてきたサービスが、公共サービスとして蘇る過程を考えることにしよう。

〈注〉

(1) この戦後マルクス経済学におけるスターリンとソ連の経済学教科書の影響については、飯盛信男『サービス経済の拡大と未来社会』桜井書店、二〇一八年参照。

(2) その例を示すのが、本書とは見解を異にするが、金子ハルオ『サービス論研究』創風社、一九九八年、同『生産的労働と国民所得』日本評論社、一九六六年、飯盛信男『生産的労働の理論――サービス部門の経済学』青木書店、一九七七年、山田喜志夫『再生産と国民所得の理論』評論社、一九六八年等である。

(3) マルクス、岡崎次郎訳『直接的生産過程の諸結果』国民文庫、一九七〇年、一〇九ページ。以下『諸結果』と略記。

(4) 同上、一〇九～一一〇ページ。

(5) 『資本論』の「本源的規定」が、「全過程を、その結果［Resultats、results］の、すなわち生産物の立場から考察すれば」と書いて、必ずしも物に固定化した生産物だけに限定しなかったことは注目に値する。

(6) 以上の引用は、『諸結果』一一七～一一八ページ。同様の叙述は、マルクス『資本論草稿集⑨』大月書店、一九九四年、四二三、四二四、四二五、四三〇ページ、および『剰余価値学説史Ⅰ』(『全集』第二六巻) 五〇三、五〇四、五一〇ページ (以下『学説史Ⅰ』) にみることができるが、筆者は、『諸結果』の全文を『資本論草稿集』と綿密に照合していないので、ここは訳文も『諸結果』から引用している。以下、同じケースは同様。

(7)『諸結果』一一八ページ、『草稿集⑨』四三一ページ、『学説史Ⅰ』五一〇ページ。
(8)『諸結果』一一九ページ、『草稿集⑨』『学説史Ⅰ』ともに同上。
(9)『諸結果』同上、『草稿集⑨』四四三ページ。
(10) マルクス『資本論草稿集⑤』大月書店、一九八〇年、一八三ページ、『学説史Ⅰ』一七一ページ。
(11)『草稿集⑤』一七七ページ、『学説史Ⅰ』一六七ページ。労働の使用価値的、素材的特性を捨象し、労働一般に価値生産的性格、したがって生産的労働の性格を発見したスミスといえども、物質的生産労働こそが生産的であり、無形労働としてのサービス労働は不生産的な労働である、という「迷い」を払拭できなかった。マルクスは「剰余価値学説史」（現在は全集のほか『資本論草稿集』にも収録）において、このスミスの二面性を丹念に追究している。
(12) 同上『草稿集⑤』一八一ページ、『学説史Ⅰ』一六九ページ。ついでながら、イアン・ゴフも「資本主義のもとでの不生産的労働というマルクスの概念は、生産された産出物が財であろうとサービスであろうと、あるいはそれに固有のものが有用性であろうと望ましいことであろうと、そういうことにはまったく何のかかわりあいもないということである」と指摘している（イアン・ゴフ、小谷義次他訳『福祉国家の経済学』大月書店、一九九二年、一五九ページ）。
(13) 商品生産が全般化するのは資本主義のもとにおいてであり、それ以前の社会は純然たる市場社会ではなく、過去の共同体的諸関係を引きずってきたという点に関して、『資本論』は「商品生産は、賃労働がその土台になるときはじめて、全社会に自分を押しつける」、また「そのときからはじめて、各生産物は最初から販売のために生産され、生産された富はすべて流通を通過するようになる」としている（『資本論④』一〇二二ページ）。また、「資本主義的生産に先行する諸形態」でも、「資本が自らのために国内市場を急速に形成するのは、農村の副業的手工業のすべてを滅ぼすことによって、つまり、万人のために紡ぎ、織り、万人に着せる、等々によって、要するに、以前は直接的使用価値としてつくりだされていた商品を交換価値の形態に引き入れることによってであるが、この過程こそ、労働者を土地から、また生産諸条件に対する所有（それが隷属的形態におけるものであろうと）から引き離すことによって、おのずから生じてくるものなのである」と指摘されている（マルクス『資本論草稿集②』大月書店、一九九三年、一七三ページ）。

(14)『草稿集⑤』一九〇ページ、『学説史Ⅰ』一七八ページ。

(15)以上は、『草稿集⑨』四三八～四三九ページ。

(16)同上『草稿集』同ページ。

(17)「資本が生産全体を征服し、したがって、家内的で小さな、つまり自己消費のために非商品を生産する産業形態が消滅するのと同じ程度で、サーヴィスを直接に収入と交換する不生産的労働者の大部分は、個人的なサーヴィスだけを行なうようになり、ごくわずかな部分（たとえば料理人、裁縫婦、つくろい裁縫師など）だけが物的な諸使用価値を生産するようになる」（『草稿集⑤』一八二ページ、『学説史Ⅰ』一七〇ページ。傍点マルクス）。

(18)『草稿集⑨』四三九ページ。

(19)以上のマルクスの指摘は、『草稿集⑤』一九一ページ。

(20)マルクスは比較的早い時期に、この点に関して、「一方での剰余労働の創出に、他方での負の労働

［Minus-Arbeit］、相対的遊惰［idleness］（またはせいぜい非生産的労働［nichtproductive Arbeit］）の創出が対応している」と指摘し、「資本がわかちあう諸階級、つまり剰余生産物で生活する受救貧民［Paupers］、取巻き連中［flunkeys］、お茶坊主［Jenkinses］など、要するにおかかえものの一団の連中、すなわちサーヴィスする階級［dienende Klasse］のうち、資本によってでなく所得［Revenue］によって暮らす部分にかんしても自明である」と書いていた（マルクス『資本論草稿集①』大月書店、一九八一年、五二四～五二五ページ、傍点マルクス）。

(21)　マルクス『資本論草稿集④』大月書店、一九七八年、二九七ページ。

(22)　二宮厚美「憲法民主主義のもとでの新たな地方自治体像と公務労働」晴山一穂・猿橋均編『民主的自治体労働者論――生成と展開、そして未来へ』二四九～二五四ページ、大月書店、二〇一九年参照。

(23)　小沢修司「イギリスにおける査察官（inspector）制度の成立――近代的公務労働の形成(1)」『経済論叢』第一二七巻第六号（一九八一年六月）、二宮厚美「ベンサム、チャドウィックと行政革命」島恭彦・池上惇編『財政民主主義の理論と思想――「安価な政府」と公務労働』青木書店、一九七九年、八九～九四ページ参照。なお工場法については、Ｂ・Ｌ・ハチンズ＆Ａ・ハリソン、大前朔郎他訳『イギリス工場法の歴史』新評論、一九七六年を参照。

(24)　以上は、マルクス「個々の問題についての暫定中央評議会代議員への指示」不破哲三編集『インタナショナル』古典選書、新日本出版社、二〇一〇年、五三～五四ページ、『全集』第一六巻、一九三ページ。

第5章　福祉国家型公共圏における社会サービス保障

はじめに――資本主義社会におけるサービス労働の三形態

前章の議論から確認できる点は、サービス労働一般は、資本主義的生産様式のもとにあっては、三つのコースにそって展開される、ということであった。

第一は、歴史的・社会的規定による生産的労働として、すなわち剰余価値を生む賃労働の形態をとって発展する、ということである。このコースは、サービス労働が資本の営利に役立つ労働に包摂されることを意味するから、ここではズバリ「営利労働化」と名づけておくことにしよう。社会サービス労働に焦点をあわせて言えば、保育・教育・ケア・医療労働等の営利労働化である。

第二は、資本家その他の富裕層や国家の権力機構によって消費される不生産的労働として存続するコースである。この不生産的労働の形態をとるサービス労働は、①市民社会における資本家・地主・金利生活者等の富裕層によって私的に消費される家事使用人等の階層と、②社会の上部構造＝権力部門によって消費される兵士・役人等の労働に分かれる。これは、前章でみたように、昔の専制君主、法王、貴族、封建領主等の「不生産的階級」に使われた下男・下女、僕婢・下僕や、封建制や絶対王政下の官吏、兵士、警官、僧侶、御用学者等を継承したものである。

ただ、資本主義の発展とともにサービス労働の営利労働化が進み、国家主権（sovereignty）の構造がかつての君主制等から国民主権の形態へと、したがって民主・共和制へと変化するに伴って、これら公私両セクターの不生産的労働者の全労働者に占める比率は減少傾向に向かう。この傾向は、金融寡頭制のもとでの格差（たとえば、ウォール街君臨下の「一％対九九％」の社会的分裂）が拡大するときや、プーチン独裁のような専制政治が復活するときは、一時的に中断されるが、ここでは話を複雑にしないために（社会サービス労働の動向を中心においているために）、資本主義のもとで私的に消費される不生産的労働の量は、一般的傾向としては、減少傾向に向かうとみなしておきたいと思う。

第三は、階級的には資本家と労働者の間の中間階級に属する独立自営のサービス業者は、生産的労働者のカテゴリーにも不生産的労働者のカテゴリーにも属さない「中間層」として残存するということである（この点は第四章一八二～一八四ページで指摘した）。具体的なイメージを喚起するために例示しておくと、たとえば、理髪店、クリーニング店、街の喫茶店・食堂・スナック、中学生向け塾、書道・料理教室、開業医、訪問看護・介護事業所である。こうした独立自営のサービス業の労働を「市場労働」と呼ぶことにしよう。

ここで、歴史的・社会的規定からみれば生産的労働でも不生産的労働でもない「第三の労働」を、あえて「市場労働」と呼ぶようにしたのには二つの意味がある。第一は、上記の「営利労働」と「不生産的労働」との対比で、独立自営型労働は「市場労働」と呼称して別扱いした方がわかりやすいだろう、という趣旨からである。筆者としても、資本主義のもとでのサービス労働は、①営利労働、②

不生産的労働、③市場労働の三つがある、としておけば、以下の議論が進めやすくなる。

第二は、そうした語用上の便宜だけではなく、独立自営業の労働を「市場労働」と表現するのには、理論的にみても妥当な面があることである。というのは、「市場労働」とは一般的に「商品生産労働」を意味しており、そこでは商品価値の二重性、すなわち①使用価値と、②価値（交換価値）との二重の価値の生産を担う労働だということが含蓄されているからである。とは言えもちろん、この商品生産的な労働という性質は「市場労働」に限ったものではなく、「営利労働」についても言えることである。

すでに前章（第二節）でみたように、マルクスは独立自営業の労働に対して、価値生産という面でみれば生産的労働であるが、剰余価値生産という面からみれば必ずしも生産的とは言えず、不生産的労働でもありうるという意味において、この労働を、そのどちらのカテゴリーにも属さないと指摘した。ただ、いまここで社会サービス労働の現在と将来を考える際には、「市場労働」に含まれる価値生産的性格が重要になる（同じ商品生産労働でありながら、「市場労働」を「営利労働」と区別して取り上げる意義はこの点にある）。

本書では、「はじめに」（一九〜二一ページ）において、マルクスのクーゲルマン宛手紙の一節を引用して確かめたように、市場労働＝商品生産労働には、「使用価値視点からみた社会的必要労働」性と、「価値視点からみた社会的必要労働」性の二つの要件を充たすことが求められた。前者の使用価値視点からみた要件とは社会的に有用で役立つということ、後者の価値視点からみた要件とは、社会的にみてその生産（＝サービス提供）に必要とされる労働量が含まれるということである。この二つの要件を充たす労働は、物質的生産労働であれ、サービス労働であれ、商品生産労働＝市場労働となる。

こうして、資本主義社会におけるサービス労働は、その自然発生的形態としては、さしあたり、①営利労働、②不生産的労働、③市場労働の三つに分かれる、と把握することができる。社会サービス労働にそくして言えば、第一の営利労働は資本主義企業のもとでの保育・教育・介護・医療労働、第二の不生産的労働は富裕層が雇うベビーシッター、家庭教師、ホームドクターの労働、第三の市場労働はピアノ教室、私営保育園、自営学習塾、開業医、弁護士の労働がその例である。

これらの三形態の社会サービス労働は、やがて公共サービスに変化するだろうというのが、前章の最後に述べた歴史的見通しであった。そこで、本章では、社会サービス労働が公共サービスとして再生するとは、いかなることを意味し、またどのような条件のもとにおいてであるかを検討しなければならない。

1　公共性とは何かの基礎理論

公共性とは、公共機関ないし公共サービスの存在理由（レーゾンデートル、raison d'être）、すなわち公共サービスは何故に存続しているのか、その根拠を意味する言葉（概念）のことである。ただ、「公共性」という概念そのものは、きわめて抽象的で難解な言葉であるために、日本では、かなり混乱した議論や、概念規定をめぐって論争を呼び起こしてきた。その一例は、本書第三章でふれたJ・ハーバーマスの著名な書『公共性の構造転換』（細谷貞雄訳、未来社、一九七三年）の取り扱いに見ることができる。本著は、本来であれば、「公共性（Öffentlichkeit）」を「公共空間（または公共圏域）」と訳すべきであったが、「公共性」と訳してしまったために、後に無用の混乱を呼び起こしたと思われる。[(1)]

ハーバーマスの言う「公共性の構造転換」とは、公共的な機能・役割を果たす社会空間＝圏域が、前近代的な絶対王制から近代の共和制に変化するときに、大きく転換したということを取り上げたものであった。簡単に言うと「公論（public opinion）」を形成する場が宮廷等の催し・儀式・儀礼等から、市民・文化人・知識人らの文芸的なサロンや集い、結社、出版等のコミュニケーション空間に転換したこと、これを「公共空間の構造転換」と把握したということである。ハーバーマスが着眼した「公論形成の空間」としての「公共性」は、「公共サービスの存在理由」という意味での公共性概念に関係するが、ここでは、まず欧米の経済学のメイン・ストリーム（主流）に属する「公共財（＝サービス）の経済学」（通称「公共経済学」・「公共財の理論」）が、公共性をどのように捉えているかをみておくことにしよう。

「公共財の理論」による公共サービスの規定

公共経済学の言う「公共財」とは、その供給を民間の市場まかせにしてはならない財貨・サービスのこと、つまり公共機関が責任をもって供給・提供しなければならない財・サービス・規制等のことをさす。この意味での公共財にあたるのは二つの属性、すなわち、消費における①非排除性と、②非競合性の属性とを備えた財貨・サービスである。「非排除性」と「非競合性」とは何か、これを比較的わかりやすい燈台から放射される照明（ライト）を例にとって説明しておこう。

まず、燈台の灯りは、その周辺にいる誰が利用しようと、その辺りを行き交う他の船舶による利用を妨げるものではない、すなわち排除しない。「消費における非排除性」とは、このように、誰かがそのサービスを消費・利用しても、他の人間の消費を排除することはない、という属性をさす。燈台の光に似た非排除性の例は、ＮＨＫやスマホ用の電波でも確かめられるであろう。

次に、燈台の灯りは、それを利用する船舶の数が増えたところで、他の船が利用できる灯りの量が減るというものではなく、灯りの消費では競合することはない。それはあたかも、日光浴を楽しむ人が増えたからといって、個々人に降り注ぐ太陽の光が減るわけではないのに同じである。これを「消費における非競合性」と呼ぶ。

問題なのは、こういう燈台の灯りに例を見るような「消費における非排除性・非競合性」がある場合には、「フリーライダー（ただ乗り）問題」が発生することである。「フリーライダー問題」というのは、誰かがその財貨・サービスを提供・供給すれば、他の誰であろうとその消費から排除されないし、競合するわけでもないために、結果として、誰もが自ら進んでその財・サービスを供給しようとはせず、他の誰かが供給するのをまつ、つまり他者の提供する財貨・サービスにただ乗りしようとする、という問題が発生することである。燈台の灯りは、いったん燈台から放射されてしまえば、また各種TV放送の電波もいったん流されてしまえば、確かにただ乗り自由となる（フリーライダーの発生）。

ここから一つの結論が生まれる。すなわち、燈台の灯りのような「消費における非排除性・非競合性」の属性を有する財貨・サービスは、私的な供給を前提にした民間の市場機構に委ねると、フリーライダー問題が発生するために、誰もが供給しないという状態に陥りかねない。よって、これらの財貨・サービスは公共財として、公共機関が責任をもって供給・整備しなければならない。これが「公共財の理論」の結論となるわけである。

こうした公共財の例は、言うまでもなく、燈台に限らず、社会サービスの例を引き合いにすると、感染症対策の代表であるワクチン接種にみることができる。予防接種だけではなく、新型コロナのパンデミック時に採用された「三密（密閉・密集・密接）」回避のルール・規制策にもあてはまる。ワクチン接種等による感染予防の効果・効用は、当人だけではなく、その人の周辺におよぶ。この感染予防策の例が示すように、その効果がワクチン接種を受けた当人以外の外部・周辺に及び、波及することを外部効果と言う。ウィルス感染の広がりはマイナス（負）の外部効果を示すものであるが、感染予防の効果はプラスの外部効果である。ワクチン接種による（プラスの）外部効果は、他者の利用・受益を妨げないし、その役立ち（サービス）に競合が生まれるわけではないから、感染予防の対策は、燈台の灯りと同様に、「消費における非排除・非競合性」があるということになる。

したがって、新型コロナ感染のパンデミック下の感染症の予防・防止・抑止策は、予防接種に限らず、ＰＣＲ検査、感染者の早期発見、公的補償を伴う「三密」回避策、ワクチン開発等の「公衆衛生ルール」は、公共財の典型例である（通常これを「純公共財」と呼ぶ）。公衆衛生を担った保健師たちのエッセンシャルワークは、その意味で、現代における公共サービス労働の典型を示すものだったのである。とは言え、コロナ禍にあって、公衆衛生労働だけが、「消費における非排除・非競合性」の高いエッセンシャルワークだったというわけではない。

いまここで感染症の予防効果が当事者個々人から外部・周辺にまで波及することを「外部効果」と呼んできたが、「消費における非排除性・非競合性」とは、言いかえると、この外部効果がきわめて高い場合に生まれる属性のことである。すなわち、その財貨・サービスの消費・利用効果を私的に封じ込めることがきわめて困難なケース、あるいは、その外部効果を私的に囲い込むことが極度に困難な場合のことを述べたものである。外部効果がきわめて高いものは私的所有や私事化の対象にはなりにくく、したがって完全な市場化はきわめて困難である。そのような物理的・素材的属性をもったものは、太陽の光を想定すればすぐわかるように、光・音・電波・空気・光景等の物質に関連するものである。

「公共財の理論」は、このような光や音といった物質的・物理的属性にもとづく外部効果に依拠して「公共財」を導き出すという方法をとったのであるが、社会科学は物理的・素材的属性に依拠して「公共財」を論じるものではない。後に立ち返るように（二一八～二一九ページ、二二二ページ）、光・音・電波・空気等は私有化・私物化しにくいという属性をもった物質に過ぎず、その属性からただちに公共的性格を導き出されるというのではなく、属性に根ざす外部性や共益性を評価する人間・社会の側――すなわちコミュニケーション的理性――が、公共性の有無を判断するのである。さらに、教育・福祉・医療に代表されるような社会サービスの公共性は、その物質的・素材的属性から導き出されるものではない[(2)]。

社会サービスの公共性を根拠づける権利性

公共サービスの存在理由としての公共性が、その物質的・素材的属性から導出されるものではないとすれば、教育・福祉・医療等の社会サービスの公共性は、何を根拠にしたものであるか。この意味での公共性に関しては、先にふれたハーバーマスの「公共空間論」以来、論争のあるところであるが、ここではまず私が到達した結論のみを指摘しておくと、公共性とは、①権利性、②共同性の二つに要約される[(3)]。いま少しわかりやすく言うと、公共性とは「その仕事が公共的職務とされなければならない根拠・理由」を示すものだから、その仕事（＝職務）が、①地域住民（国民）の共同業務であり、②また人権保障の任務である場合には、それら二つの根拠にもとづいて、（広義の）公務労働者を確保し、その職務に従事させなければならない、ということである。社会サービス労働にそくして、この「公共性＝権利性＋共同性」の意味をもう少し立ち入って検討しておくことにしよう。

まず前者の権利性とは、たとえば、教育権や生存権等のように、その権利・人権が憲法を始め法令によって定められている場合には、その権利保障のために各種公共サービスが導き出され、根拠づけられるということである。

現代日本の場合、憲法が保障する人権は主に、①第一一条から第二四条（特に一八条から二三条）までに列挙された市民的自由権の体系と、②第二五条の生存権から二八条の勤労者の団結権、労働基本権までの現代的社会権の体系との二系列に分けられる。社会サービスが担う人権保障で問題になるのは、さしあたり、①市民的自由権と、②現代的社会権の二つのカテゴリーである。

念のために市民的自由権の例をあげておくと、人格的自由、思想・良心の自由、教育・学問の自由、集会・結社・表現の自由、居住・職業選択の自由等がその代表である。現代的社会権とは、社会サービス労働に直接かかわる生存権、教育権、労働権、環境権、団結権等をさす。自由権と社会権の決定的な違いは、前者が国家・権力機関から統制・干渉されない自由（国家からの自由＝free from 型の自由）をさすのに対して、後者は国家によって積極的に保障される人権（消極的自由ではなく積極的自由）を意味している点にある。社会権の特徴は生存の社会的保障、教育の公的保障、雇用保障など、生存や教育や労働といった営みに対して、いわば権力を活用して——先述のマルクスの言葉で言えば「道具に転化」して——その保障を義務づける点にある。これらが社会権と呼ばれるゆえんは、国民による生存・教育・労働等の営み（to do）の自由に対して、社会（＝公権力）が積極的に保障を与える点にある。そこで、このような社会権は一般に、自由権の「free from 型消極的自由」に対して「to do 型の自由＝積極的自由」を保障するものと理解されてきた。(4)

自由権としての「生存の自由」とか「教育の自由」とかは、そもそも、個々の市民（＝国民）がいかなる公権力からも自由に生きる権利、教育する権利を意味していた。近代市民社会における人格的自由は、この「国家からの自由＝free from 型の自由」を基礎にして確立したものであった。

ところが、資本主義社会では、資本蓄積とともに失業、低賃金、児童労働、病苦等、労働者階級を貧困に陥れる数々の要因がつくりだされ、「生存の自由」とは実際には「生きるも死ぬも自由」、「教育の自由」とは「教育しない自由」という形式的自由にすぎないことが明らかになってくる。「労働の自由」とは実際には「失業の自由」、「教育の自由」とは「無学の自由」にほかならないことがハッキリしてくるわけである。

そこで、労働運動を始め国民的諸運動は、「生存の自由」だけではなく「生存の社会的保障」を、また、「労働の自由」だけではなく「労働（＝雇用）の社会的保障」を求め、国家に対して社会権の保障を義務づけていくことになる。ここでは、国家は国民の生存を自由放任に委ねるのではなく、むしろ生存の社会的保障のために積極的に介入していく義務を負う。憲法二五条の「すべて国民は、健康で文化的な最低限度の生活を営む権利を有する」という条文のルーツはここにあると言ってよい(5)。教育を例にとってみると、「教育の自由」とともに、日本の憲法は第二六条において「すべて国民は、法律の定めるところにより、その能力に応じて、ひとしく教育を受ける権利を有する」と定め、全国民平等の「教育を受ける権利」を謳っている。そのうえさらに、同条二項は、すべての国民が「その保護する子女に普通教育を受けさせる義務を負ふ」とし、特に教育を受ける子どもの権利の保障を全国民の義務、したがって国家の義務（義務教育）としている。これは、公権力が教育を公務労働の責務として保障する義務を負う、ということを意味する。ここで、「教育の自由」や「学習の自由」だけではなく、あえて「教育を受ける権利」や「教育を受ける権利を担う教育労働の保障」を強調するのは、義務教育を担う現代日本の小中学校は、単に子どもの学習の場としてだけではなく、公教育に従事する教職員の労働を保障する場でなければならない、という点に注意を喚起しておきたいためである。

教育労働について言えることは、他の医療・福祉・保健等の社会サービス労働についても言えることである。コロナ・パンデミックは、このことを医療・保健・看護・介護等のエッセンシャルワークにおいて実証した。すなわち、国民の「健康で文化的な最低限度の生活」は、コロナ・パンデミックのさなかにおいて、医師・保健師・看護師等のエッセンシャルワーカーを「必要充足の原則」(後述)にもとづいて配置しなければ、社会権として保障したことにはならない、ということが明らかになった。本書「はじめに」でふれたように、大阪の「維新政治」は、「橋下維新政治」以来、このエッセンシャルワークの「不生産的・私的消費」に走り、現代のブルシットジョブ（ブルシット政治）の典型を示すものとなったのである。

「公共性」の視点から、いまここで確認すべき点は、自由権と社会権には、①自由権から社会権への発展（＝転換）という断絶面と、②自由権の徹底による社会権の形成・発展という連続面の二重の関係があるということである。教育の自由を例にとって言うと、①権力からの「教育の自由」（教育する自由）だけではなく「教育の公的保障」（教育を受ける公的保障）への展開という断絶面と、②教育の自由を内包した教育の公的保障という連続面の二面が、自由権と社会権との関係にはあるということ、この点を押さえておく必要があるということである。保育・教育・福祉・医療等の社会サービスが、公共的サービスとして保障されるようになるのは、こうした二面性をもつ社会権が公認されるときである。

社会の共同利益＝共同性を担う社会サービスの公共性

権利性と並んで公共性を根拠づける第二のものは「共同性」であった。この場合の共同性の意味は、ひらたく言えば、環境保全や公衆衛生、感染症対策、治山治水、公教育等のような、社会全体の共同利益を担う業務は公共機関の責務とされなければならない、ということである。前章で指摘したように、憲法（第一五条）には、「すべて公務員は、全体の奉仕者であって、一部の奉仕者ではない」

と明記されている。ここで「一部の奉仕者」の「一部」とは、英訳では〝special groups〟、すなわち、特殊利益をさし、「全体の奉仕者」の「全体」とは〝whole community〟であって、いわば総地域社会を意味する。憲法の規定は、一部の特殊な利益に奉仕するのではなく、社会全体に貢献するのが公共機関や公務員の仕事だ、という当然のことを示しているにすぎない。

とは言え、「公共機関は社会の共同利益を担うもの」という当たり前のことが、実際には、通用していないのが現実である。近年の身近な例を一つだけひくと、たとえば、「国政の私物化」で名をあげた安倍政権の「もり・かけ疑惑」がこのことを端的に示している。在りし日の安倍元首相が森友学園と加計学園の「特殊利益」のためにどれだけ便宜をはかったか、ここで詳しく述べるのは紙数の無駄と言うべきである。[6] 安倍政権にかぎらず、「共同性」に根拠づけられた公共性は、理念上ではともあれ、現実の政治ではほとんど生かされてこなかったというのが実態だったと言ってよい。

問題なのは、その理由である。公共性の根拠を「共同性」に求めることができなかった理由は、大きく言うと、二つあると考えられる。

一つは、そもそも社会全体にわたる共同・共通の利益が存在しない（と考えられる）からである。なぜ社会の共同利益が存在しない、と言えるのか。その理由は簡単である。社会そのものが私的利害によって引き裂かれ、諸階級の利害対立によって切り裂かれているからである。社会それ自体が分断・分裂しているのだから、そもそもそこに共同性は存在しないのである。つまり、社会全体を私的利害の対立や階級分断が貫いているところでは、社会構成員の共同利益があるはずもなく、「共同性」

は一種の「共同幻想」にすぎない。社会科学のいわば冷徹な目で、たとえば、奴隷制社会、封建制社会、そして現代の資本主義社会を分析すれば、これらの階級社会において、共同・共通利益の存在を確かめることは、仮に百歩譲って不可能とまでは言わなくとも、きわめて困難である。

もちろんこれには反論が予想される。たとえば、自然環境の保全、歴史的文化財の保護、子どもたちへの公教育などは、社会構成員の共同利益ではないか、という反論である。私は、この反論の趣旨については大いに同意したいと思うが、同時に、海浜の埋め立てや農地等の宅地開発を営利ビジネスとするデベロッパー、不動産業者にとっては、たとえ自然環境や文化財・景観の保全といえども共同利益にはならない、という現実を指摘しなければならない。

日常生活に不可欠な水道でも同じである。飲料水の確保は、誰が考えても、社会共通の利益だと捉えられはするものの、資本主義的利害分断のもとでは、公営水道の民営・営利事業化（privatization）を推進する新自由主義によって、私的利益の対象に組み入れられるのである。一見するだけで地球的規模の共同・共通利益とみえる脱炭素化の温暖化防止策であってすら、石油・石炭業界や電力会社からみれば、その利害に反するのであって、「世界市民」の共同利益とは言えない、というのが（遺憾ながら）現実である。

共同性が単純に公共性を導き出す根拠にならない第二の理由は、階級的に引き裂かれ、私的利害によって分断されている社会では、仮に共同業務が現実に存在するにしても、社会構成員によって（少なくともその多数によって）、共同の利益であり共同・協同性を有するものだとは評価されないことである。たとえば、上にあげた地球温暖化防止とか、核兵器・原発廃止、領土侵略禁止、人種差別撤廃等の課題は、人類共通・共同の利益である。にもかかわらず、地球温暖化が進行し、核兵器禁止条約の批准が遅れ、プーチンによる露骨な領土侵略が止まらないのは、「世界市民」が分裂・分断状況にあって、共同利益（共同性）を評価する能力、前章（一九四〜一九五ページ）で引用したマルクスの言葉では「社会的理性」の力、本書で用いてきた言葉で言えば「コミュニケーション的理性」の力が弱いからである。

もう少し身近な事例で言うと、公衆衛生や公教育は、すでに述べた「権利性＋共同性」の視点からみれば、文句なしに、れっきとした公共的業務・サービスである。にもかかわらず、筆者の住む大阪では、公衆衛生を軽視し保健所の統廃合を強行し、公教育の「私事化」や公的教育労働の「私的消費」を進めた「大阪維新政治」が、かなりの府民によって支持・評価され、その結果、コロナ禍では、府下一円にさんざんの犠牲を招くことになった。(7)

かかる悲劇がなぜ起こったか。その大きな要因の一つは、大阪府下で社会的理性＝コミュニケーション的理性の衰退が進行していることにある、と言わなければならない。

2　コミュニケーション的理性に依拠した公共性の判断

三つの基準にもとづくコミュニケーション的理性の発揮

実は、業務・サービスの「権利性」や「共同性」と言っても、その要件を根拠にして「公共性」を現実に判定するのは、地域・住民のコミュニケーション的理性によるのである。先にみた光・音・電波・光景等の「消費における非排除性・非競合性」に関しても、同様のことが指摘できる。光や音や電波は、燈台の灯りや野外音楽場の演奏、ＴＶの電波の例を思い浮かべるとすぐにわかるように、その素材的属性からみて、私有化や私的囲い込みが困難な物質であり、外部性がきわめて高いことから、一般の人々、社会全体からみて公共的サービス・財貨として扱うことが適切・妥当であると評価されやすいのである。

だが、外部効果の高い光・音・電波等といえども、現代では、技術的には私有化・私物化が可能であり、実際におこなわれている。それは電波・音波受信の制限や有料化、景観の私物化、有料コンサート会場等の例で明らかであろう。ウィルス感染防止の公衆衛生サービスとて、たとえば、ワクチンや感染防具の有料化、商品化によって、私的サービスに転化することは、いともたやすくできることである。昔であれば、誰の目からみても公共財とみなされていた水や空気とて、水道の民営・営利化やウォーター・ビジネスの進出、空気清浄器の販売等にみてとることができるとおり、現代では、私的財に転化することが可能なのである[8]。

　したがって、財貨・サービスの物質的・素材的属性による外部効果の有無や多寡《たか》・高低にもとづいて、その「権利性」や「共同性」を即断することは誤りである——これがここでの一つの結論となる。それでは、何を根拠にして、財貨・サービスの「権利性」・「共同性」を導き出すことができるのか。その答えは、先にも述べたとおり、コミュニケーション的理性にある。ここではコミュニケーション的理性の役割を、コロナ禍で問題になったワクチン接種を例にして、確かめておくことにしよう（コミュニケーション的理性の三領域に関しては、第三章「おわりに」を参照）。

　まず、ワクチン接種の有効性については、真理性基準による第一のコミュニケーション的理性の判断領域である。ワクチンがウイルス感染防止に実際に役立つかどうかは、ワクチンの科学的有効性の真偽にかかわる問題であって、仮に無効であると判断されたり、実証されたりした場合には、そのワクチン接種には——ワクチン接種一般の権利性や共同性は依然として否定されないものの——「公共性」は認められない。つまり、ワクチンの有効性は「真理性基準の世界」の問題にほかならない。

　これに対して第二の正当性（規範性）基準のコミュニケーション的理性は、ワクチン接種の強制性・任意性の判断や、ワクチン効果の政策的利用範囲の決定等にかかわる。限られた医療資源の範囲内では、ワクチン効果にどれだけ人材・資源を動員するか、その手順をどうするかといった問題もこの正当性基準のコミュニケーション的理性の判断領域である。ワクチンの社会的活用の方策の正当性の問題は、ワクチンの科学的有効性とは（関連はしているものの）区別される問題なのである。

第三の、誠実性（真意性）基準のコミュニケーション的理性は、ワクチンに代表される感染症対策に対する誠実な態度、偽りのない正直でまともな政治がおこなわれたかどうか、公共政策としてまっとうに進められたかどうかを判断する理性的能力である。たとえば、ワクチン開発を「やってる感政治」の材料として利用したり、感染症対策ウォッシュ（見せかけだけの対策）とでも呼ぶべきパフォーマンスに悪用しようとした政治勢力の欺瞞、ごまかし、インチキぶりを見抜く能力のことである。これは架空の話ではなく、かかる真実＝誠実性基準のコミュニケーション的理性に依拠すれば、とうてい耐えられない欺瞞的「維新政治」が、大阪では現実に進んだ〈補注〉。公衆衛生に代表される公共政策や政治の欺瞞性や不誠実さを見抜く力は、第三のコミュニケーション的理性の働きによる。

〈補注〉　コロナ・パンデミック最中の二〇二〇年四月、感染拡大による医療現場での防護服不足を受け、松井一郎大阪市長は「雨合羽」の提供を呼び掛け、市内外からは実に三三万枚以上ものカッパが集まったが、大半は未使用となり、市民の「善意」はまったくと言ってよいほど無駄遣いにされた。さらに同年八月、吉村洋文《ひろふみ》府知事は「ウソのような本当の話」として、ポビドンヨードを含むうがい薬に、

「新型コロナウイルスの減少する効果がみられる」と発表した。これを受けて、うがい薬（イソジン）はたちまち店頭から消え、医療機関にも問い合わせが殺到して、大混乱（私は知り合いの外科医から、イソジンを求める患者が私〈外科医〉のところにまでやってきた、という話を聞いた）。安倍首相（当時）によるコロナ対策の布マスク配布、すなわち「アベノマスク」とあわせて、「松井のカッパ」「イソジン吉村」がコロナ禍の「三大笑話」として歴史に残ることになった。それだけではない。吉村府知事は、森下竜一大阪大学寄附講座教授が創業したバイオ・ベンチャー企業アンジェスが新型ワクチン開発に乗り出した直後の二〇二〇年四月、あたかも年内に接種が可能であるかのような見通しを宣伝し、「これは絵空事ではない」と豪語して、大阪府に寄せられたワクチン開発向け寄付金二億円のうち一億五〇〇〇万円を振り向け、「オール大阪で取り組む」として「大阪ワクチン」を打ち上げた。政府も約七五億円もの補助金を交付することになり、アンジェス株は一気に五倍も跳ね上がった。だが、二一年一一月、アンジェスは「（治験で）想定していた効果が得られなかった」と公表、翌二二年九月にはワクチン開発は中止されるに至り、「大阪ワクチン」で人気度を高めようとした吉村知事の目論見は見事に失敗した。問題なのは、森下氏が「安倍・維新コネクション」に深いつながりをもった人物だったことである。同氏は故安倍元首相のゴルフ友達であり、第二次安倍政権期には規制改革会議委員に選ばれたほか、内閣官房健康・医療戦略本部では参与に就き、医療研究者でありながら、元首相の改憲策動を後押しする〝改憲映画〟まで製作した。大阪維新とのつながりも深く、二〇一三年には大阪府・市統合本部医療戦略会議の特別参与、一六年には日本万博基本構想委員に就任しており、最近では、大阪・関西万博の「大阪パビリオン」の総合プロデューサーである（万博の最上位スポンサーに同氏が顧問を務める会社が名を連ねていると言う）（以上は、「毎日新聞」二〇二二年九月二九日、「読売新聞」同年一〇月五日、「ＬＩＴＥＲＡ」同年同月一五日記事〔https://lite-ra.com/2022/10/post-6236_3.html〕等による）。

公共サービスに対する総体的利益説と個別的利益説の見方

このようにみてくれば明らかなように、何をもって公共サービスとして、何をもって私的財貨・サービスとするかの最終的判断は、三つの領域にわたるコミュニケーション的理性による。その際に、燈台の光や環境保全、放送電波・音波、伝染病予防等の高い外部効果をもつサービスが公共性を認められるのは、その素材的属性のゆえに、社会的理性によって、比較的その公共性が評価されやすい、認められやすいという理由による。このことを太陽の光を例にとって説明しておこう。

〈参考図〉の「太陽の光と社会総体の利益」は、太陽が市民社会総体に対して光が燦々《さんさん》と降り注ぐことを示したものである。各市民は、それぞれ各自の都合に合わせてその太陽光を利用すればよいが、太陽光そのものは社会全体に行き渡る利益であり、したがって社会は全体が環境保全等を通じてこの共同利益を守り、維持していかなければならない。図表13は、社会があたかもこの太陽光と公共機関のサービスを類似のものとして捉え、評価した場合の公共サービスを図示したものである。この図表で示された「公共機関—市民社会間関係」では、市民社会（＝共同社会）が総体として公共サービスの受益者となるから、公共機関の維持のための公租公課は、諸個人それぞれが受益者負担で負う必要はなく、応能負担であってよいことになる。これは「経済学の父」と呼ばれるA・スミスが捉えた国家＝公共サービス像である（租税根拠論ではこれを、次ページの図表14でみる「個別的利益説」との

〈参考図〉　太陽の光と社会総体の利益

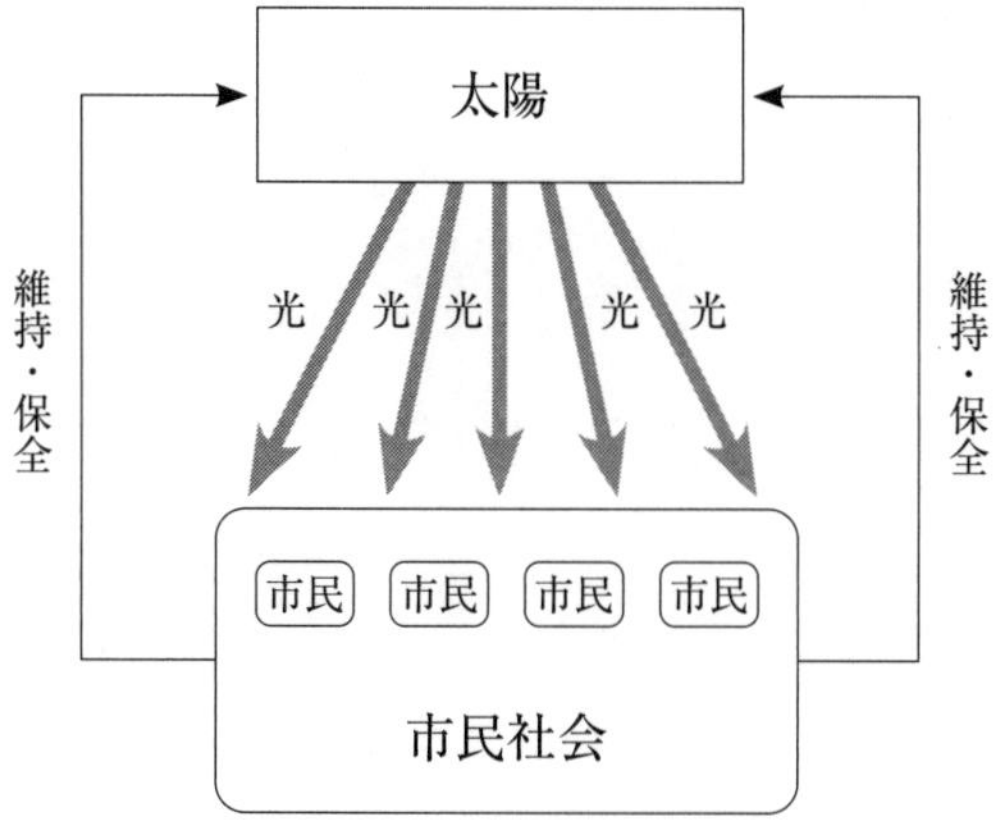

図表13　総体的利益説と応能負担

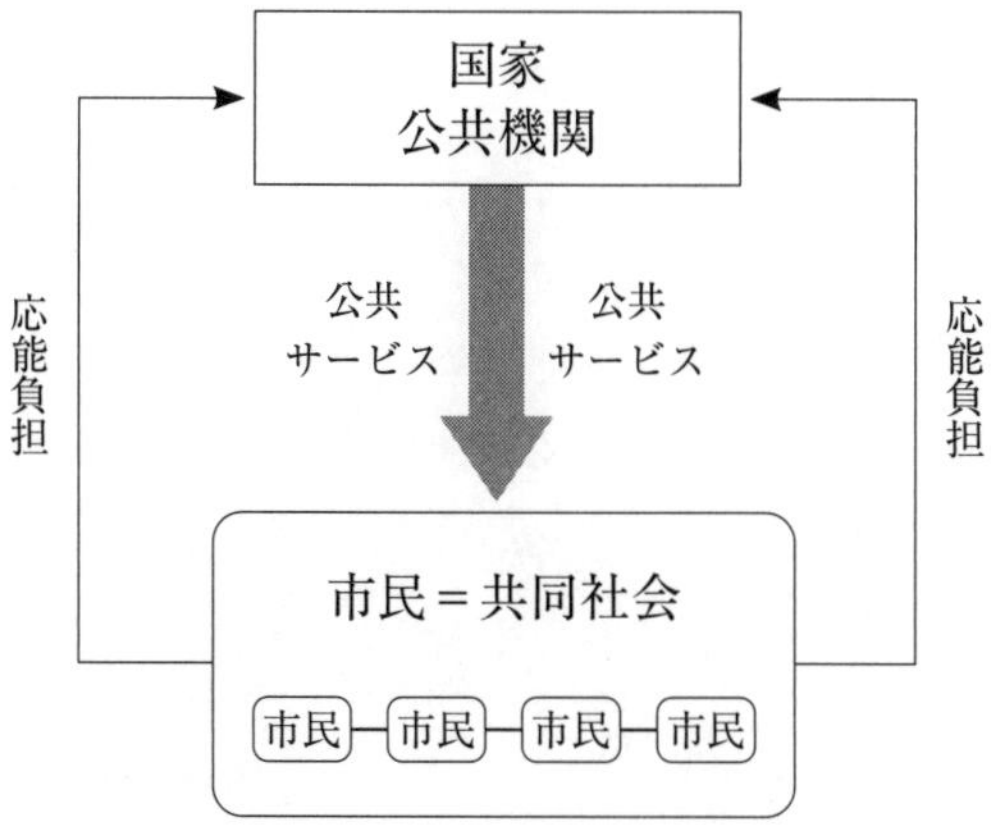

図表14　個別的利益説と応益負担（受益者負担）

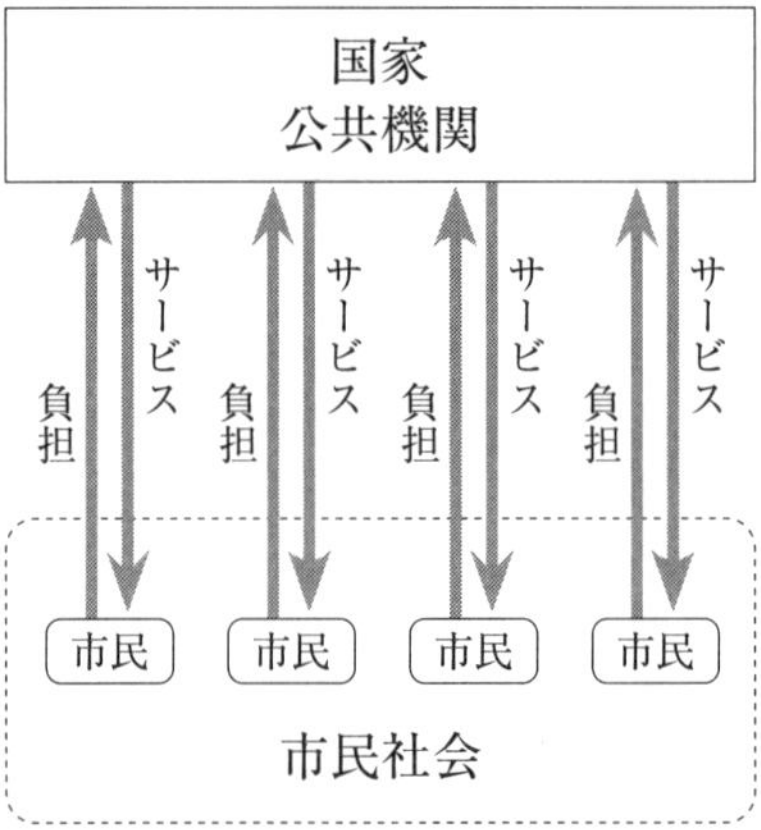

対比で「総体的利益説」と言う）。

これに対して、図表14は市民社会が個々の市民にバラバラになっている場合の受益負担関係を描いたものである。ここでは、公共サービスと個々の市民の間の受益・負担関係は、あたかも市場社会におけるサービス売買関係と同じで、個別的な受益者負担が適用される。市民は、各自が受ける公共サービスの利益に比例して負担しなければならず、一般の商取引関係と何ら変わらない。現代の新自由主義が公共サービスの「民営化・市場化」を主張するのは、この個別的受益者負担主義（個別的利益説）のもとに公共サービスを包摂しようとするためである。

図表13か図表14か、どちらの構図において社会サービスを捉えるかは、コミュニケーション的理性の発展水準の違いによる。もし保育・教育・福祉・医療等の社会サービスがあたかも太陽の光のごとく、図表13の構図（総体的利益説）において捉えられるとすれば、それらの社会サービスは文句なしに公共サービスとして評価され、その共同利益を維持するための負担は応能負担原則のもとにおかれるであろう。だが、もしそれらの社会サービスが図表14（個別的利益説）の構図のもとにおかれるな

らば、現代の新自由主義が主張する市場化・営利化の波にのみ込まれ、たとえば、公教育の民営化、保育・介護の企業化といった政策が進められることになるだろう。

端的に言って、図表13は「福祉国家の世界」であり、図表14は「新自由主義の世界」である。この二つの世界の違いは、そもそもの資本主義の形成・発展期に生まれたものである。そこでここでは次に、これら二つの違いの歴史的ルーツがどこにあったか、言いかえると、原生的な資本主義から福祉国家のルーツがどのようにして生まれてきたのかという点を確かめておくことにしよう。

3　福祉国家型公共圏における社会サービスの発展

行政革命期にあらわれる福祉国家的公共性の萌芽

図表13に示された「総体的利益説」の構図は、すでに一八世紀後半のA・スミスの時代にあらわれていたから、新しい捉え方というものではない。だが、図式そのものは簡単ではあるものの、そのなかに教育・福祉・医療等の社会サービスを位置づけるのはそう容易なことではなかった。その最大の

理由は、資本主義が社会構成員を私人に分裂させ、過去の共同体とは違って社会を千々バラバラにひき裂くからである。過去の村落共同体であれば、治山治水、道普請、河川改修、里山の維持、災害防止・復旧などは、太陽の光や水・空気と同様にコミュニティ全体の共同業務であり、また伝染病予防や公衆衛生、備蓄等も同様に共同利益に資することは手に取るようにわかりきったことであったが、資本主義になるとそうはいかない[9]。資本主義的市場社会では、誰の目にもはっきりと、社会は二重に分断されている。まず階級的に分裂・対立している社会である。第二に、市場社会においては、市民相互は市場人として私的に引き裂かれている。

「階級的対立＋私的分断の社会」、これが資本主義社会の実態である。この対立・分断の社会では、すでに述べたように、社会共通の利益（共同利益）は成立せず、公共性の根拠になる（厳密な意味での）共同性も存在しない。存在するとすれば、それはさしあたり社会の最大多数派である労働者階級の共同利益として形成されるものでしかない。だが、現実の社会は、労働者階級といえども、私的に引き裂かれた市場社会（＝市民社会）に生きる人々であって、自らの階級的利益をただちに共同利益として評価し、実現できるものではない。そのうえに、労働者階級は、一方の極（すなわち資本側）における富の蓄積を強制されるかたわら、自らは「貧困、労働苦、奴隷状態、無知、野蛮化、および道徳的堕落の蓄積」の極におかれた階級である（『資本論④』一一二六ページ）。かかる「階級対立＋私的分断＋貧困状態」のいわば「三重苦」のもとにおかれた労働者は、たとえば自分たちの「子宝」の共同利益＝公教育といえども、それをただちに階級的共同利益として認識・評価できる力を備えているものではない。

この事情をマルクスは、次のように説明している。「労働者は自由な行動者ではない〔独仏語テキストでは、労働者ひとりひとりは、窮迫によってやむなくされる非行を避けることはできない〕。労働者は、あまりにも無知なため、自分の子どもの真の利益や人間の発達の正常な条件を理解できない場合でさえ、非常に多い」(傍点引用者)。[10] 私はかつて、資本蓄積のもとでの「労働者の状態の悪化」を語った上記『資本論』の指摘のうち、前段の「貧困、労働苦、奴隷状態」を仮に「経済的貧困」と名づけるとすれば、後段の「無知、野蛮化、道徳的堕落」の方は一括して「政治的貧困」と名づけて区分けし、これをコミュニケーション的理性の貧困として把握することが可能ではないか、と考えたことがある。[11] マルクスが、労働者一人ひとりが「窮迫によってやむなくされる」とした事態、また「あまりにも無知なため」に陥る状態だと指摘したのは、この「政治的貧困＝コミュニケーション的理性の貧困」をさし示したものだと理解される。そうだとすれば、この「政治的貧困」から脱出するにはコミュニケーション的理性の獲得・発達が必要となる。

そこでマルクスは、上記の「労働者一人ひとりの無知」を指摘したすぐ後で、こう指摘している。「しかし、労働者階級の啓蒙された部分は(傍点引用者)、自分の階級の将来、したがってまた人類の将来がひとえに若い労働者世代の育成にかかっていることを、十分に理解している。なによりもまず児童と年少労働者を現制度の破壊的影響から救ってやらなければならないことを、彼らは知っている。これは、社会的理性を社会的な力に転化することによってしかなしとげられないことであり、そして現在の事情もとでは、国家権力によって施行される一般的法律による以外には、この転化を実現する方法は存在しない」[12]（引用者以外の傍点はマルクス）

この引用の後段にある「社会的理性の社会的な力への転化」という場合の「社会的理性」とは、本書で使用してきた概念で言うと「コミュニケーション的理性」にあたるのではないか、ということは既に前章の最後の所で指摘した（一九四〜一九五ページ）。そこではまた、工場法こそは、「社会的理性を社会的な力に転化」し、資本主義的生産の自然成長的な姿態に「最初の意識的・計画的な反作用」を加えた立法であったことも指摘した。この「社会的理性＝コミュニケーション的理性」の意義を踏まえると、ここであらためて確認すべき点は二つある。

第一は、労働者階級が彼らの共同利益（共同性）を把握し実現するためには、上でみてきたように、経済的貧困に根ざす政治的貧困（無知・野蛮化・規範的退廃）を克服するに不可欠な「社会的理性」や「労働者階級の啓蒙された部分」の力が必要になる、ということである。労働者が公権力を活用して工場法の制定等に取り組むという場合、マルクスは、彼らが有する「成功の一つの要素」としてまず「人数の多さ」をあげたが、同時に、「だが、人数は、団結によって結合され、知識によってみちびかれる場合にだけ、ものをいう」（傍点引用者）とつけ加えるのを忘れなかった。[13]「知識によって導かれた団結」とは、すなわち「コミュニケーション的理性を媒介にした団結」にほかならない。なぜなら、労働者の団結とは階級としての「相互了解・合意の獲得＝コミュニケーション的行為」の産物であり、知識による導きとはほかならぬコミュニケーション的理性の発揮を意味するからである。

第二は、労働者階級の共同利益（共同性）は、公権力を利用した一般的法律によって実現される、という関係にあるということである。工場法を引き合いにして言うと、労働者は工場法という一般的法律を道具として用い、標準労働日の確定、労働時間・安全基準などの（現代的な言い方では）労働基準法上の社会権を獲得した。工場法は、また、家父長制的な家族内に閉じ込められていた妻や子どもを社会の場に引き出し、女性・児童固有の人権を社会権として認めた。たとえば、女性の夜間労働の禁止、鉱山労働の制限、児童労働の年齢制限、就学の義務化がその例である（女性の場合には、ここから後に選挙権が獲得されることになる）。これは、公共性の根拠としての「権利性＋共同性」に即して言えば、工場法が労働者階級の共同性と同時に、新たな権利性の獲得の第一歩だったということを意味する。

以上は、経済的貧困から生まれる政治的貧困をコミュニケーション的理性が克服する過程の話である。この過程は、一筋縄で進んだものではなかったが、ただし、マルクスの生きた時代のイギリスでは、資本主義の母国らしく、新たな「権利性＋共同性」の確保に向かう社会改革が工場法にとどまらず、公衆衛生、教育、救貧行政、選挙制度、公務員制度、地方自治体等の領域においても、ジグザグとした不均等な歩みではあったが、漸進した。この動きは、生まれてまもない資本主義社会に対する国家の側の新しい反作用を示すものとして、後に「一九世紀行政革命」と呼ばれることになる。行政革命を主導したのはベンサム主義者（ベンサマイト）であったが、その初期のリーダーはE・チャドウィックであり、彼がかかわった社会立法とその時代の行政革命の概要は、図表15の通りである。[14] この図表15を一覧すれば、社会権保障の課題に深く関連する行政領域が、すでに一九世紀中葉において、一つの大きな変革期を迎えていたことが理解できるだろう。

イギリス史における一九世紀は一般的には「改革の時代」と捉えられてきた。たとえば、A・V・ダイシーの古典的著書『イギリスにおける法律と世論の関係』（邦訳名は『法律と世論』）はこの一九世紀を、①一八〇〇〜三〇年の旧トーリー主義の立法休止時代、②一八二五〜七〇年の個人主義＝ベンサム主義の時代、③一八六五〜一九〇〇年の団体主義（≒社会主義）の時代の三つに区分した。この時代区分に立つと、第二期のベンサム主義は自由放任主義に等置され、第三期の団体主義（≒社会主義）との対比では個人主義の時代とみなされる。[15] 行政革命の意義は、この「自由放任主義の時代」として特徴づけられてきたイギリスの一八三〇年代から七〇年代にかけて、実際には、自由放任とは逆の積極的な国家干渉が進行していたことを物語っている点にある。

一九世紀イギリス資本主義における「自由放任」と「国家干渉」は、市民社会と国家の関係における対照的な二面、すなわち形式的にみれば矛盾する二面を物語るが、これは産業革命期における国家の二重の役割を反映したものであった。二重の役割とは、①過去の国家干渉を廃止し、営業の自由を中心にした市場社会（＝市民社会）の自由放任を促進すること、いわば資本の本源的蓄積を完成させる国家の役割（その代表が一八三四年新救貧法）と、②資本主義的生産に根ざす階級的矛盾・対抗関係から発生する新たな国家干渉（その代表が工場法）が開始すること、この二つの役割である。後者の

図表15　行政革命とチャドウィック

	法・行政改革	チャドウィックの構想	新設監督官等 1)
議会	1832年　議会改革法	議会や地方的利害への不信、議会よりも行政の重視	1．工場監督官 2．保健監督官 3．救貧法補助委員 4．刑務所監督官 5．教育監督官 6．精神病委員会委員 7．鉄道監督官 8．鉱山監督官 9．タイコ委員会補助委員 10. 移民委員 11. 商船監督官 12. ウェールズ道路監督官 13. 建築委員会監督官 14. 基地監督官 15. 有毒物取引監督官 16. 化学・技術部監督官
都市団体	1835年　都市団体法		
警察	1829年　首都警察設立 1839年　カウンティ警察法 1856年　カウンティ・バラ警察法	犯罪予防の視点、集権制と有給官吏のくみあわせ	
刑務所	1835年　刑務所改革法	刑罰への快苦計算原理の適用	
統計	1837年　戸籍法	人口、結婚、死亡、出産等の統計の整備の必要	
救貧行政	1834年　救貧法改正 1847年　救貧局設置　定住法廃止	院外救済の廃止と劣等処置原則、中央機関、有給官吏、教区連合からなる行政機構	
工場法	1833年　工場法 1842年　鉱山法 1844+47年　工場法改正	婦人・児童労働の制限と成人労働への不介入、リレー制の構想による都市大工場の優位の展望、中央機関と工場監督官の権限保証	
教育	1833年　学校建設補助開始 1839年　枢密院教育委員会設立 1846年　教師養成計画	貧困・疾病・不道徳等の悪循環をたちきるものとしての教育観、工場児童の強制教育	
公衆衛生	1842年　チャドウィック・レポート 1848年　公衆衛生法	上・下水道、廃棄物処理、住宅等の総合的な技術的改良とそのための広域行政、中央機関、技師・医師等の登用、都市と農村の人間的統合	
公務員制度	1853年　ノースコート・トレヴェリアン報告	競争試験制と専門官の任用、inspectability と accountability の結合	

(注) 1）は1833-54年のもの（D. Roberts, Victorian Origins of the British Wellare State, pp.327-333 より作成)。

(初出) 二宮厚美「ベンサム、チャドウィックと行政改革」(島恭彦・池上惇編『財政民主主義の理論と思想』青木書店、1979年)。

新しい国家介入には、工場法（一八三三年・四七年）や公衆衛生法（一八四八年、七五年）、教育法（一八七一年）、地方行政法（一八七一年）、労働組合法（一八七一年）、選挙制度改革（一八六七年）等に示されているように、後の福祉国家の起原を意味するものが含まれていた。したがって、この一九世紀行政革命は「福祉国家型公共性」の萌芽を示すものであったと見てよい（だからこそ、『資本論』は、工場法と工場法監督官の役割を高く評価したのである）。

間接賃金の拡充と福祉国家型公共圏の形成

一九世紀行政革命における「福祉国家型公共性」の萌芽を理論化しようとしたのが、一九世紀後半に台頭する「新自由主義」であった（ダイシーの言う「団体主義」）。ただし、この一九世紀後期の新自由主義とは、現代の新自由主義と同じではなく、その思想内容に照らして言えば、むしろ正反対のものであった、という点に注意しなければならない。正反対というのは、現代の（一九七〇年代以降の資本主義諸国を席巻した）新自由主義とはまるで違って、一九世紀の新自由主義は、市場の自由に公権力が介入し、「市場原理主義」を取り締まって社会的自由を実質化しようとするもの、自由権の内実の拡充をはかろうとするものだったからである。すなわち、「自由放任型の古典的自由主義」ではなく、「自由の実質化型の社会的自由主義」への転換をめざすものであった。思潮のかかる転換が起こったのは、社会の多数派を形成する労働者階級が、自由とは名ばかりで、実際には「不自由な生活」、つまり『資本論』が暴きだした「貧困、労働苦、奴隷状態、無知、野蛮化、道徳的堕落」の世界に投げ入れられていたからである。[16]

「国家からの自由」が現実には「社会における不自由」を呼び起こしているとすれば、実質的自由を内在する「社会的自由」を確保するためには、むしろ国家の干渉・介入が必要である。これは、自由権の実質化をめざす社会権に向かう動きにほかならない（前述の二一四ページを参照）。ここでは自由権は「国家からの自由」ではなく、むしろ「国家による自由の保障」を意味する権利、すなわち社会的市民権（social citizenship）が求められる。[17] これを、当時の「社会自由主義」を代表するホブハウスは、「国家の機能は、その市民たちが、十全な市民としての能力に必要なものすべてについて、自分たち自身の努力で手に入れることができるような諸条件を確保することである」と述べている。[18]

このホブハウスの見解は、自由主義から社会主義に接近する際の、いかにもイギリスらしいタイプの「新自由主義＝社会主義思想」をあらわしている。彼は、この〝個人主義から社会主義への接近〟を、「首尾一貫した個人主義は社会主義と調和的に働きうる」と述べ、その根拠を説明して、「個人主義は、諸々の事実に取り組むときには、ほとんど社会主義路線に沿って駆り立てられる。個人主義を個人の自由と平等を維持するものと再認識するやいなや、私たちは社会的統制の領域を拡大しなければならないのである」と述べている。[19] ここで指摘された「社会的統制の領域」とは本書で言う「公共性」を意味するものにほかならないが、ホブハウスの言葉では「共通善」となる。

ホブハウスらが、「共通善＝公共性」を追求するようになったのは、社会の現実が、すでにふれたように、自由ではなく実質不自由な状態に陥っていたからである。この不自由とは、労働者状態の悪化を示す先述の「貧困、労働苦、奴隷状態、無知、野蛮化、道徳的堕落」のうち、前段の「貧困、労働苦、奴隷状態」の窮乏・困窮、本書の言葉で言えば「経済的貧困」に根ざす不自由のことである（二二七ページ参照）。「惨めで疲れ果てた奴隷状態」をさす「経済的貧困」とは、文字どおり食うや食わずの、不自由極まりない極貧状態を意味する。これは、資本蓄積の進行過程で起こる労働者階級に固有な、歴史上前代未聞の「不自由な生活実態」であった。

だが労働者は、この経済的貧困化のただ中において、近代的階級に固有な共同利益の追求、すなわち「公共性」の根拠となる「共同性」の追求を開始する。その産物が、一言で言えば「間接賃金」である。「間接賃金」とは、世界でも先頭に立ってその拡充をめざしてきたフランスの労働運動の定義によれば[20]、「社会保障給付＋家族手当＋税等の控除額」を意味するが、ここでは簡略化して、ほぼ社会保障給付に該当するものとしておく。労働者の収入を「直接賃金＋間接賃金」の合計ととらえた場合、雇用先から直接に支払われる賃金を「直接賃金」、それ以外の医療・年金等の社会保障給付、児童手当、税制上の所得控除額等が「間接賃金」にあたる、ということである。

いまここで、なぜこの間接賃金に注目するかと言えば、近代の労働者階級が経済的貧困のただ中にあって、共同利益のために最初に取り組んだのが相互扶助＝共助の共済保険だったからである。ただ、保険そのものは、「大数《たいすう》の法則」に依拠して自然発生的に生まれる相互扶助の仕組みにすぎない（日本古来の頼母子講《たのもしこう》はその一例である）。近代の労働者階級は、過去のギルド職人やクラフトユニオン

（職人型熟練労働者組合）から、この保険原理を生かした相互扶助＝共済方式を受け継ぎ、初期の労働組合や友愛組織で活用した。

大胆に割り切って言うと、生まれたばかりの近代労働者階級は、資本から支払われる「直接賃金」だけでは食うや食わずの不自由な生活状態を免れず、保険の効用を活用した共助形態の「間接賃金」で補完して、極貧生活をなんとか生き抜こうとした、ということである。初期の労働組合や友愛組合は、労働者が自分たちの「共同利益」のためにつくった互助・共助組織にほかならなかった（団結禁止法のもとでの友愛組合は労働組合の隠れ蓑であった）。もちろん互助・共助と言っても、それはまだ「自助のプール」にすぎない。当初の友愛組合型保険の原資（つまり拠出金）は、直接賃金からの捻出によっていたから、現代的な意味での「間接賃金」と呼ぶことはできない。友愛組合型保険組織が「間接賃金」の機能を発揮するようになるのは、少なくとも雇主＝企業側の拠出（負担）が制度化されてからである。低賃金にあえぐ労働者相互間の「自助のプール」や慈善活動に依存するだけでは、自立・自助原則を補完する、単なる友愛・共助にとどまる。ただ、その機能が、出産、疾病、失業、死亡時への備えにあったから、後の社会保険（間接賃金）が芽生える起点の意味をもったのである。[21]

イギリスの友愛組合は、主に失業と死亡時の備えとしての保険組織の機能、とりわけ葬儀費用に対する備えを担うものとして普及したというから、生まれたばかりの労働者階級の「共同利益」がいかに地域コミュニティー的共同性に根ざしていたかが、よく理解できるだろう（日本の村八分が物語るように、共同体では古来、葬式・葬儀は第一級の共同性（＝公共性）を担う社会サービスであった）。友愛

図表16　生活費構成の変化

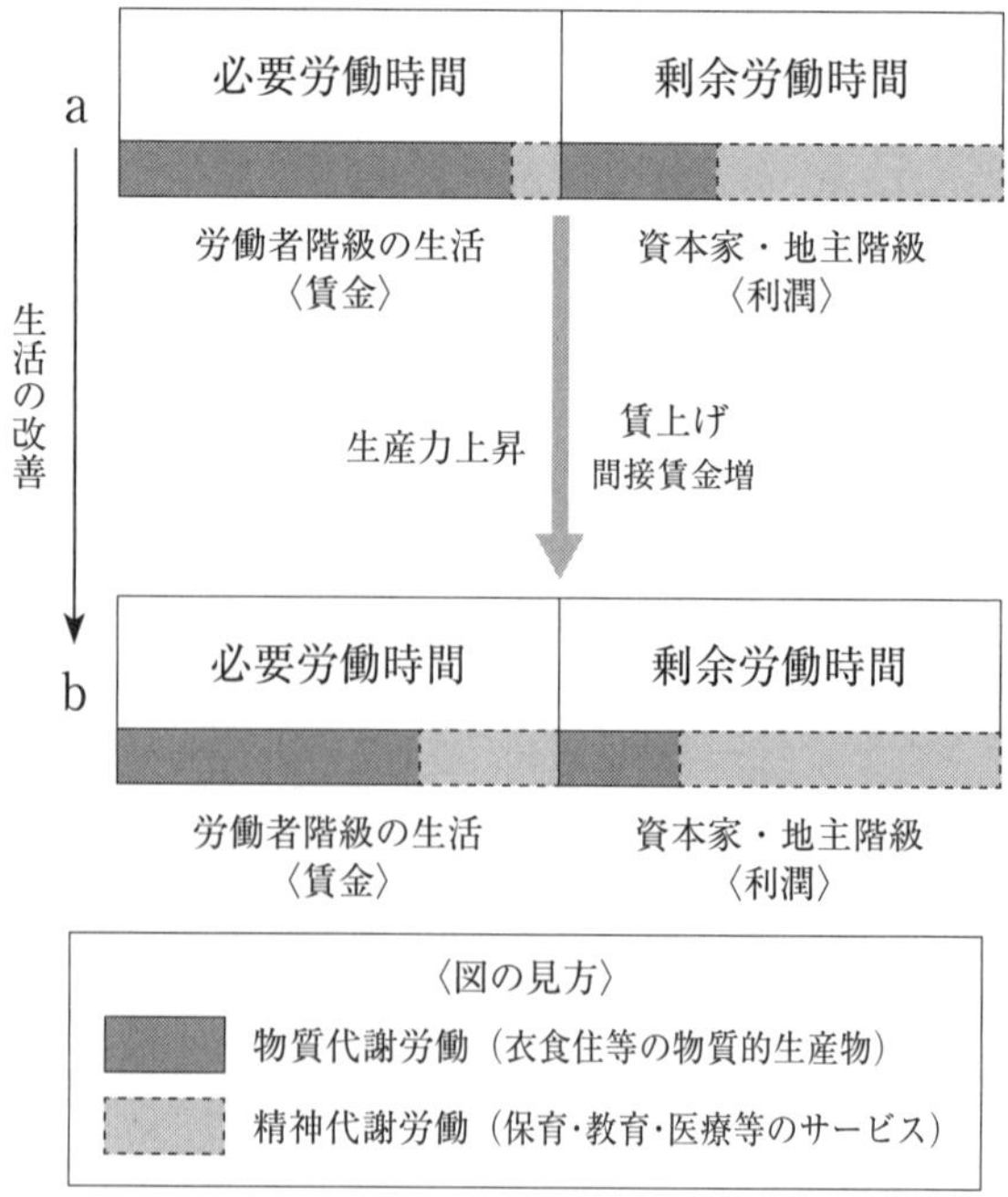

組合に端を発するこの共同性・連帯性が、後の社会保険（つまり間接賃金）を形成する出発点になるのである。図表16は、間接賃金の増加によって、保育・教育・医療等の費用にあてる賃金部分が増える関係を図示したものである（労働者階級の生活では、ほぼ、図表の薄い明度の部分が間接賃金による社会サービス費用の捻出をあらわしている）。

　労働者の共済保険は、一九世紀後半から二〇世紀初頭にかけて、独・英・仏等の資本主義諸国において、労災、失業、医療、老齢年金等の社会保険として再編・発展を遂げることになる。初期の社会保険は、疾病・失業・退職・労災などによって失われた所得の補填、または医療・養育等にかかった費用の償還、つまり所得保障（現金給付）を課題とする保険であった。たとえば、労働者の三分の二拠出、企業の三分の一拠出で開始した一八八三年のビスマルク保険は、医療にかかった費用の一部を補填する費用補償型社会保険として出発したものであった。その理由は、市場社会では、人々は商品・サービスの売買をつうじて生活を営んでいるのであって、保険とはその生活費の保障、つまり所得・現金の補填とほぼ同義とされていたからである。

この保険給付が「間接賃金」の性格をもつようになるのは、前述したように、社会保険に対する雇用者・事業主側の保険料拠出、そして国家の公的資金の投入が義務づけられるようになってからである。このとき、労働者は「階級的な共同利益」として、直接賃金に加えて社会保険をつうじた間接賃金を獲得することになったのである。社会保険は自由権的生存権から社会権的生存権への過渡期に生まれた間接賃金の形態であると言ってよい。

労災・失業・医療・老齢等の各種社会保険は、労働者が手がけた友愛組合型の互助・共済保険が生存・雇用・医療等の社会権を担う組織へと発展していく過程における過渡的形態として成立したものであった。工場法が労働者階級の「権利性」を担う第一歩であったとすれば、社会保険＝間接賃金の獲得は労働者階級の「共同性」を物語る第一歩であった。したがって、社会権を基礎にした「福祉国家型公共性」の原型がここにつくりだされた、と言ってよい。一九世紀後半に登場した新自由主義（社会自由主義）は、この意味での福祉国家型公共性を担うコミュニケーション的理性のあらわれであった。

必要充足原則にもとづく現物給付方式による社会サービス保障

ただし、本書の中心的テーマである社会サービス保障の視点からみると、この時点での「福祉国家型公共圏」は、「権利性」と「共同性」の両面において十分な水準に到達したものとは言えない。その限界・弱点は社会保険を貫く保険原理にあらわれてくる。

保険原理とは、一般的には、保険の前提である拠出主義原則のほか、①収支相等の原則（保険財政全体について収入・支出を均衡させること）、②給付・反対給付均等の原則（保険加入者個々人への給付はその反対給付＝保険料負担に比例していること）、③保険技術的公平の原則（保険料負担は保険事故のリスク度合いに対応していること）の三原則をさす。こうした保険原理のルーツは、市場原理に由来するものである。と言うのは、市場原理とは、等価交換、個別的な受益＝負担関係、一物一価原則等をさし、保険の運営原理はこの市場原理にそったものにほかならないからである。このうち、社会保険では、②③原則の適用は限定的であるが、①の収支相等の原則はなお貫かれる。問題は、この財政上の収支均等原則（社会保険財政で赤字を出さない原則）によって、医療・失業・年金等の保険給付にさまざまな制限が課せられ、上限等が設けられることである。

そのうえに、そもそも市場社会（貨幣経済）における保険は、一般的に言って、現金給付方式ないし費用償還・補償方式を基本とする。というのは、保険とは何らかの保険事故（火災・災害・疾病等）

を事前に想定し、事故に際してかかる費用の補償を図ろうとするものだからである。実際に、疾病保険にせよ、失業・災害・死亡等の保険にせよ、先にも述べたように、当初成立した社会保険はすべて、私保険（民間保険）と同様に、費用償還・補償型の現金給付方式であった。失業保険や疾病保険の場合には、失業や疾病によって失われた所得（逸失所得）を補填する意味があるから、この現金給付方式は所得補償（＝保障）方式とも言いかえられる。このことは、現代のたとえば生命保険や火災保険が現金給付＝所得保障方式をとっていることから、容易に理解されるだろう。

だが、こうした現金給付＝所得保障方式によるだけでは、教育・医療・ケア等の保障に求められる「必要充足の原則」に合致した対応をとることはできない。なぜなら、現金給付とは、社会サービスの利用にかかった費用の一定額（だけ）を補償＝償還しようとするものであって、給付される社会サービスの範囲は制限され、必ずしも「必要充足の原則」にそったものにはならないからである。教育・医療・福祉等の社会サービス労働には、①個別性・多様性、②応答性、③柔軟性・可変性が求められ、そのために規格化、定型化、マニュアル化が困難である、という特質が認められた（本書第三章「はじめに」を参照）。この社会サービス労働の特性に照らして言えば、必要充足原則にそった社会サービス保障に適合的な給付方式は、現金給付型ではなく、現物給付型方式であると言わなければならない（社会保障論では、ここから、「所得保障一元化論」か「現金給付・現物給付二元論」か、という論争が始まることになるのであるが[22]、現物給付型社会保障と所得保障一元化との関係については、注(22)の文献参照）。

現物給付方式とは、現金給付方式が一定額の貨幣（＝現金所得）を給付する形態であるのに対して、受給者に対して社会サービスの現物（＝労働そのもの）を給付する方式をさす。社会サービスの場合には、現物給付と言っても生産物や財貨等をさすのではなく、いわば生《なま》のサービス労働が「現物」にあたり、したがって現物給付とは教育労働、医療労働、ケア労働そのものを受給者のニーズにあわせて提供することを意味する。この社会サービスの現物給付では、受給者の多様な個別的ニーズに対する応答性、つまり個別的応答性が問われるために、受給者の求めるニーズ（必要）を充足する原則が規範となる。

例をあげて言うと、教師の場合には、個々の生徒に最適な教育が求められ、医師の場合には個々の患者に必要な診療が求められるのであって、「必要充足の原則」にそった教育・医療は、あらかじめ定められた一定の金額や費用の範囲内に制限してはならない――これが現物給付方式の鉄則になるのである。さらに、教育にせよ医療にせよ、あらゆる社会サービス労働は精神代謝労働に属するから、必要とされる労働は、労働者とその消費・利用者相互間のコミュニケーション的了解・合意の上で成立するものである。現物給付方式の運営は、それぞれの労働現場における必要充足原則にそった判断に委ねられる。つまり、「必要充足原則」と「現物給付方式」とは、社会サービス保障において相互補完ないし相互前提の関係にある、ということである。

社会サービスの福祉国家型公共サービスへの転換

要するに「必要充足原則にもとづく現物給付方式」――これが福祉国家型社会サービス保障の形態である。[23]この形態の社会サービス保障が実現するのは、生存権や教育権といった社会権が確立している場合である。社会権が明確に確立していないかぎり、必要充足原則にもとづく社会サービス保障を徹底することは困難である。

教育を例にとって言えば、子どもの教育権が社会権として承認されないと、子どもたち一人ひとりにとって必要とされる教育を受ける権利が確立したことにはならない。日本の憲法は、すべての国民が「その能力に応じて、ひとしく教育を受ける権利を有する」（第二六条）と明記しているが、この場合の「能力に応じて」とは、「必要に応じて」と読みかえて理解することが可能であり、また、そのように理解すべきである、というのがいまでは通説である。能力の違いや発達段階の差違は、それぞれの子どもにとって必要とされる教育課題の違いをうみだすのであって、その教育ニーズの差違を反映した教育労働の現物給付が公教育の課題となるわけである。[24]

生活保障に関しても、同じことが言える。一口に「健康で文化的な最低限度の生活」の保障とは言っても、ミニマムな生活を維持するために必要とされる財貨・サービスには大人と子ども、青年と老人、病弱・障害者と健常者等の間には違いがあり、社会権としての生存権があいまいな場合には、国民一人ひとりの間に生まれる生活ニーズの違いを真に反映した生活保障とはなりがたい。かつてアマルティア・セン（一九九八年ノーベル経済学賞受賞者）は、人々の福祉（well-being）とは人間に固有なcapability（潜在能力＝機能）の発達・発揮に求められるが、それを平等に保障するには、各自の能力発揮に必要な条件の差違を考慮し、画一的な平等性ではなく、むしろ不平等と言うべき条件整備が必要である、と主張した。[25] 彼はマルクスの「ゴータ綱領批判」での人間を「ある特定の側面からだけ」からとらえる誤りを批判していることなどを引きながら、人間を平等に扱うには「何の平等が」という基準を明確にし、その基準に即した平等的処遇が必要であると主張したのである。[26] このセンの見解は、必要充足型現物給付方式による生活保障を主張したものにほかならないが、その実現には生存権（＝社会権）の確立が前提になるのである。

だが、こうした社会権としての教育権や生存権にもとづく社会サービス保障を確立しようとすると、社会保険に残存する保険原理と衝突せざるをえない。先にも述べたように（二三八〜二三九ページ）、保険原理とは市場原理に根ざす互助形態であり、社会権的な人権原理にもとづく社会保障とは矛盾する点が生まれるのである。この矛盾を打開するためには、間接賃金としての社会保険を社会権にもとづく社会保障に引き上げることが必要となる。これは、労働者の共同利益を担って出発した間接賃金＝社会保険を、人権原理をテコにして、国民的共同利益を担うナショナル・ミニマム保障（＝社会保障）に発展させ、普遍化することを意味する。

社会サービスのナショナル・ミニマム保障とは、社会サービスと市民社会（＝共同社会）との関係を、本書の図表13（二二三ページ）で示した「総体的利益説」の構図において把握することを意味する。この「総体的利益説」の世界では、社会サービスは国民生活総体に対して、あたかも太陽の光が燦々と降り注ぐように（同ページ参考図）、ナショナル・ミニマム保障の便益をもたらす。社会サービスを図表13の公共サービスとみなす場合には、そのナショナル・ミニマム保障とは、市民社会に対するユニバーサル・サービス保障と言いかえてもかまわない（この場合のユニバーサル・サービスとは、本書で用いてきた言葉ではエッセンシャルワークと読みかえることも可能である）。生存権＝社会権にもとづく公共サービスのユニバーサル保障に必要な財源は、言うまでもなく、公的資金に依拠し、その資金源は社会保険料に限定されず、むしろ重心は応能負担型の租税資金に移される。

ここでは、かつて間接賃金（社会保険）が担っていた労働者の「共同利益＝共同性」は、ナショナル・ミニマム保障によって担われる「国民的共同利益」（ユニバーサル・サービス保障）に発展し、公共圏のいま一つの柱であった「権利性」は社会的市民権から現代的社会権に発展する、という関係が生まれる。お望みであれば、福祉国家型公共性の根拠「権利性＋共同性」は、いまや「社会権＋普遍性」へと転換する、と言ってもよい。いずれにしても、いまや社会サービス労働は、本章冒頭で述べた資本主義社会における三形態、すなわち①営利労働、②不生産的労働、③市場労働の三形態とは異質な公共サービスへと変貌を遂げることになるのである。

〈注〉

(1) ハーバーマスの著は、英訳(私が参照したのは Thomas Burger [with the assistance Frederick Lawrence] 訳、一九八九年、Polity Press 刊)で、The Structural Transformation of the Public Sphere とされている。日本で公共性を「公共空間」と捉えた一例は、斎藤純一『公共性』岩波書店、二〇〇〇年にみることができる。なおハーバーマスの著書は、その後、第二版が刊行され、たとえば、山口定他編『新しい公共性――そのフロンティア』(立命館大学人文科学研究所研究叢書)、有斐閣、二〇〇三年、山口定『市民社会論――歴史的遺産と新展開』有斐閣、二〇〇四年等に大きな影響を与えたが、ここでは本論から外れるために立ち入らない。

(2) 二宮厚美「公共財の経済学的検討」室井力他編『現代国家の公共性分析』日本評論社、一九九〇年。

(3) 二宮厚美『自治体の公共性と民間委託――保育・給食労働の公共性と公務労働』自治体研究社、二〇〇〇年 二宮厚美・田中章史『福祉国家型地方自治と公務労働』大月書店、二〇一一年、その他、公共性の概念に関しては、原野翹『行政の公共性と行政法』法律文化社、一九九七年、晴山一穂『行政法の変容と行政の公共性』法律文化社、二〇〇四年、福家俊朗『現代行政の公共性と法――行政の法的な存在理由』日本評論社、二〇一〇年、池上惇・二宮厚美編『人間発達と公共性の経済学』桜井書店、二〇〇五年を参照。

(4) この積極的自由の観点から福祉(wellbeing)を捉えたのが、A・センである。アマルティア・セン、鈴村興太郎訳『福祉の経済学――財と潜在能力』岩波書店、一九八八年、同、池本幸生他訳『不

平等の再検討――潜在能力と自由』岩波書店、一九九九年参照。

(5) 社会権については片岡昇『労働法の基礎理論』日本評論社、一九七四年、大須賀明編『文献選集日本国憲法7　生存権』三省堂、一九七七年、中村睦男・永井憲一『生存権・教育権』（小林直樹監修・現代憲法大系⑦）法律文化社、一九八九年を参照。

(6) 私は、二宮厚美『終活期の安倍政権』新日本出版社、二〇一七年において、この「もり・かけ事件」について、比較的詳しく検討した（同書八一～一〇七ページ）。

(7) 「大阪維新」が、公共サービスの私事化（privatization）を目指す野蛮な新自由主義的体質の政治的一派であることは、二宮厚美『橋下主義解体新書』高文研、二〇一三年参照。なお、ここで公教育労働の「私的消費」と呼んだのは、橋下大阪府・市政下において、教育基本条例によって、教職員を職務命令・服務規律第一主義のもとに従属させようとしたこと、あたかも教育労働者を首長の「家事使用人」であるかのごとく服従させようとしたからである。当時の橋下市長は、自分でも憲法違反と認める職員の思想調査を強行するほどの「暴君」ぶりを露わにしていた（強行された思想調査は最終日になって凍結され、後日、廃棄処分された）。

(8) 資本主義の自然成長的発展のもとでは、水や空気が私的事業の対象となり、道路や街灯等とともに、水道の民営事業化が進んできたことについては、たとえばジョージ・ローゼン、小栗史朗訳『公衆衛生の歴史』第一出版、一九七四年を参照。

(9) アメリカのニューイングランド等で形成された小商品生産者のタウンシップは、ある意味では例外的に、保安官、課税評価員、教育委員、教区委員などを選出し、資本主義形成期において、コミュニティ単位の共同業務を担わせた。アレクシス・de・トクヴィル、井伊玄太郎訳『アメリカの民主政治（上）』講談社学術文庫、一九八七年、参照。

(10) マルクス「個々の問題についての暫定中央評議会代議員への指示」不破哲三編集『インタナショナル』古典選書、新日本出版社、二〇一〇年、五三ページ、『全集』第一六巻、一九三ページ。

(11) 二宮厚美「安倍政権のもとでの政治的貧困の諸帰結」『前衛』二〇二〇年四月号。なお、『資本論』の指摘する「無知、野蛮化、道徳的堕落」のうち、道徳的堕落とは、ドイツ語本文では moralischer Degradation、英訳本では mental degradation であり、社会的・精神的退廃の意味に近いところがある点に注意されたい。

(12) マルクス、同上。

(13) マルクス「国際労働者協会創立宣言」前掲『インタナショナル』二〇ページ、『全集』第一六巻、一〇ページ。

(14) チャドウィックに関しては、アンソニー・ブランデイジ、廣重準四郎、藤井透訳『エドウィン・チャドウィック――福祉国家の開拓者』ナカニシヤ出版、二〇〇二年が詳しい。行政革命の主たる内容については、岡田与好『独占と営業の自由――ひとつの論争的研究』木鐸社、一九七五年、同『経済的自由主義――資本主義と自由』東京大学出版会、一九八七年を参照。

(15) A・V・ダイシー、清水金二郎訳『法律と世論』法律文化社、一九七二年。ついでながら、この一九世紀中葉のイギリス資本主義の国家を「自由主義国家」と把握する見方は、「宇野学派」の「段階論」を典型として、長らく日本の支配的通説をなしてきたものである。

(16) 一九世紀後半期のイギリスにおける労働者の生活・貧困状態については、安保則夫『イギリス労働者の貧困と救済――救貧法と工場法』明石書店、二〇〇五年、パット・セイン、深澤和子・深澤敦監訳『イギリス福祉国家の社会史――経済・社会・政治・文化的背景』ミネルヴァ書房、二〇〇〇年、徳永重良『イギリス賃労働史の研究――帝国主義段階における労働問題の展開』法政大学出版局、一九六七年等を参照。

(17) この社会的市民権概念を中心にして福祉国家論を展開したのがマーシャルである。Ｔ・Ｈ・マーシャル、岡田藤太郎訳『福祉国家・福祉社会の基礎理論』相川書房、一九八九年、同、岡田訳『社会（福祉）政策――二十世紀における（訂正版）』相川書房、一九九〇年を参照、Ｔ・Ｈ・マーシャル＆トム・ボットモア、岩崎信彦・中村健吾訳『シティズンシップと社会的階級――近現代を総括するマニフェスト』法律文化社、一九九三年。

(18) Ｌ・Ｔ・ホブハウス、吉崎祥司監訳『自由主義――福祉国家への思想的転換』大月書店、二〇一〇年、一二一ページ。

(19) 同上、七一、七三、七四ページ。

(20) 日本労働組合総評議会編、黒川俊雄監訳『労働組合運動と経済学』（フランス労働総同盟〔ＣＧＴ〕中級教科書）労働旬報社、一九七八年、一三一～一三四ページ。

(21) 近藤文二『社会保険』岩波書店、一九六三年、小山路男『西洋社会事業史論』光生館、一九七八年、ポール・ジョンソン、真屋尚生訳『節約と浪費――イギリスにおける自助と互助の生活史』慶應義塾大学出版会、一九九七年等を参照。

(22) この論争については、たとえば沼田稲次郎・松尾均・小川政亮編『社会保障の思想と権利』労働旬報社、一九七三年、佐口卓『現代の医療保障——医療の階層性をめぐって』東洋経済新報社、一九七七年、岡崎昭『医療保障とその仕組み』晃洋書房、一九九五年参照。

(23) 社会サービス保障の「必要充足・応能負担原則」と現物給付の関係については、福祉国家と基本法研究会・井上英夫・後藤道夫・渡辺治編著『新たな福祉国家を展望する——社会保障基本法・社会保障憲章の提言』旬報社、二〇一一年参照。

(24) 実際に「能力に応じて」が「必要に応じて」と同義であることは、とりわけ筆者自身が体験した障害児教育の現場（現在の特別支援学校）において実証されている。この点については、二宮厚美・神戸大学附属養護学校編著『コミュニケーション的関係がひらく障害児教育』青木書店、二〇〇五年、二宮厚美『発達保障と教育・福祉労働——コミュニケーション労働の視点から』全障研出版部、二〇〇五年参照。

(25) マルクスは「ドイツ労働者党綱領にたいする評注」（いわゆる「ゴータ綱領批判」）で、次のように論じている。まず、「（社会の）進歩にもかかわらず、この平等の権利はまだつねにそのブルジョア的制限にとりつかれている」と述べるとともに、労働者にも個人的天分の違いがあることを指摘する。そして、この不平等な諸個人を「同じ尺度で測定できはするが、それはただ、彼らの同じ視点のもとにおき、ある特定の側面からだけとらえるかぎりのこと」だと言って、「彼らを労働者としてのみみなし、そして、彼らのなかにそれ以外のものをいっさい見ず、他のいっさいのものを度外視するかぎりのことである」（『ゴータ綱領批判／エルフルト綱領批判』古典選書、新日本出版社、二〇〇〇年、二八〜

二九ページ、『全集』第一九巻、二〇〜二一ページ、傍点マルクス）と、一面的なとらえ方を痛烈に批判した。

(26) アマルティア・セン、前掲『不平等の再検討』一八九〜二〇七ページ、およびアマルティア・セン、鈴村興太郎・須賀晃一訳『不平等の経済学』東洋経済新報社、二〇一六年、八九〜一〇二ページを参照。

第6章　歴史のなかの社会サービスの将来展望

社会サービス労働が、社会権（=生存権）にもとづく社会保障サービスとして、また国民的・普遍的利益を担うユニバーサル・サービスとして発展するためには、しかるべき歴史的条件を必要とした。たとえば、医療・教育・ケア労働の「必要充足型現物給付方式」が実現するためには、まず、それらの社会サービス分野で働く人々が十分な数に達していなければならない。人手不足の状況では、コロナ・パンデミックが各地域で実証したように、エッセンシャルワークの現物給付は現実化しない。また、医学や公衆衛生学、医療・保健技術等が一定の水準に到達していなければ、医療労働の必要充足原則による保障は実際には困難である。

したがって、社会サービスが福祉国家型公共圏における公共サービスとしての地位を確保するためには、一定の歴史的前提条件が揃っていなければならなかった。その要件とは、さしあたり大きく分けて二つあった。一つは生産力の発展、いま一つは階級的力関係の変化である。階級的力関係の変化は、労働運動や住民運動の発展によるが、この面での歴史的条件については、労働者の階級的共同性および権利性の発展を見たところで、すでに大要は論じているので、ここでは、主に生産力の発展の面から、「歴史のなかの社会サービス労働」をみておくことにしたい。

1　生産力の発展による自由に処分できる時間の獲得

精神代謝労働としての社会サービス労働は、物質代謝労働（物質的生産労働）とともに、生まれ発展してきたものである。ただ、その労働が社会的総労働（時間）に占める割合を高めていくには、物質代謝労働における生産力の発展を必要とした。衣食住をはじめとする物質的生産部門の生産力が低い水準にとどまっている状態では、保育・教育・医療・ケア・文化等の労働が発展できる余地は少ない。まして、それらの労働が公共サービスとして承認されるためには、社会の総労働の一定量を社会サービスにまわすゆとりが必要であった。つまり、社会サービス労働に従事する人々が一定数に達していなければならなかった。この必要条件は、社会の生産力の発展によって充足されるという関係にあるが、これを確かめるためには、まず、生産力の発展とは何を意味するのか、の基本問題に立ち入っておかなければならない。

マルクスは労働の生産力に関して、『資本論』冒頭の商品論で、こう指摘している。「労働の生産力は、いろいろな事情によって規定され、とりわけ、労働者の熟練の平均度、科学とその技術学的応用可能性との発展段階、生産過程の社会的結合、生産集団の規模とその作用能力によって、さらには自然的諸関係によって、規定されている」（『資本論①』七四ページ）。ここで「労働の生産力」は、ひとまず、①労働能力の平均的熟練度、②科学・技術学の応用水準、③生産の社会化（社会的結合には協業が含まれる）、④労働集団の生産力（協業・分業の生産力）、⑤自然の生産諸力、の構成要素から把握されているとみてよい。

いま注意しておいてよいことは、こうした生産力の構成要素の比重、および相互の連関は、歴史的に変化し、労働の生産力はその変化を通じて高まっていくという関係にあることである。そうすると、上記①は個別的労働能力の生産力、③と④とは社会的分業・協業の発展および作業場内協業・分業の発展水準を意味するから、これら①③④の生産力は一括して「社会的労働の生産力」として要約される。そして、この「社会的労働の生産力」が狭義の「労働の生産力」として、再定義されることになる。

この点を押さえて言うと、マルクスの生産力概念は、①労働の生産力、②科学の生産力、③自然の生産力の三要素から構成されていた、と理解される。これら諸力の複合的要素をあらわすために、マルクスはしばしば、生産力概念を単数ではなく複数形の「生産諸力」と表現した。この生産力概念に関連して、いま注目しておかなければならないことは、三点ある。

第一は、生産諸力の三つの構成要素は、究極のところでは自然諸力の活用、すなわち「自然の生産力」に収斂《しゅうれん》するということである。なぜなら、「労働の生産力」は「科学の生産力」によって置換され（科学・技術学の応用は「労働の生産力＝生きた労働」を「技術＝労働手段体系＝死んだ労働」に転換する[1]、また、「科学の生産力」とは自然の諸法則（自然諸力）の発見・応用による「自然の生産力」の利用に依拠したものにほかならないからである。[2]『資本論』はこのことを、「人間は、彼の生産においてて、自然そのものと同じようにふるまうことができるだけである。すなわち、素材の形態を変えることができるだけである。それだけではない。形態を変えるこの労働そのものにおいても、人間は絶えず自然力に支えられている」と述べて、要するに、人間にできることは自然力を利用することだけだ、と指摘した（『資本論①』八〇ページ）。

第二は、生産諸力の発展とは、労働・科学・自然の「無償の役立ち」に依拠したものだということである。『資本論』は、「機械と道具は、人間の労働の関与なしに現存している自然諸力とまったく同じに無償で作用する」とか、「大工業においてはじめて、人間は、自分の過去の、すでに対象化された労働の生産物を、大規模に自然力と同じく無償で作用させることができるようになる」と説明し、労働手段（死んだ労働）や自然諸力の「無償性」を指摘している。さらに、「科学でも、自然諸力と同様である」として、自然の「法則は、ひとたび発見されれば一文の費用もかからない」とも述べている（『資本論③』六八一ページ、六七八ページ。傍点引用者）。

こうした労働・科学・自然の役立ちの「無償性」とは、労働が不要になること、労働が節約され、無用になることを意味するものである。簡単に言うと「省力化」のことである。マルクスの生産力概念は、そもそも、科学・自然の生産力を生かし、高めて、それだけ生産に必要な労働量・時間を節約し、不要化し、自由時間を拡大する一般的な力を意味するものだったのである。

ついでながら、こうした生産力概念からみれば、グリーン・ニューディールが掲げる脱炭素化のための省エネ・再エネ策、そしてデジタル・ニューディールが推進する省力化とは、労働・科学・自然の生産力に内在する「無償性」を生かす政策、したがってマルクス的概念としての生産力の発展、高度化に帰着するものだと見做《みな》すのが適切だろう。言いかえると、グリーン・ニューディールやデジタル・ニューディールとは、生産力の発展を抑制したり、制限することではなく、マルクス的概念としての生産力を生かし、その高度化、発展を目ざすものなのである。近年流行のマルクス経済学に対する「生産力主義批判」や、「脱生産力主義」と言うべき「脱成長コミュニズム論」は、このようなマルクスの生産力概念とはまったく無縁な「マルクス論難」であると言ってよい(3)。

第三は、労働・科学・自然の「無償の生産力」が発展するということは、人類史的・世界史的視点にたって言うと、人間の総労働時間（必要労働＋剰余労働時間）のうち、必要労働時間＝量に対して、剰余労働時間＝自由に処分できる時間が相対的に長くなり、拡大することを意味する、ということである。言いかえると、「無償の生産力」の発展のおかげで、人類史的視点からみた「必要労働時間」が短くなり、「自由に処分できる時間」が――ただし、階級社会においてはもっぱら剰余労働にふりむけられる時間が――相対的に長くなる、ということである。この「自由に処分できる時間」の拡大こそは、生産力発展の何よりの成果であり、ここでの当面の課題にそくして言うと、社会サービス労働が発展する余力をつくりだすのである。すなわち、後に立ち返るが、まずは物質代謝労働における生産力の発展が、「自由に処分できる時間」を拡張し、それだけ精神代謝労働や科学・芸術等の発展の時間的基礎を拡大するのである。

2　生産力の発展を主導してきた技術の発展史

労働・科学・自然の生産力が「自由に処分できる時間」を増やすのは、労働の生産力を担う技術の発展が、精神代謝労働や情報関係労働にあてる時間を増やすからである。言いかえると、物質代謝労働の生産力を担う技術の発展が、精神代謝労働や情報関係労働を促すことによる。

ここで技術の歴史に立ち入って検討する余裕はないが、現代までの技術史は、ごく大づかみに言って「道具→機械→コンピュータ」の三段階にわけてとらえられる。この技術発展史の三段階区分は、技術の発展過程を「動力と制御の矛盾」から把握してきた唯物論的技術論の通説にしたがったものであって、格別に新しい見方というものではない。[(4)]ここで、唯物論的技術論とは、さしあたり、①技術とは「労働手段体系に対象化（体化）」された労働方法・手段である、②労働手段は動力・制御両機能が統一され、二つの機能の矛盾から発展する、とする見方のことである。

唯物論的技術史観において、いま重要なことは、これまでの技術の発展史を貫く基軸的推進力は制御＝コントロールの側、つまり動力＝エネルギー側というよりは、「動力と制御の矛盾関係」における制御サイドにあったということである。人類にとっての最初の労働手段、すなわち道具では、動力は人力・水力・風力・火力など多様であっても、制御主体が人間自身であり、とりわけ手の作業であった。人間のもつ精神的・肉体的諸能力のすべてを手に集中して制御するときの作業手段、これが道具だったのである。ちなみに、技術とは区別される技能（スキル）とは、人間自身のなかにあるこの制御能力の総体をさす。

労働とは、マルクスの有名な規定を引いておくと、「まず第一に、人間と自然とのあいだの一過程、すなわち人間が自然とのその物質代謝を彼自身の行為によって媒介し、規制し、制御する一過程である」（ここで「制御する」と訳した原語は、kontrollieren〔英語の control〕であって、翻訳によっては「管理する」と訳されている場合がある）（『資本論②』三一〇ページ）。

この労働概念に即して言えば、道具とは人間・自然間の物質代謝過程を人間自身が規制・制御する際の手段にほかならず、この規制・制御機能を発揮するのは人間の行為（＝労働）そのものである。道具の場合、人類最初の原始的な石器（オルドワンからアシューリアン等）から近年の大工の鋸《のこぎり》、鉋《かんな》等の作業具にいたるまで、動力は主に人間自身の筋力・体力であり、それを制御するのは主に手（手技）であった。道具の発展過程で、動力源は人力から家畜、風力・水力・火力、蒸気等に変遷するが、制御主体は人間の側（特に手業）にあった。

これに対して、機械では、道具機の制御が人間の手から離れ、一つの道具機の体系＝機構に移転される。制御機能を労働手段の内部に組み込んだのが機械である。機械段階では、人間は手による直接的労働から解放される。言いかえると、各種道具を制御・操作する直接的労働から解放された「自由時間」を手に入れる。逆に言えば、道具を制御する技能をもたない不熟練の人々、たとえばかつての「婦女子」が機械に付属する単純労働に動員された。制御労働から解放された「自由時間」を、産業革命時の資本は、不熟練の女性・子どもの「強制労働」で埋めたのである。(5)ところが、コンピュータはさらに、人間に残された機械に対する制御労働、つまり耳目や頭脳による監視労働から人間を解放する。コンピュータ段階になると、機械装置を制御する機能を人間から分離し、客観化し、自動制御装置として機構内に組み入れた機械、オートメーションがあらわれるわけである。

このような技術史上の変革過程（技術＝産業革命）を段階的に区別し、一八～一九世紀における機械制工業の出現を第一次産業革命と理解すれば、コンピュータ技術の出現は第二次産業革命を画するものと位置づけられる。そのコンピュータ技術の核心部分は、「情報のデジタル化」である。本書では、「知識」や「知らせ」「精神生産物」等を一括した「情報」概念が生まれ、普及していくのは比較的最近のことであると指摘したが（第一章四七ページ）、現代的意味での「情報」概念が社会に定着するのは、コンピュータによるこの「情報のデジタル化」段階であると言ってよい。「情報のデジタル化」は、その後、情報の有する「制御機能」の面と、「コミュニケーション機能」の面との両方において、その技術および労働を発展させることになる（これが「情報・通信革命と呼ばれるものである）。

こうした技術の発展史を一括して表示したのが次ページの図表17である。ここでは、これまでの産業＝技術革命の歴史を、①道具の発明からその発展期、②道具から機械への移行と機械制工業の発展

図表17　技術・産業発展史の概要

時期	技術・産業	摘要	特質
約300-200万年前	道具の発明 ↓ 諸道具の分化・発展	オルドヴァイ石器から アシュール型石器へ	手による 作業過程の制御
18世紀後半から 19世紀中葉	第１次産業革命	道具から機械への移行	制御労働の装置化と 作業の自動化
20世紀後半	第２次産業革命	情報のデジタル化 コンピュータの開発	制御過程の 自動・オートメ化
世紀転換期から 21世紀	デジタル革命 2.5次産業革命 デジタル・ニューディール	ICT 革命 AI、5G、IoT	デジタル情報通信 ネットワーク化

期（第一次産業革命）、③情報のデジタル化を出発点にしたコンピュータの出現（第二次産業革命）と、④その後のＩＣＴ（情報通信技術）の飛躍的発展期（現在進行中のデジタル・ニューディール＝デジタル革命）、の四段階に分けて把握している。現代のデジタル・ニューディールは、この第四段階のＩＣＴ革命の過程に属するものであり、その最新の局面をあらわすのがＡＩ、５Ｇ、ＩｏＴ等のデジタル技術となる。

以上のような技術の発展史において、いまここで重要な点は二つある。

一つは、人間的労働の核心部分を構成する「制御機能」の技術化（労働手段化）とともに、人間社会は急速に、種々の直接的労働から解放された自由時間を獲得し、拡張する歴史をたどってきたということである。機械制大工業の時代に生きたマルクスは、その後のコンピュータや現代のＩＣＴ革命を見ることはできなかったが、制御労働の機能が人間の手から頭脳に移って以降の「自由に処分できる時間」の（人類史上の）画期的意味を把握し、「自由時間」こそは本来の人間的富であり、未来社会は人間が「自由時間の主人公」として生きる社会にほかならないことを予言した。生産力を労働・科学・自然の「無償の生産力」に求めたマルクスの生産力概念は、かかる自由時間の意義を予言するものだったのである。

いま一つは、「情報のデジタル化」によるコンピュータ技術の発展は、情報の「制御機能」を担う情報関係労働と、「コミュニケーション機能」を担う精神代謝労働とを増大させる技術的基礎になった、ということである。この「情報関係労働」と「精神代謝労働」の二つの労働部門は、端折って言えば、「物質代謝労働」の生産力＝技術の発展が作りだす「自由時間」を基礎にして発展する、という歴史的＝論理的関係にあった。ここでの関心事である社会サービス労働（精神代謝労働）に引き寄せて言うと、物質代謝労働の「無償の生産力」が作りだす自由時間を基礎にして、社会サービス労働が発展し、逆に、言語的コミュニケーションに媒介された社会サービス労働（及び情報労働）が、コミュニケーション的理性の発達を通して、「無償の生産力」をさらに発展させる関係が生まれるということである。

蛇足ながら、本書第一章でみた物質代謝労働、精神代謝労働、情報関係労働の三大労働部門と、それに関連するグリーン・ニューディール、エッセンシャルワーク・ニューディール、デジタル・ニューディールの三大ニューディールの関係は、以上のような技術＝産業史の現段階に対応するものである。とりわけ、気候正義（ジャスティス Justice）を理念にした地球温暖化防止のグリーン・ニューディールは、生産力の発展の成果を生かした精神代謝労働および情報関係労働の力、すなわちコミュニケーション的理性の社会的な力による物質代謝過程に対する意識的・合理的な規制の取り組みとして注目されなければならない。[6]

3　生産力の発展における物質代謝・精神代謝労働の双子関係

生産力の発展が社会における「自由に処分できる時間」を創り、増やす成果をもたらすとしても、資本主義社会においては、この「自由に処分できる時間」は、もっぱら資本にとっての「自由時間」、すなわち資本の価値増殖のための時間となる。社会的総労働の内訳を「必要労働＋剰余労働」としてとらえた場合、生産力の発展がもたらす「自由時間」とは「剰余労働」の増大を意味するものにほかならない。なぜなら、「剰余時間［Surpluszeit］は、労働日のうちわれわれが必要労働時間と呼んでいる部分をこえる超過分として存在し」（傍点引用者）ている時間だからである。[7]それと同時に、私たちは、この「処分自由な時間とは、すなわち剰余労働時間である」という関係こそが、資本に対して、画期的というべき文明史的役割を果たさせることになる、という「弁証法」に目を向けておかなければならない。

マルクスは上に引用した文章のあとで、「剰余労働すなわち自由に使える時間を創りだすことが、資本の法則である」と述べている。[(8)] もちろん、資本の直接的目的が、「自由に処分できる時間」を創りだすことにある、というわけではない。「資本の目的は直接に価値であって、使用価値ではない」(傍点マルクス)、「資本の富は直接に剰余労働時間の取得にある」のであって、「剰余労働時間＝処分自由な時間」という社会関係を媒介として、資本は「図らずも、社会の自由に処分できる時間という手段を創造することに、すなわち、社会全体のための労働時間を、減少していく最小限に縮減し、こうして万人の時間を彼ら自身の発展のために解放するための手段を創造することに役立つのである[(9)]」(傍点引用者)。

マルクスがここで指摘しているのは、資本は剰余価値(＝利潤)の取得を直接の目的としているのであって、図らずも、すなわち意図せざる結果として、社会の「処分自由な時間」を増やすことになる、という「文明化作用[(10)]」である。ここから話を一歩前に進めると、次に問題になるのは、この拡大する「処分自由な時間」とは、人間の歴史上、いかなる意義をもつ時間なのか、という問いである。マルクスはすでに、先の引用文において、「万人の発展のための時間」と表現し、その要点を示唆していたが、より立ち入った内容に関して、次のように指摘している。やや長くなるが、未来社会を考えるうえでも、重要な箇所になるので全文を引いておく。

「社会一般と社会のすべての構成員とにとっての必要労働時間以外の多くの自由に処分できる時間 [disposable time](すなわち個々人の生産諸力を、それゆえにまた社会の生産諸力を十分に発展させるための余地）の創造、――こうした、非労働時間の創造は、資本の立場のうえでは、少数者にとっての非労働時間、自由時間として現われるのであって、それは以前のすべての段階の立場のうえでもそうであったのと同様である。資本が付け加えるのは、それが大衆の剰余労働時間を、技能と科学とのあらゆる手段によって増加させるということである」[11]（傍点マルクス）

ここで指摘された内容をあらためて確認しておくと、①自由に処分できる時間は個々人および社会の生産諸力発展の基礎となる、②ただし階級社会にあっては、この同じ自由時間は社会の上に立つ上部構造の担い手、すなわち少数の支配者たちにとっての「処分自由な時間」となってきた、③資本は技能・科学のあらゆる手段によってこの自由時間（大衆の剰余労働時間）を増加させる、この三つに要約される。このうち、ここでは当面の関心に引き寄せて、①と②の内容に注目して議論を進めると、二つばかり、重要な論点が導き出される。

第一は、生産力の発展に伴う自由時間（＝剰余労働時間）を基礎にして、物質代謝労働（物質的生産労働）から精神代謝労働へと社会的分業が広がり、それとともに社会サービス労働部門が量的・質的に拡充する道が切り開かれる、ということである。一言で言えば、社会的総労働に占める社会サービスの割合が高まる、ということである。[12] ただ、この推論には若干の補足説明を加えておかなければならない。

『資本論』は、資本による「意図せざる結果」としての生産力の発展、処分自由な時間（＝剰余労働）の創出という「資本の文明化的側面」を語ったところで、「それ［資本］は、社会のいっそう高度な一形態において、この剰余労働を、物質的労働にあてられる生産一般のいっそう大幅な縮小と結びつけることを可能にする諸関係に向けた、物質的諸手段およびその萌芽をつくりだす」（『資本論⑫』一四五九ページ）と指摘している（ここで傍点を付した「物質的労働にあてられる……」の箇所は、マルクスの草稿にしたがった訳文であり、現行エンゲルス編では「物質的労働一般にあてられる時間のいっそう大きな制限」となっている所である。同前一四六一ページの訳注を参照）。これは、マルクスが生産力の発展による労働時間の節約・短縮、したがって自由時間の獲得を、第一次的には物質代謝労働（物質的生産労働）において進むと想定していたことを物語るものであって、精神代謝労働や情報関係労働の発展は、この物質代謝労働における生産力の発展を基礎にして進行する、と把握するのが妥当であることを示す。

『資本論』はまた、第三巻第四八章「三位一体的定式」において、有名な「必然性の国」と「自由の国」との対比を語ったところで、「自由の国」は、「窮迫と外的な目的適合性とによって規定される労働が存在しなくなるところで、はじめて始まる」とし、「したがってそれは、当然に、本来の物質的生産の領域の彼岸にある」と指摘している（『資本論⑫』一四五九〜一四六〇ページ）。この場合の「窮迫と外的な目的適合性に規定される労働」、および「本来の物質的生産の領域」とされる労働とは、何よりも物質代謝労働（物質的生産労働）のことにほかならない。これは、『資本論』の同じ箇所において、人間は「自分の諸欲求を満たすために、自分の生活を維持し再生産するために、自然と格闘しなければならない」と指摘されていることに合致する。

『資本論』におけるこうした論述は、精神代謝労働が歴史的＝論理的に発展するのは、物質代謝労働における生産力の発展を基礎にした上でのことである、ということを示すものだと言ってよい。とは言え、これは、人間の歴史において、ただちに精神代謝労働が物質代謝労働に付随した、従属的な地位に止《とど》まる、ということを意味するものではない。両労働の関係は、歴史的＝論理的に、物質代謝労働が先行、精神代謝労働が後行の位置関係にある、と理解しておくのが適切であろう。物質代謝労働と精神代謝労働とは、人類史上は双子の兄妹のように誕生したのだが、その成長・発展のスピードには先行と後行の違いがあった、と言ってもよい。

4 「必然性の国」における自由とコミュニケーション的理性の役割

ヒトが人間になるのは、「労働」とともに「言語」である――この二つの「発明」が契機になるということは、第一章で述べたとおりであるが、物質代謝労働と精神代謝労働とはそもそも、古来、人間の二大労働部門であり、現在でもなおそうである。いや、それどころか、物質代謝労働の生産力の発展によって、自由に処分できる時間がますます増大し、それによっていまや労働の主役は、それまでの物質代謝労働から精神代謝労働の方に交替しつつある――こう言ってよいほどの転換が進行中である、というのがマルクスの「自由時間論」から導き出される第二の論点となる。ただ、この「主役労働の交替論」についても若干の補足説明を加えておかなければならない。

再び『資本論』に依拠することにしよう。マルクスは、人間の生存過程において物質代謝労働が主役を演じる「必然性の国」の自由を説明して、次のように述べている。「この領域［自然的必然性の国］における自由は、ただ、社会化された人間、結合した生産者たち［assoziierten Produzenten］が、自分たちと自然との物質代謝によって――盲目的な支配力としてのそれによって――支配されるのではなく、この自然との物質代謝を合理的に規制し、自分たちの共同の管理のもとにおくこと、すなわち、最小の力の支出で、みずからの人間性にもっともふさわしい、もっとも適合した諸条件のもとでこの物質代謝を行なうこと、この点にだけありうる」（『資本論⑫』一四六〇ページ、傍点引用者）。

「必然性の国の自由」を、未来社会に展望される「真の自由の国」との対比で語ったこの『資本論』の一節は、不破哲三氏の言葉を借りて言うと、『資本論』の最初の草稿の執筆開始（一八五七年）以来、「マルクスが続けてきた未来社会論探求の到達点を示すもの」（傍点引用者）であった[13]。念のため、ここでは「必然性の国における自由」の要点を、あらためて確認しておこう。それは、①人間の生存に不可欠な人間・自然間の物質代謝過程およびその労働は、自然界を貫く法則性によって制約された「必然性の国」である、②この「必然性の国」における自由とは、物質代謝過程を合理的な規制・管理のもとにおき、省力化によって獲得した自由時間の主人公になることである、③この主人公は（将来社会では）社会化された人間＝結合した生産者たちで構成される、の三点にまとめられる。

この「必然性の国における自由」の主人公とは、本書の言葉で言いかえると、コミュニケーション的理性を媒介にした「自由人の連合（アソシエーション）」にほかならない（コミュニケーション的理性については、既述の第三章「おわりに」を参照）。なぜなら、物質代謝過程を貫徹する自然の法則性を認識・洞察する力とはコミュニケーション的理性（とりわけ真理性を基準にしたコミュニケーション的理性）であり、人間性にふさわしい合理性（＝社会的理性）による物質代謝の共同的な管理とは「相互了解・合意」を前提にしたコミュニケーション的行為を意味するからであり、その主体としての生産者たちの結合（＝社会化）とはコミュニケーション的行為を紐帯《ちゅうたい》にして形成される結合＝連合体にほかならないからである。

　このように考えるとすれば、物質代謝労働における生産力の発展は、「自由に処分できる時間」の増大を基礎にして、社会的分業の一環としての精神代謝労働（及び情報関係労働）発展の道を切り開き、さらに精神代謝労働を通じて育まれるコミュニケーション的理性の発達を促し、「必然性の国」における自由の主役を育てることになった、と言わなければならない。

　では、肝心のコミュニケーション的理性の力を発揮する条件はどこに求められるか。答えは「自由に処分できる時間」にある。こう述べると、話は堂々巡りの循環論に陥ってしまうようにみえる。なぜなら、①物質代謝労働の生産力の発展にはコミュニケーション的理性の発達・発揮が必要であるが、②コミュニケーション的理性の発達には生産力発展による「自由に処分できる時間」の獲得・拡大が必要である――この①と②の関係は、あたかも鶏が先か卵が先かの堂々巡りの循環論になっているからである。循環論にみえるのは、「①物質代謝労働の生産力の発展↓自由に処分できる時間の拡大↓精神代謝労働とコミュニケーション的理性の発達」の推論と、「②コミュニケーション的理性の発展・発揮↓物質代謝に対する規制・制御の発展↓物質代謝労働の生産力の発展」の推論とが、相互前提的関係になっているためである。この相互前提的関係は現実的なものであるが、ただしこの①と②の関係を悪循環論の世界に陥れないための突破口はある。

突破口の一つは、上記①の推論の出発点にあたる「物質代謝労働の生産力の発展」は、すでにみてきたように、資本の運動による「意図せざる結果」として現実に進められてきたこと（さらに現在進行中でもあること）に着眼することである。現代資本主義のもとでの未曽有の生産力の発展は、社会全体の有する「自由に処分できる時間」をかつてない規模に拡大している。課題は、この「自由時間」を資本の取得する「剰余労働時間」から、民衆の「自由に処分できる時間」に転換することにある。これが第一の突破口である。

第二は、「必然性の国を基礎にした自由」をはるか遠い未来でのみ実現できる「自由」ととらえるのではなく、現世界における「必然性の国」と「自由の国」とを「同じ社会のなかでの人間活動の二つの領域のあいだの関係である」と把握することである。[14]管見の限りでは、この点を初めて明確に指摘したのは、先述の不破氏である。同氏は、二つの国の関係を次のように解説している。

「二つの『国』の関係は、社会の発展段階の違いではなく、同じ社会のなかでの二つの部分の関係――『必然性の国』が土台となって、『真の自由の国』をささえる、という関係です。言い換えれば、この二つの『国』とは、人間活動の二つの領域をさした言葉であって、同じ社会のなかで、人間が物質的生産にたずさわる時間が『必然性の国』を形づくり、それ以外の自由な時間が『真の自由の国』を形成するのです(15)」

では、「必然性の国における自由」を、自らの活動領域内のものとして勤労大衆が自分たちのものにすることは、どのようにして可能か。すでに、資本は生産力の高度化によって、意図せざる結果として、図らずも社会に「自由に処分できる時間」を創りだしている。あとは、この「自由に処分できる時間」を勤労大衆が自分たちのものにしさえすればよいのである。そこでマルクスは、「労働日の短縮が根本条件である」と締め括った（『資本論⑫』一四六〇ページ）。労働者階級にとって、この労働日の短縮がいかに大切であるか、マルクスはこうも述べている。

「労働日の制限は、それなしには、いっそうすすんだ改善や解放の試みがすべて失敗に終わらざるをえない先決条件である。

それは、労働者階級、すなわち各国民中の多数者の健康と体力を回復するためにも、またこの労働者階級に、知的発達をとげ、社交や社会的・政治的活動にたずさわる可能性を保障するためにも、ぜひとも必要である。

われわれは労働日の法定の限度として八時間労働を提案する(16)」（「先決条件」と「知的発達～」の傍点は引用者、ほかはマルクス）

こうした視点にたってマルクスは、労働日制限に初めて着手した工場法を、すでに紹介したよう

図表 18　総労働時間の社会的配分の歴史的動向

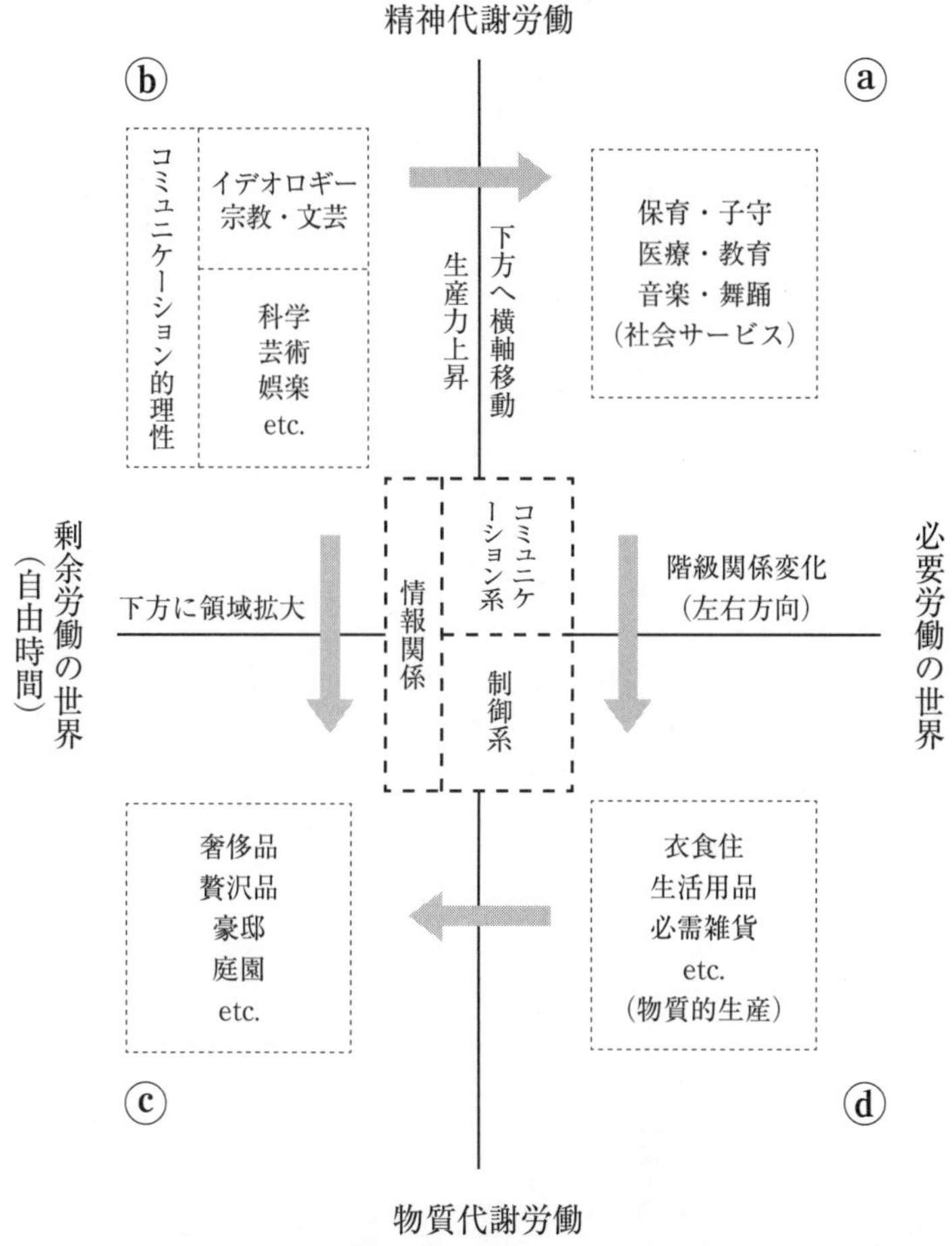

（注）• 生産力発展に伴って、縦軸の世界は領域を下方に向かって（ⓐ→ⓓ、ⓑ→ⓒ）拡大する。
• 階級関係の変化に伴い、横軸の世界は左右に（ⓑ→ⓐ、ⓓ→ⓒ）移動する。
• 情報関係労働は全体として領域を拡充する。

に、「社会が、その生産過程の自然成長的姿態に与えた最初の意識的かつ計画的な反作用」として、高く評価したのである（『資本論③』八四〇～八四一ページ）。

以上のような、生産力の高度化と階級的力関係の変化による社会的総労働の再配分の過程をまとめると、前ページの図表18に示した歴史的趨勢《すうせい》が確かめられるだろう。この図表であらわそうとしたことは、①生産力の発展に伴って、社会的総労働に占める精神代謝労働の相対的配分率が物質代謝労働に比して高まること（座標軸の縦軸に添って上部領域が拡大すること）、②階級的力関係の変化に伴って、労働者の「必要労働の世界」が剰余労働にあてられていた自由時間（大資本家・金利生活者等の「不生産的・不労階級」、ブルシットジョブ族にまわされていた剰余労働時間）に食い入り、包摂するように広がること（横軸にそって必要労働部分が左方に広がりつつ、同時に処分自由時間における精神代謝労働が拡大すること）、③これら二つの動きに併行して情報関係労働は全体として膨らむこと、以上の三点である。繰り返すことになるが、現在進行中のグリーン・ニューディール、エッセンシャルワーク・ニューディール、デジタル・ニューディールは、こうした社会的総労働の歴史的趨勢を反映した動きにほかならない。

おわりに――黄昏に飛び立つミネルヴァの梟＝コミュニケーション的理性

だが、歴史の発展は一直線に進むというものではない。物質代謝過程をコミュニケーション的理性によって合理的な規制・管理のもとにおくと言っても、そのためには、生産力の発展が生み出した自由時間を文字通り自由に処分する主体、つまりコミュニケーション的理性の主体が必要である。この処分自由な時間の主人公は、生産力が高まったからと言って、自動的、自然成長的に育ってくるわけではない。なぜなら、資本主義社会では、労働・科学・自然の生産力は「資本の生産力」としてあらわれ、生産力発展の成果である自由時間は絶えず剰余労働時間として、資本の側に奪い取られてしまうからである。

勤労大衆がせっかく手に入れた「自由に処分できる時間」といえども、飽くなき利潤追求に走る資本のもとでは、「自由時間」そのものが資本の営利活動のターゲットや材料に転化する。大衆は「自由時間の主人公」の地位から、資本によって他律化された「自由時間」の受動的な消費者になる。

とは言え、マルクスが第一インタナショナルで提案した「一日八時間労働」は、幸いにして、現代日本ではすでに実現している（ここでは相変わらず長時間・過密労働で過労死や過労自殺に追いやられている現実は、あえて横に置いて話を進める）。一日八時間労働の労働者は、夕方には、仕事の拘束から解放された自由時間を迎える。古来、「ミネルヴァの梟《ふくろう》は黄昏《たそがれ》に飛び立つ」と言うが、夕暮れから自由な生活時間に入る労働者は、ミネルヴァの梟ならぬ「コミュニケーション的理性」を飛翔させ、自由時間の意識的な処分主体となる可能性をもつ人々である。コミュニケーション的理性とは、すでに繰り返し述べてきたように、個々の労働者・市民が「相互了解・合意の時空間」を形成する力のことであり、この団結・連帯・共同を、ハーバーマス風に言えば、客観的理性、社会的理性、主観的感性の三つの合成で発揮していく力のことである。その意味で、自由時間を物質的基礎にしたコミュニケーション的理性の発揮こそが、福祉国家的公共圏のなかに社会サービスを公共サービスとして定着させる鍵を握るものであった。

とは言え、事態はそう簡単に進むわけではない。それは、図表19で示したように、自由時間は、資本主義のもとでは、大量のブルシットジョブ族が群がる時間でもあるからである（本書一〇〜一一ページでは「大阪維新」を現代日本のブルシットジョブ族の代表例の一つとして扱った）。たとえば、現代の日本の庶民の「自由時間」は営利サービスをはじめ、TV・スマホ上を飛び交う情報・娯楽・エンタメ・イデオロギーで溢れている（「ブルシット型維新政治」に即して言うと、筆者の住む大阪では、イジメ笑いの「吉本文化」、お笑い芸人で染色された在阪TV局が、連日、これでもかこれでもかといわんばかりに、維新政治への同調主義〔コンフォーミズム〕を煽り、コミュニケーション的理性の衰退・衰弱・退廃を招いている）。この自由時間は、他律的・受動的な時間にすぎず、その影響力は、「普通の人々」が自

図表19　労働時間の短縮に伴う生活時間の構成

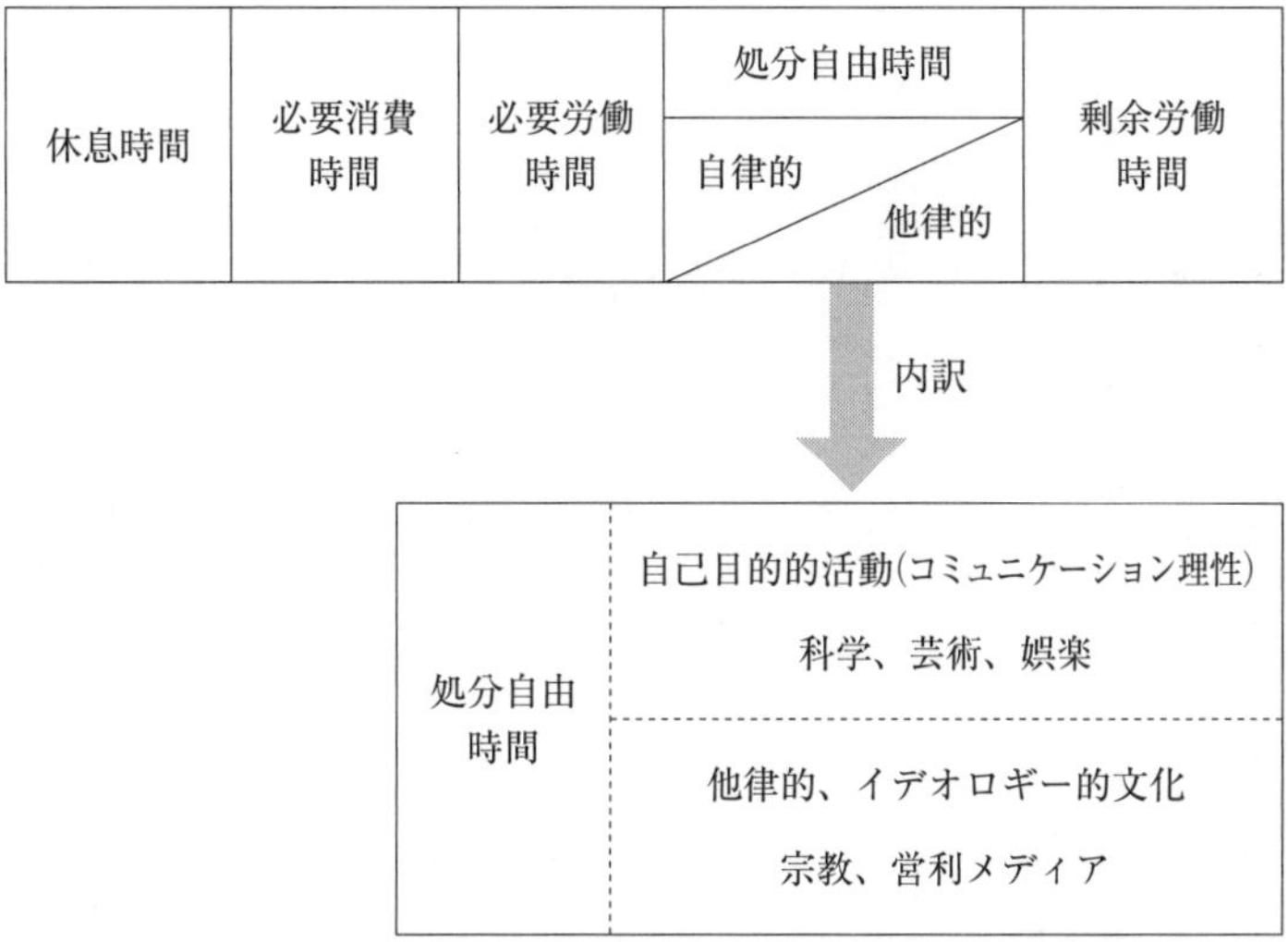

(注)・必要消費休息時間とは、睡眠・休息、沐浴、食事、団欒等の必需時間。
・処分自由時間は、①自主的・内発的選択による時間利用と、②外部から提供される商品・娯楽やイデオロギーの影響を受けた他律的な時間とに二分している。
・5つの時間区分は弾力的・可変的であり、対抗関係と浸透関係の両面を含む。
・必要労働時間が生み出す価値と必要消費・休息時間に消費される消費手段の商品価値とは基本的に一致するが、それぞれに費やされる時間量は一致しない。

由に、かつ自律的に発揮するコミュニケーション的理性を圧倒する勢いを示している。「処分自由な時間」は、「自律的に処分する主体」の時間か、「他律的な受動者」の時間かに分かれるのである。

自律的に自由時間を処分する主体に期待されるのは、コミュニケーション的理性の発達である。この正常なコミュニケーション的理性に襲いかかるイデオロギーは、現代社会では、新自由主義である。現代は、人間社会がせっかく手に入れた自由時間を、民衆自身が「時間の主人公」になって意識的・計画的に活用していくのか、それとも新自由主義のなすがまま、コミュニケーション的理性の衰退・転倒・荒廃を放任しておくのか、その対決と選択の渦中にあると言わなければならない。

〈注〉

(1) マルクス『資本論草稿集②』大月書店、一九九三年、四九二ページの、「自然は機械をつくらないし、機関車、鉄道、電信、ミュール紡績機、等々をつくらない。それらは人間の勤労［Industrie］の産物であり、天然の材料が、自然を支配する人間の意志の器官に、あるいは自然における人間の意志の実証の器官に転化されたものである。それらは、人間の手で創造された、人間の頭脳の器官であり、対象化された知力である。固定資本の発展は、どの程度まで一般的社会的知能、知識が、直接的な生産力になっているか、だからまた、どの程度まで社会的生活過程の諸条件それ自体が、一般的知性の制御のもとにはいり、この知性にもとづいて改造されているかを示している」（傍点マルクス）という指摘を参照。

(2) 『資本論③』（六七七ページ）は、「労働手段は、機械として、人間力を自然諸力で代替し、経験的熟練を自然科学の意識的応用で代替することを必須とする、一つの物質的存在様式を手に入れる」（傍点引用者）と指摘している。ここでは、上でみた、「科学の生産力」と「自然の生産力」の合体・統一したものとして機械＝労働手段が位置づけられている。

(3) マルクスの生産力概念に対する誤解による「生産力主義批判」や「脱成長コミュニズム論」の近年の典型例は、佐々木隆治『カール・マルクス――資本主義と闘った社会思想家』ちくま新書、二〇一六年、斎藤幸平『人新世の「資本論」』集英社新書、二〇二〇年、聴濤弘『マルクスの「生産力」概念を捉え直す――社会変革の新しい道筋のために』かもがわ出版、二〇二一年に見ることができる。

(4) 唯物論的技術論については、いささか古くなるが、中村静治『技術論論争史（上・下）』青木書店、一九七五年、同『情報と技術の経済学』有斐閣、一九八七年、比較的近年の書としては、北村洋基『情報資本主義論』大月書店、二〇〇三年を参照。

(5) 産業革命期においていち早く機械化が進んだイギリスの綿工業では、徳永重良『イギリス賃労働史の研究』（法政大学出版局、一九六七年）によれば、一八七四年段階でも、労働者の四分の三は婦人・年少労働者であり、男子成人労働者は四分の一を占めるにすぎなかったと言う。

(6) グリーン・ニューディールに対する論考は、ナオミ・クライン、中野真紀子・関房江訳『地球が燃えている――気候崩壊から人類を救うグリーン・ニューディールの提言』大月書店、二〇二〇年、明日香壽川『グリーン・ニューディール――世界を動かすガバニング・アジェンダ』岩波新書、二〇二一年参照。

(7) マルクス『資本論草稿集①』大月書店、一九八一年、五二一ページ。

(8) 同上。

(9) 『草稿集②』四九四ページ。

(10) 同上、一八ページ。

(11) 同上、四九四ページ。

(12) マルクスは、「社会の発展の、社会の享受の、そして社会の活動の全面性は、時間の節約［Zeitersparung］にかかっている」と指摘した有名な一節において、「社会が小麦や家畜などを生産するために必要とする時間が少なければ少ないほど、社会はますます多くの時間をその他の生産、物質的または精神的な生産のために獲得する」と述べ、かつ、同じ文脈のもとで、「社会が自己の諸必要全体［Gesamtbedürfnisse］に即応する生産を達成するためには、その時間を合目的的に分割しなければならないのは、個々人が、その適切なわりふりでもろもろの知識を得たり、あるいは彼の活動にたいするさまざまな要請に満足をあたえたりするために、彼の時間を正しく分割しなければならないのと同様である」と指摘していることは、この点を裏づける（『資本論草稿集①』一六二ページ）。

(13) 不破哲三『『資本論』のなかの未来社会論』新日本出版社、二〇一九年、一〇〇ページ。

(14) 不破哲三『古典研究 マルクス未来社会論』新日本出版社、二〇〇四年、二一五ページ。

(15) 同上、二〇四ページ。

(16) マルクス「個々の問題についての暫定中央評議会代議員への指示」不破哲三編集『インタナショナル』古典選書、新日本出版社、二〇一〇年、五一ページ、『全集』第一六巻、一九三ページ。

あとがき

本書を貫くキーワードは、「労働」と「コミュニケーション」の二つである。この二つのキーワードを結合すると「精神代謝労働」という本書のキーコンセプトが生まれる。精神代謝労働とは、本書のタイトルにある「社会サービス労働」の本源的規定にほかならない。社会サービス労働の主要な具体的事例は、保育・教育・福祉・ケア・医療・看護・保健等であり、コロナ・パンデミック下でエッセンシャルワークとして注目されるようになった労働・職務である。

本書で社会サービス労働とエッセンシャルワークとを重なるカテゴリーとして扱い、あえて一般のサービス労働と区別して論じたのは、主として、教育・ケア・医療等の労働が現代社会では社会権を保障する労働としての意義をもつこと、また、「私的消費欲求」を充たすサービスというよりも「社会的ニーズ（必要）」を充足する労働としての位置にあることによる。したがって、本書において、一言で「社会サービス労働」という場合には、保育・教育から看護・保健までの「対人サービス労働」一般をさしており、読者の関心のおもむくまま、それぞれの都合にあわせて、教育・保育労働や医療労働、各種ケア労働といった具体的労働のイメージを思い浮かべ、またそこに関心を引き寄せて、理解していただきたいと思う。

このような社会サービス労働論をまとめるにあたって、著者には、三つばかりの難関というか、難問に類する課題があった。

一つは、「労働」と「言語」の二つのキーワードに遡った検討を余儀なくされたことである。労働・言語のうち、労働論については、私の専攻分野である経済学には馴染み深い課題であったが、言語理論に関してはまったくの素人である。むろん、言語論といっても、固有の言語理論のことではなく、ソシュールあたりの構造主義、言語起源論、言語的コミュニケーション論等の社会科学における言語論のことをさす。本書の言語起源論や子どもの言語習得論等は、私には専門外のこれらの領域の研究に学んだものである。

いま一つは、コミュニケーション概念を経済学に取り入れ、サービス労働論に生かして論じたものが見当たらなかったことである（もっとも、コミュニケーション概念を特別に経済学的に論じなければならない理由はなく、社会科学の重要なカテゴリーとして扱えばよいのであるが）。これまでの社会科学では、コミュニケーション概念は、主として社会学や言語理論の分野において論じられてきたものである。その代表的論者が本書でとりあげたJ・ハーバーマスであった。彼の社会学的な「コミュニケーション的行為論」は、言語的コミュニケーションの研究史上における一つの金字塔であると言ってよい。

だが、少なくとも日本にかぎって言えば、ハーバーマスの言語的コミュニケーション論を経済学者が取り上げて論じた例は――彼の「公共圏論」や「後期資本主義論」、「史的唯物論（批判）」等に対するレビューの例はあるのだが――ほとんど存在しないと思われる。その理由の第一は、ハーバーマスの論述がきわめて難解であり、抽象的・思弁的だからである。第二は（この理由が大事なのだが）、ハーバーマス説が全体としてマルクス主義批判、とりわけ『資本論』批判を意図したものだったからである。ハーバーマスの社会学的視点からの『コミュニケーション的行為の理論』は、マルクスの経済学的視点からの『資本論』に対する批判的対決を意図した（分量からみれば『資本論』に匹敵するほどの）大著だったのである。ハーバーマス説は、その意味で、経済学からみると、取り扱いに厄介な難物であった。そこで私は、本書において、彼のコミュニケーション的行為概念については肯定的に評価しつつも、言語的コミュニケーション視点からみた「マルクス批判」は失敗に終わっていることを論じてみた。この「マルクス批判」に対する反批判の拠点が、本書のキーコンセプト＝精神代謝労働概念である。

話を元に戻して続けると、第三の難問は、教育・ケア・医療等の社会サービス論では、たとえば「教育とは何か」・「ケアとは何か」・「医療とは何か」といった理念論的研究は蓄積されてきたものの、それらの社会サービスを担う労働、すなわち教育労働、医療労働、ケア労働といった「労働論」は手薄だったのではないか、と思われたことである。もちろん、各種の社会サービス労働論がまったくなかったというわけではない。

私の個人的な体験史からみても、一九七〇年代から八〇年代の時期には、保育・教育・福祉・医療・保健・給食および各種公務にわたる労働論が活発に議論されてきた。私は、ちょうどその頃、駆け出しの研究者として、たとえば（ここではあえて略称を記すが）保育合研、教研、自治研、自治体で働く保健婦の集い、全国研（学童保育）、税研、公的扶助研、全障研等々、さまざまな研究集会に、討論者や助言者、報告者としてつきあってきた。医療・看護・介護労働の分野では、全日本民医連の実践や探求に多くを学んできた。実は、この経験が――本書をまとめる最大の動機になっていると言ってよいのだが――私の「社会サービス労働論」への関心の始まり、より正確に言うと「社会サービス労働の学習」の始まりであった。とは言え、きわめて残念ながら、大ざっぱに言って、今世紀に入って以降は、かつては盛会を誇った各種研究集会は一頃の盛り上がりというか活気にかけるようになり、したがって「労働論研究」も下火に向かうようになった（と筆者には思われる）。

「労働論」への社会的関心が薄くなってきたからと言って、その社会的重要性や理論的意義が失われるというものではない。このことを気づかせる起爆剤となったのが、コロナ・パンデミックであり、コロナ禍で再発見されたエッセンシャルワークであった。本書がとば口において、エッセンシャルワークを取り上げ、それに重ねて社会サービス労働を論じたのは、そのためである。

本書を執筆した二〇二二年夏期は、世間の関心がコロナ・パンデミック、プーチン独裁のロシアによるウクライナへの軍事的侵略、安倍銃殺事件にみる統一協会問題の三つに集中した時期にあたる。エッセンシャルワークとの対比で言えば、「コロナ対策ウォッシング」（見せかけだけのコロナ対策）、プーチンによるウクライナ侵略の傭兵《ようへい》、統一協会による洗脳・マインドコントロールは、エッセンシャルワークの反対極に位置するブルシットジョブの代表例（プーチン傭兵は正確には戦争犯罪的ブルシットジョブ）であり、執筆期間中の筆者の関心は主にこれらの三大事件におかれていた。こうした事情を鑑《かんが》みて、本書の特色あげるとすれば、三点にまとめられる。

第一の特色は、理論的には精神代謝労働概念を中核的カテゴリーにおいていることである。精神代謝労働概念は抽象的概念ではあるが、逆に言うと、抽象的・一般的カテゴリーであるがゆえに、内容的には「ゆとりある概念」だということである。それは物質代謝および物質代謝労働概念のもつ「理念的ゆとり」に同じである。

第二は、本書の社会的なねらいとしては、社会サービス労働に対する処遇改善を政策的に意図した点にある、ということである。私の社会サービス労働に対する理論的関心は、上記した教育・ケア・医療等の社会サービス分野の研究集会とのつきあいに始まるが、そのエッセンシャルワーカーの処遇改善は急務の課題である。本書がこの課題に多少とも貢献できるとすれば、これにまさる著者の喜びはないといって過言ではない。

第三は、社会サービス労働をエッセンシャルワークとして位置づけることを通じて、エッセンシャルワークとは正反対の、対極に位置するブルシットジョブに対する批判的視点を明確にしようとしたということである。私は、このことを意図し、本書のところどころにおいて、ブルシットジョブ族の代表例として「橋下主義」以来の「大阪維新政治」に言及した。現代日本の大阪を拠点にした「維新政治」は、教育・ケア・医療・保健・公務労働をさんざんに痛めつけ、執拗《しつよう》に公務労働組合バッシングを続けながら、たとえば在阪ＴＶを利用した「コロナ対策ウォッシング」（まさに見せかけだけの「やってる感」優先の政治）によって、いまなお、有権者の人気を集めている。社会サービス労働の処遇改善には、この異常な世相をただす必要がある。

最後に、本書の編集作業を通じて、ほとんど筆者の助手役を務めていただいた田所稔さんに御礼を申しあげておきたい。引用文の照合から、各章にまたがる論点や記述の整合性の点検など、実にきめこまかい、面倒な作業を引き受けていただいた。私がこれまでに書いてきた本の大半は、氏の協力によるものだが、今回も、これまで以上にお世話になった。心から感謝したいと思う。

二〇二二年師走　　吹田の自宅にて　　二宮　厚美

二宮　厚美（にのみや　あつみ）
1947年生まれ。神戸大学名誉教授。経済学、社会環境論専攻
主な著書『日本経済と危機管理論』（1982年、新日本出版社）『円高列島と産業の空洞化』（1987年、労働旬報社）『21世紀への構図を読む』（1992年、自治体研究社）『日本財政の改革』（1998年、共著、新日本出版社）『現代資本主義と新自由主義の暴走』（1999年、新日本出版社）『自治体の公共性と民間委託』（2000年、自治体研究社）『日本経済の危機と新福祉国家への道』（2002年、新日本出版社）『発達保障と教育・福祉労働』（2005年、全障研出版部）『憲法25条＋9条の新福祉国家』（2005年、かもがわ出版）『ジェンダー平等の経済学』（2006年、新日本出版社）『格差社会の克服 さらば新自由主義』（2007年、山吹書店）『保育改革の焦点と争点』（2009年、新日本出版社）『新自由主義の破局と決着』（2009年、新日本出版社）『新自由主義か新福祉国家か』（2009年、共著、旬報社）『福祉国家型地方自治と公務労働』（2011年、共著、大月書店）『新自由主義からの脱出』（2012年、新日本出版社）『橋下主義解体新書』（2013年、高文研）『〈大国〉への執念　安倍政権と日本の危機』（2014年、共著、大月書店）『終活期の安倍政権』（2017年、新日本出版社）など多数

社会《しゃかい》サービスの経済学《けいざいがく》——教育《きょういく》・ケア・医療《いりょう》のエッセンシャルワーク

2023年1月20日　初　版

著　者　二　宮　厚　美
発行者　角　田　真　己

郵便番号　151-0051　東京都渋谷区千駄ヶ谷4-25-6
発行所　株式会社　新日本出版社
電話　03（3423）8402（営業）
03（3423）9323（編集）
info@shinnihon-net.co.jp
www.shinnihon-net.co.jp
振替番号　00130-0-13681

印刷　亨有堂印刷所　　製本　小泉製本

落丁・乱丁がありましたらおとりかえいたします。

ISBN978-4-406-06691-4 C0033　Printed in Japan